UTB 8644

Eine Arbeitsgemeinschaft der Verlage

Böhlau Verlag · Wien · Köln · Weimar
Verlag Barbara Budrich · Opladen · Toronto
facultas · Wien
Wilhelm Fink · Paderborn
A. Francke Verlag · Tübingen
Haupt Verlag · Bern
Verlag Julius Klinkhardt · Bad Heilbrunn
Mohr Siebeck · Tübingen
Nomos Verlagsgesellschaft · Baden-Baden
Ernst Reinhardt Verlag · München · Basel
Ferdinand Schöningh · Paderborn
Eugen Ulmer Verlag · Stuttgart
UVK Verlagsgesellschaft · Konstanz, mit UVK/Lucius · München
Vandenhoeck & Ruprecht · Göttingen · Bristol
Waxmann · Münster · New York

Studienbücher für soziale Berufe; 12

Hrsg. von Prof. Dr. Roland Merten, Friedrich-Schiller-Universität Jena, Prof. Dr. Cornelia Schweppe, Johannes-Gutenberg-Universität Mainz, und Prof. Dr. Stephan Sting, Alpen-Adria-Universität Klagenfurt

Anke Spies · Gerd Stecklina

Pädagogik
Studienbuch für pädagogische
und soziale Berufe

Mit 4 Abbildungen und 2 Tabellen

Ernst Reinhardt Verlag München Basel

Prof. Dr. *Anke Spies*, lehrt Erziehungswissenschaften mit dem Schwerpunkt Pädagogik und Didaktik des Elementar- und Primarbereichs an der Universität Oldenburg.

Prof. Dr. *Gerd Stecklina*, lehrt Geschichte und Theorie Sozialer Arbeit an der Hochschule München.

Bibliografische Information der Deutschen Nationalbibliothek

Die Deutsche Nationalbibliothek verzeichnet diese Publikation in der Deutschen Nationalbibliografie; detaillierte bibliografische Daten sind im Internet über <http://dnb.d-nb.de> abrufbar.

UTB-Band-Nr.: 8644
ISBN 978-3-8252-8644-6

© 2015 by Ernst Reinhardt, GmbH & Co KG, Verlag, München

Dieses Werk einschließlich seiner Teile ist urheberrechtlich geschützt. Jede Verwertung außerhalb der engen Grenzen des Urheberrechtsgesetzes ist ohne schriftliche Zustimmung der Ernst Reinhardt, GmbH & Co KG, München, unzulässig und strafbar. Das gilt insbesondere für Vervielfältigungen, Übersetzungen in andere Sprachen, Mikroverfilmungen und die Einspeicherung und Verarbeitung in elektronischen Systemen.

Printed in Germany
Einbandgestaltung: Atelier Reichert, Stuttgart
Cover unter Verwendung einer Illustration von Mauri Jakob Spies
Satz: ew print & medien service gmbh, Würzburg

Ernst Reinhardt Verlag, Kemnatenstr. 46, D-80639 München
Net: www.reinhardt-verlag.de E-Mail: info@reinhardt-verlag.de

Inhalt

Einleitung: Pädagogische Ausgangslagen und intradisziplinäre Schnittstellen . . 8

1 Nachdenken über das pädagogische Handwerkszeug – Ein Fallbeispiel 13

2 Schlüsselbegriffe im pädagogischen Diskurs 18
2.1 Grundbegriffe in pädagogischer Tradition 18
2.1.1 Pädagogisches Handeln 18
2.1.2 Erziehung 20
2.1.3 Erziehungspartnerschaft 22
2.1.4 Bildung 23
2.1.5 Sozialisation 25
2.1.6 Lernen 28
2.1.7 Lebenswelt 31
2.2 Maximen im pädagogischen Alltag 38
2.2.1 Bedürfnisse 38
2.2.2 Lehren, Helfen, Begleiten und Rehabilitation 41
2.2.3 Verstehen – Diagnose, Fallverstehen und Förderung 43
2.2.4 Förderung 47
2.2.5 Prävention 48
2.2.6 Beratung 50
2.2.7 Partizipation 53
2.2.8 Integration und Inklusion 54
2.2.9 Netzwerke und Kooperation 56

3 Intersektionale Perspektiven 62
3.1 Diversität 64
3.2 Genderfragen im Bildungssystem der Migrationsgesellschaft 66
3.3 Transitionen – Übergänge im Bildungssystem intersektional betrachtet 68
3.3.1 Transitionen von der Kita bis zur Sekundarstufe I 70
3.3.2 Lebensplanerische Entwürfe und Verunsicherungen am Übergang von der Schule in Erwerbstätigkeit 73
3.4 Perspektiverweiterung: Anerkennung, Handlungsfähigkeit und Agency 76

4 Disziplinäre Schnittstellen und pädagogische Handlungsfelder in der Bildungslandschaft 82

4.1 (Kommunale) Bildungsverantwortung in der Bildungslandschaft 83

4.2 Settings der frühen Förderung und Elementarbildung in der Bildungslandschaft... 87

4.2.1 Familienbildung als Rahmen für das System der Frühen Hilfen in der Bildungslandschaft.. 87

4.2.2 Familienhebammen als interdisziplinärer Baustein des Gesundheitswesens im System der Frühen Hilfen 89

4.2.3 Elementarbildung für Kinder bis zum sechsten Lebensjahr – Kindertagesbetreuung in Krippe, Kindergarten und in der Tagespflege 92

4.3 Die Schule – Das pädagogische Handlungsfeld der Weichenstellung für gesellschaftliche Teilhabechancen 99

4.3.1 Die Primarstufe zwischen schulischer Eigenverantwortlichkeit, individueller Förderung und traditionellen Ansprüchen 102

4.3.2 Neue Bildungskonzepte im alten System – Erwartungen und Anforderungen an ganztägige Schulformate in Primar- und Sekundarstufe I.. 105

4.3.3 Ganztagsbildung 107

4.4 Schnittstellen in der Bildungslandschaft – Das Handlungsfeld Schulsozialarbeit 110

4.5 Jugendhilfe – Das pädagogische Handlungsfeld zur Sicherung von gesellschaftlichen Teilhabechancen 115

4.5.1 Jugendhilfe muss geplant werden........................ 115
4.5.2 Jugendarbeit und Jugendverbandsarbeit 118
4.5.3 Jugendsozialarbeit und Jugendberufshilfe 120
4.5.4 Hilfen zur Erziehung 122
4.5.5 Kindeswohlsicherung – Inobhutnahme 125
4.5.6 Gemeinwesenarbeit 127

4.6 Erwachsenenbildung und Weiterbildung 129

5 AdressatInnen pädagogischer Arbeit – Entwicklungen und kritische Reflexion 135

5.1 Zwischen Haltung und Hilfe – Der Begriff der AdressatInnen....... 135

5.2 Zwischen Managementstrukturen und Ordnungsauftrag – Die Beziehung zwischen Förderung und Kontrolle 139

6 Zwischen Vergangenheit und Zukunft – Entwicklungsperspektiven und Reflexionsbedarfe 144

Literatur... 147

Sachregister.. 162

Hinweise zur Benutzung dieses Lehrbuchs

Verwendung der Icons

 Fallbeispiel

 Zusammenfassung

 Zum Weiterdenken

 Zum Weiterlesen

Einleitung: Pädagogische Ausgangslagen und intradisziplinäre Schnittstellen

Wenn Bildung sowohl die berufliche Qualifikation für die Arbeitswelt als auch die Herstellung von Autonomie und sozialer Verantwortung umfasst, leisten viele Bereiche des alltäglichen Lebens einen Beitrag hierfür und erfordern folglich von Wissenschaft und pädagogischer Praxis die Überschreitung der Binnenlogiken von Bildungsinstanzen und -verständnissen (Giese/Wittpoth 2014; Autorengruppe Bildungsberichterstattung 2010).

Diese Einführung möchte – ähnlich wie die beiden Türme auf dem Titel – teildisziplinäre Perspektiven miteinander verbinden, die zwar eigene Eingänge und separate Turmspitzen haben, aber die tragenden Elemente des Gebäudes und das Fundament miteinander teilen.

Uns ist bewusst, dass beispielsweise jeder einzelne Grundbegriff und jede Maxime einen eigenen Grundlagenband für sich beanspruchen kann. Für Unterkapitel, wie z. B. Schulentwicklung, Kinder- und Jugendhilfe, liegen bereits komprimierte Zusammenfassungen im Handbuchformat sowie auch weiter differenzierende Abhandlungen in vielen einzelnen Studien oder thematischen (Sammel-)Bänden vor. Zu diesen möchte unser Studienbuch einen Zugang ebnen.

Über unsere Fragen zum Weiterdenken möchten wir Studierenden auf ihrem Weg in eine künftige, stärker intradisziplinäre Auseinandersetzung Anregungen bieten, sich innerhalb der Diskurse der erziehungswissenschaftlichen Teildisziplinen genauer einzuarbeiten. Über die Tipps zum Weiterlesen möchten wir zur weiteren, eigenaktiven Vertiefung anregen. Mit unserem Konzept der Fragen und Vertiefungstipps wollen wir vor allem neugierig darauf machen, sich so viel wie möglich an den Grundlagen und Gegebenheiten zu „reiben", um einerseits die eigenen pädagogischen Handlungsspielräume zu entdecken und zu erweitern, aber auch andererseits die institutionellen Beschränkungen nicht unhinterfragt hinzunehmen, sondern an strukturellen Veränderungen mitzuwirken.

Innerhalb der einzelnen Kapitel verweisen kursiv gesetzte Begriffe auf zuvor oder im weiteren Verlauf erläuterte Begriffe. Sie werden von den Marginalien am Rand des Textes ergänzt. Diese studienpraktischen Hinweise machen jeweils die Grenzen des Buchkonzepts sichtbar, das vieles anregen kann, nur weniges ausführlicher erläutert und nichts abschließend zu erklären mag.

Andreas Gruschka (1996) war mit seiner Sammlung von Positionen zur Frage „Wozu Pädagogik?" der „Zukunft bürgerlicher Mündigkeit und öffentlicher Erziehung" auf der Spur und hat über die Kontextualisierung der Beiträge eine intra- und interdisziplinäre Zusammenschau von Antworten aus u.a. bildungstheoretischer, sozialpädagogischer, bildungssoziologischer und rechtssystematischer Perspektive vorgelegt. Wir haben gleichfalls eine Auswahl jener Positionen und Argumentationen zusammengetragen, die wir Studierenden gerne als Anregung für ihren Weg in die pädagogische Zukunft mit geben möchten. Wir denken also an jene LeserInnen, die ihre „Lust am Werden von Menschen oder an sich entwickelnden Verhältnissen" (Thiersch 2005) durch ihr Studium fachlich fundieren wollen, die in der Schule Kindern und Jugendlichen aus der Begeisterung für ein Schulfach heraus etwas beibringen möchten, die aus Interesse an sozialen Zusammenhängen und im Anliegen einer chancengleichen Gerechtigkeit „Lust am Umgang mit etwas schwierigen und mühsamen Kindern" (Thiersch 2005) haben oder sich vorstellen können, im Weiterbildungsbereich auch mit Erwachsenen zu arbeiten oder sich von den Herausforderungen der institutionellen Managementaufgaben angezogen fühlen.

Im auf die Einleitung folgenden ersten Kapitel setzen wir uns mit dem Erfordernis der Überwindung der auch 15 Jahre nach der Jahrtausendwende existenten Trennung zwischen Schulstrukturen und den sich an Familienförderung und begleitendem Hilfesystem orientierenden sozialpädagogischen Bildungsstrukturen anhand eines Fallbeispiels auseinander.

Im nachfolgenden zweiten Kapitel diskutieren wir aus intradisziplinärer Perspektive pädagogische Begrifflichkeiten und die damit verbundenen Themen, Aufgaben und Fragestellungen. Dafür treffen wir eine Unterteilung in Grundbegriffe in pädagogischer Tradition (Kap. 2.1) und Maximen im pädagogischen Alltag (Kap. 2.2), die als Grundsätze des Wollens und Handelns innerhalb der erziehungswissenschaftlichen Diskurse in unterschiedlicher Intensität und Zugangsweise thematisiert werden. Wir beginnen mit dem pädagogischen Handeln, weil neben der zuvor genannten „Lust" auch die Bereitschaft vorhanden sein muss, sich Kindern und Jugendlichen „als Sparringpartner zur Verfügung [zu] stellen", weil deren „Groß-Werden [...] auch Kampf, Auseinandersetzung" beinhaltet. Dies bedeutet, dass PädagogInnen sich darauf einlassen wollen müssen und es zu ihrer Rolle gehört, auch bekämpft zu werden (Thiersch 2005). Thiersch folgert aus dem für die pädagogische Praxis notwendigen Verständnis, das „Leben in der Auseinandersetzung" zu deuten, dass PädagogInnen in ihrem Selbstverständnis „nicht nur wohlmeinend und hilfreich" sind, sondern „in der Auseinandersetzung um Lebensbewältigung" agieren, ihre Position in Auseinandersetzung und Kampf gewinnen müssen. Dazu ist es notwendig, dass sie ein reflexives Verhältnis („Reflexibilität") aufbauen, um ihr pädagogisches Handeln zu klären und sich auf „das Werden" einlassen zu können (Thiersch 2005).

Welchen Anteil Erziehung, Bildung und Sozialisation sowie Lernen und Lebenswelt an diesem „Werden" haben, wo die Begriffe verankert sind und wo ihre z.T. fließenden Übergänge dennoch sichtbar gemacht werden können, versuchen wir unter Rückgriff auf die pädagogische Tradition dieser Begriffe zu klären. Unser Anspruch kann weder der Ersatz des einen noch die Erweiterung des anderen sein, sondern soll vielmehr das systematische, begriffliche Fundament umreißen, das sich spätestens mit dem Lernbegriff und dem Lebensweltkonzept differenziert: In sozialpädagogischen Diskursen werden nur sehr selten der schulische Lernbegriff und in schulpädagogischen Diskursen so gut wie nie die sozialpädagogische Lebensweltorientierung diskutiert. Wir gehen davon aus, dass u.a. die gegenseitige Berücksichtigung von Lernbegriff und Lebensweltkonzept nicht nur hilft, gemeinsame pädagogische Konzepte zu formulieren und darin auch die Grenzen der Gemeinsamkeit zu markieren, sondern den fachlichen Perspektivrahmen z. B. für den Inklusionsdiskurs erheblich erweitern kann, aber auch eine Reihe kritischer Reibungspunkte beinhaltet und zugleich der Berücksichtigung sonderpädagogischer Fachkultur bedarf.

Für die „Maximen im pädagogischen Alltag" gilt Ähnliches: Hier haben wir Stichworte zusammengefasst, die bislang teilweise als Grundbegriffe (z. B. Beratung, Hilfe) und teilweise als Diskurse (z. B. Partizipation, Kooperation) thematisiert werden, aber unseres Erachtens für jegliches pädagogisches Handeln als Reflexionshintergrund dienlich sind.

Sowohl die Grundbegriffe als auch die Maximen sind unserer Ansicht nach Schlüsselbegriffe, um pädagogische Diskurse zu erschließen und hinsichtlich ihrer Konnotationen und Abgrenzungen oder Besonderheiten zugänglich zu machen, um die pädagogische Bandbreite der erziehungswissenschaftlichen Auseinandersetzung in intradisziplinärer Perspektive weiter zu betrachten und Maßstäbe für die zuvor genannte Reflexivität zu ermitteln.

Der zweite Teil des Kapitels erweitert den Blick um die Begriffe, die pädagogische Analysen unter den Bedingungen der Migrationsgesellschaft verhandelbar machen (Diversity), sich mit Übergängen in Biografie und Bildungssystem befassen (Transitionen), ressourcenorientiert in anerkennender Absicht (Handlungsfähigkeit) individuelle Biografien in gesellschaftlichen Kontextualisierungen betrachten helfen und deren institutionelle Gebundenheit thematisieren.

Die intersektionalen Perspektiven des dritten Kapitels heben die gegenseitige, offenkundige oder verdeckte Bezogenheit der perspektivischen Teilbereiche hervor und subsumieren schulpädagogisch derzeit gebräuchliche Begriffe wie Heterogenität und Vielfalt unter dem international gültigen Verständnis von Diversity. Zugleich wollen sie Zusammenhänge aufzeigen, die den Rahmen für pädagogische Betrachtungen und Tätigkeiten vorgeben, mit denen die pädagogisch gewollten, tragfähigen Bindungen und sozialen Fertigkeiten gefördert, die Bewältigung kreativer und produktiver Aufgaben vermittelt sowie die Sinnerfüllung in einem selbstständigen Leben unter dessen lebensplanerischen Anforderungen ermöglicht werden sollen. Dafür klären wir zunächst den Zusammenhang zwischen Diversität und Erziehung und kommen exemplarisch zu Genderfragen im Bildungssystem der Migrationsgesellschaft, die wir entlang der Übergänge im Bildungssystem vertiefen. Aus der biografischen Perspektive gelangen wir von der Kindertagespflege bis zur Erwerbstätigkeit und münden im sozialpädagogischen Konzept der Handlungsfähigkeit, das aus anerkennungstheoretischer Perspektive die Ressourcen der Individuen in deren biografischem Verlauf in den Mittelpunkt stellt, deren mögliche temporäre Unterstützungsbedarfe von den normativen Prozessverläufen und Hilfeverständnissen der Vergangenheit abzugrenzen versucht und sich dafür auch der intersektionalen Perspektiven bedient. Hier soll deutlich werden, dass traditionelle und zu Beginn des 21. Jahrhunderts verwendete pädagogische Begriffe und Orientierungen eng miteinander verwoben sind und sich gegenseitig aufeinander beziehen.

Das vierte Kapitel kann, trotz seiner Ausführlichkeit, die gesamte Bandbereite der pädagogischen Handlungsfelder und ihren Entwicklungsbedarf nur andeuten und Ahnungen von Entwicklungsherausforderungen geben. Hier gehen wir auf die relativ neue Konstruktion der (kommunalen) Bildungslandschaft ein, in deren Rahmen die Settings der pädagogischen Angebote und Aufgaben angesiedelt sind und sich vernetzen sollen. Als Bestandteile der Bildungslandschaft stellen wir die Settings der frühen Förderung und Elementarbildung vor und skizzieren Schule als pädagogisches Handlungsfeld der Weichenstellung für gesellschaftliche Teilhabechancen. Als institutioneller Kontext, der föderalistisch geregelt ist, folgt sie biografisch auf die vorschulische Lebensphase. Die flankierenden Möglichkeiten zur Förderung individueller Bildungsverläufe durch die Jugendhilfe und deren Position im Gefüge der Bildungslandschaft werden anschließend erläutert. Dieser Abschnitt endet mit Hinweisen auf die Position der Erwachsenenbildung und einem Einblick in das sozialpädagogische Handlungsfeld der Gemeinwesenarbeit, die beide die vorangegangenen Handlungsfelder in der Praxis quasi flankierend einrahmen.

Im folgenden fünften Kapitel diskutieren wir die Frage der AdressatInnen pädagogischer Arbeit und erläutern das Aneignungskonzept des Diskurses. Damit sind wir in einem originär sozialpädagogischen Begriffskontext angekommen. Denn sowohl die AdressatInnen als auch die Aneignungsperspektive sind zentrale Bezugspunkte des sozialpädagogischen Diskurses und werden im schulpädagogischen Kontext noch nicht als solche reflektiert – wenngleich hier das Konzept des „adaptiven Lernens" und des adaptiven Unterrichts möglicherweise Anknüpfungspunkte bieten könnte, weil beide Kontexte sich darauf beziehen, dass sich pädagogisches Handeln in seinen Konzepten und Absichten an seine AdressatInnen anpassen muss, um zu nachhaltigeren Wirkungen zu gelangen. Auch die Überlegungen zur pädagogischen Position innerhalb von Managementaufgaben und Ordnungsaufträgen ist im Kern zunächst eine sozialpädagogische Positionsbestimmung entsprechend des tradierten Mandats zwischen den Polen Hilfe und Kontrolle (Kessl 2006; Seifert 2013; Sengling 1996). Aus schulpädagogischer Perspektive bildet sich hier aber auch der ähnlich spannungsreiche und widersprüchliche Bogen zwischen Förderung und Disziplinierung ab, der die AdressatInnenschaft der SchülerInnen betrifft, die der Schulpflicht im selektiv agierenden institutionellen Rahmen unterworfen sind, damit sie gesellschaftliche Teilhabechancen erwerben können.

Wir schließen unsere Überlegungen im sechsten Kapitel mit einem Blick auf die sichtbaren pädagogischen Diskursperspektiven hinsichtlich der AdressatInnen, deren momentane Situation sich aus Traditionen und Visionen speist: Sie müssen sich zwischen diesen Polen positionieren – und haben nach dem Verständnis des lebenslangen Lernens kaum eine biografische Chance, den lebensalterübergreifenden, pädagogisch begründeten Visionen um ihr Wohlergehen zu entgehen, für das von ihnen Bildungsbereitschaft im Sinne von Motivation und Befähigung zum selbstorganisierten Lernen innerhalb gegebener Strukturen erwartet wird. Für diese Bildungsprozesse halten professionelle PädagogInnen Organisations-

und Hilfekonzepte bereit, die Menschen bei der ständigen Anpassung und Erweiterung ihres Wissens begleiten wollen.

Die Ausführungen des Bandes verfolgen je nach Begriff und Kontext mal die sozialpädagogische und mal die schulpädagogische Perspektive, erweitern diese, wo es hilfreich scheint, um sonderpädagogische oder erwachsenenbildnerische Aspekte und müssen an vielen Stellen dort Halt machen, wo die Grenzen der teildisziplinären Zugänge sichtbar werden. Insofern steht die Betrachtung aus intradisziplinärer Perspektive noch ganz am Anfang ihrer Möglichkeiten und wird sich für diesen Band mit der Suche nach den Anschlussmöglichkeiten zufrieden geben müssen. Dafür haben wir entlang der tradierten Begriffe, der Maximen und neueren fachlichen Entwicklungen die künftigen Diskussionsstränge „aufzufädeln" versucht – auch wenn dabei der (traditionelle) rote Faden nicht immer auf Anhieb sichtbar ist. Uns ist daran gelegen, die Kontexte von bildungs- und sozialpolitischen Zusammenhängen und deren biografische Konsequenzen für (vor allem junge) Menschen mit derzeit weit auseinanderklaffenden gesellschaftlichen Teilhabechancen sichtbar zu machen, weil diese jungen Menschen, die als AdressatInnen von Jugendhilfe und/oder Schule innerhalb des Bildungs- und Hilfesystems und seiner Institutionen „auf dem Weg" sind, auf die Qualität und die Reflexivität des pädagogischen Handelns angewiesen sind.

Wir haben von der explizit historischen Perspektive Abstand genommen und nur auf vereinzelte Zugänge verwiesen – in der Hoffnung, dass auch so das Interesse an den weiteren historischen Kontexten geweckt werden mag. Rechtliche Grundlagen haben wir dort, wo sie nach unserer Ansicht von Belang sind, einfließen lassen, aber auf rechtssystematische Grundlegungen zugunsten der Darstellung von Diskurssträngen oder Kontroversen verzichtet – und hoffen, dass dennoch deutlich wird, wie wichtig die rechtliche Verortung für das Verständnis der pädagogischen Tätigkeiten ist. Manche Diskursbezüge müssen wir ohne Vertiefung in die studienpraktischen Hinweise verlagern, wie beispielsweise den Armutsdiskurs, die Frage nach den Entwicklungsaufgaben, den Resilienzdiskurs oder die internationalen Aspekte des Dargestellten.

Wir hoffen, dass unsere Angebote der Perspektiverweiterung zu interessanten Reflexionen anregen, der pädagogischen Theorie ebenso wie der pädagogischen Praxis, und deren Verhältnis vielleicht nützliche Impulse bieten kann und den Professionalisierungsprozess künftiger KollegInnen auch ohne die explizite Darlegung dessen, woran pädagogische Professionalität gemessen werden kann (Nike 2002), befördern mag.

1 Nachdenken über das pädagogische Handwerkszeug – Ein Fallbeispiel

Die Bedingungen der sich demografisch wandelnden Migrationsgesellschaft (Mecheril et al. 2010) verlangen nach Reformen innerhalb des Bildungs- und Hilfesystems. Dessen traditionelle Trennung zwischen schulischen Strukturen und den sich an Familienförderung und Hilfesystem orientierenden sozialpädagogischen Bildungsstrukturen erweist sich zunehmend als ineffektiv.

Ganz gleich, ob in Tageseinrichtungen für Kinder und Kindertagespflege, Schule, Kinderschutz, Jugendarbeit, Erziehungshilfe, im kooperativen Hilfesystem der Jugendsozial- und Jugendberufshilfe oder am Übergang in den Beruf, in der Phase der Familiengründung, im Zusammenhang mit inhaltlichen Interessen oder beruflichen Umorientierungen von Erwachsenen oder während des Ruhestandes: Sofern die Aktivitäten und Angebote institutionell strukturiert vorgehalten werden, kommen pädagogisch motivierte Anliegen und Strukturen zum Tragen. Sie setzen die entsprechende Fachlichkeit voraus und lassen sich in ihrem Anspruch von zwischenmenschlichem Alltagshandeln, „Nachbarschaftshilfe" oder marktwirtschaftlich motivierten Interessen abgrenzen.

„Hinter" den pädagogisch motivierten Anliegen stehen theoretische Setzungen, Überlegungen und Argumentationen, Ideen, Wünsche und auch Verunsicherungen, die sich auf fachliche Ansprüche, herrschende Diskurse, fachliche Überzeugungen und politische Anliegen, Traditionen und Veränderungsbewegungen beziehen und das pädagogische Handeln der Fachlichkeit bestimmen.

„Vor" den Angeboten und Strukturen stehen allerdings Menschen, die als Kinder, Jugendliche oder Erwachsene im Erwerbsalter bzw. im Ruhestand so gefördert werden, dass sie den Anschluss an gesellschaftliche Gegebenheiten finden und ein möglichst selbstbestimmtes Leben im Einklang mit gesellschaftlichen Interessen führen können. Sie betreffen beispielsweise ein Kind, das entweder alleine oder gemeinsam, mit leiblichen oder sozialen Geschwistern, mit einem oder zwei leiblichen oder sozialen Elternteilen zusammenlebt. Vor diesem familiären Hintergrund, aber auch in Abhängigkeit zur Ausformung von dessen monetären oder soziokulturellen Kapitalressourcen und Erwerbsstrukturen, nimmt es eines von mehreren Formaten (Kindertagesstätte, Kindergarten, Tagesmutter) der regelmäßigen außerfamiliären Betreuung wahr und soll dort über einen bedingt variabel zu wählenden Zeitraum (vormittags, nachmittags, ganztags, stundenweise) und entlang einer breiten, auch trägerschaftlich (z. B. öffentliche bzw. freie Träger) bestimmten Konzeptvielfalt und/oder pädagogisch begründeten Theorien (z. B. reformpädagogischer Ansatz nach Montessori, Steiner, Situationsansatz, Reggiopädagogik, Waldpädagogik) hinsichtlich seiner sozialen, kognitiven und emotionalen Entwicklung gefördert werden. Ab dem Zeitpunkt der Schulpflicht mindert sich die

Vielfalt der Formate und Konzepte erheblich, während sich die Erwartungen an das einzelne Kind vor allem auf dessen Leistungspotenzial konzentrieren. Von Beginn an sind die biografischen Möglichkeiten des Kindes mit jenen seines Umfeldes verknüpft. Die an das Kind gerichteten schulischen Leistungs- und Normerfüllungserwartungen werden von Unterstützungs-, Begleitungs- und Hilfestrukturen ergänzt.

Sowohl die schulischen Ansprüche als auch die flankierenden Möglichkeiten des Hilfesystems bauen auf dem fachlichen „Handwerkszeug" des *pädagogischen Handelns*, auf dem Verständnis von *Erziehung*, *Bildung*, *Sozialisation* und *Lebenswelt* auf. Für die innerhalb der Systeme tätigen Fachkräfte gilt es, dieses Verständnis im Rahmen des eigenen Professionalisierungsprozesses zu erwerben und dessen Nutzung einzuüben. Mit anderen Worten: Es ist nötig, immer wieder (neu) über das eigene fachliche Verständnis der erziehungswissenschaftlichen Grundbegriffe nachzudenken und sich auch mit Bezug auf konkrete Einzelfälle immer wieder neu zu positionieren und das eigene Handeln zu reflektieren.

Für den Bereich der Erwachsenenbildung tritt die erzieherische Komponente des pädagogischen Handelns hinter den Anspruch, Bildungsprozesse anzuregen, zurück. Die AdressatInnen der pädagogischen Angebote gehören entweder zu den Erziehenden, deren Alltag und Unterstützungsbedarf auf ihrem eigenen Erzogen-Worden-Sein gründet, oder sie verfolgen als NutzerInnen der Erwachsenenbildung ausschließlich ein Bildungsinteresse im Kontakt mit der pädagogischen Fachlichkeit. Daher muss unseres Erachtens am Anfang dieser Einführung zunächst die Klärung der verwendeten Begrifflichkeiten stehen. Das ist ein erfahrungsgemäß mühsames Unterfangen des theoretischen Nach- und Durchdenkens, das mit zunehmender Erklärungsdichte seine Komplexität immer weiter offenbart.

Im Versuch, der antizipierten Abschreckung vorzubeugen, die beispielsweise die Komplexität des pädagogischen Handelns als grundbegriffliches Konstrukt in sich birgt, stellen wir den begrifflichen Erläuterungen ein Fallbeispiel voran. Es soll aus unterschiedlichen Perspektiven die Notwendigkeit der Reflexion pädagogischer Grundbegriffe und Maximen verdeutlichen.

Eine alleinerziehende Mutter von drei Kindern zwischen fünf und sechzehn Jahren muss den Familienalltag im Rahmen der Mittel staatlicher Alimentation bewältigen, da sie aufgrund psychischer Erkrankung nicht in der Lage ist, einen Teil des Familieneinkommens selbst zu erwirtschaften. Die Familie lebt also unter Armutsbedingungen, die Kinder sind durch die damit verbundenen sozialen Ausgrenzungsprozesse in ihrer Entwicklung bedroht und müssen einem hohen sozialen Belastungsdruck standhalten. Erschwerend zur Armut kommt hinzu, dass die Mutter erst als Erwachsene nach Deutschland eingewandert ist und sich seit Jahren im Umgang mit Institutionen (Ämtern und Schulen) nur mit Hilfe der Tochter verständigen kann. So hat die nun sechzehnjährige Tochter im Verlauf ihrer Schullaufbahn viel Unterricht in der Schule versäumt und Einschränkungen in den Möglichkeiten ihrer Bildungsbiografie erfahren, weil sie einen großen Teil der Verantwortung für die Bewältigung der Familienorganisation auf sich nimmt. Der vierzehnjährige Sohn der Familie verweigert seit einem Jahr, zunächst durch unentschuldigte Krankheit, später aufgrund daraus resultierender Schwierigkeiten der Leistungserfüllung und problematischer Konstellationen innerhalb seiner Peer-Group, die Erfüllung der Schulpflicht ebenso wie die als Sanktionen damit verbundenen Ordnungsmaßnahmen. Er wird keinen Schulabschluss erreichen.

Das jüngste Kind der Familie wird halbtags im Kindergarten betreut und dort in seiner Entwicklung bestmöglich gefördert, damit es nach seiner Einschulung im nächsten Jahr dem Anfangsunterricht in der Grundschule gut folgen kann. Die Bildungsbiografien der Kinder dieser Familie werden zunächst vom pädagogischen Handeln des Kindergartens und der Schulen bestimmt. Da die beiden schulpflichtigen Kinder in erheblichem Maß dem Unterricht fernbleiben, richten KlassenlehrerInnen und Schulleitung (entsprechend des generellen Konzeptes dieser Schule in Fällen von gehäuften Fehlzeiten) ihr pädagogisches Handeln an sanktionierenden Maßnahmen aus, die ihre erzieherische Absicht allerdings verfehlen.

Da die Fachkräfte der Kindertageseinrichtung aus den Verhaltensweisen des jüngsten Kindes auf Vernachlässigung im häuslichen Umfeld schließen, schalten sie die Jugendhilfe ein. Diese prüft die Situation und stellt der Familie eine Sozialpädagogische Familienhilfe (SPFH) zur Unterstützung der Alltagsorganisation und zum Abbau der Überforderungssituation, in der sich die Mutter befindet, zur Seite. Die SPFH wird nach einem halben Jahr durch eine Erziehungsbeistandschaft für den 14-jährigen ergänzt. Beide Maßnahmen der Erziehungshilfe werden aber – trotz Beteiligung am Hilfeplanverfahren – innerhalb der Familie als Eingriff und Bevormundung wahrgenommen und erreichen mit ihren pädagogischen Handlungen nicht das beabsichtigte Ziel. Nach der Erklärung der Mutter, keine Hilfe zu benötigen, und nach der Entkräftung des Misshandlungsverdachts zieht sich die Jugendhilfe aus der Familie zurück und begründet diesen Rückzug mit der mangelnden Mitwirkungsbereitschaft der Familienmitglieder.

Der Fall wirft eine Reihe von Fragen auf, für deren diskursive (klärende, nicht absolute) Beantwortung wir die Auseinandersetzung mit den pädagogischen Grundbegriffen und Maximen benötigen. Diese erweitern wir anschließend durch die Reflexionen aus intersektionaler Perspektive sowie nachfolgend aus der Sicht der institutionellen Struktur, um sie schließlich mit dem Blick auf die AdressatInnen abschließend zu modifizieren:

- Woran wollen wir das *pädagogische Handeln* der VertreterInnen von Schule und Jugendhilfe messen?
- Welchen *Erziehungs*bedarf können wir für die einzelnen Kinder dieser Familie formulieren?
- Wie können wir den Verlauf der Bildungsbiografie der Jugendlichen beurteilen, ohne dabei ausdrücklich (bzw. in erster Linie) auf schulische Parameter zur Leistungsmessung zurückzugreifen?
- Über welche Stärken, Potenziale und Ressourcen verfügen die Kinder, die Mutter und das Familiensystem? Wie ist ihre *Vernetzung* in die und mit der sozialen Umwelt?
- Warum könnte der weitere *Lernprozess* des jüngsten Kindes gefährdet sein, wenn es demnächst in die Schule geht?
- Welchen Stellenwert müssen wir den *Sozialisations*bedingungen, unter denen die Kinder dieser Familie aufwachsen, zumessen?
- Wie können wir die *Lebenswelt* dieser Familie angemessen rekonstruieren?
- Welcher Unterstützungsangebote bedarf die Mutter seitens sozialpsychiatrischer Dienste und Lernangebote der *Erwachsenenbildung* (z. B. Deutschkurs)?
- Welche *Bedürfnisse* dieser drei Kinder werden (nicht) hinreichend erfüllt?
- Welche Möglichkeiten des Eingriffs in als problematisch eingeschätzte Entwicklungen bieten Konzepte des Lehrens, der *Hilfe*, der Begleitung und der *Rehabilitation*?
- Welche fachlichen Kriterien müssen wir anlegen, um diesen Fall bzw. die vier darin enthaltenen Einzelfälle zu verstehen?

- Welche absehbaren Gefahren für die einzelnen Familienmitglieder lassen sich durch Maßnahmen der *Prävention* mindern?
- Welche *Beratungs*angebote können den einzelnen Familienmitgliedern helfen, ihre Situation möglichst selbstbestimmt verbessern zu können?
- Warum müssen die pädagogischen Unterstützungsangebote und -maßnahmen für die einzelnen Familienmitglieder an deren *Partizipation* (aktiver Teilhabe) an Auswahl- und Entscheidungsprozessen ausgerichtet sein?
- Welche Anforderungen stellt die Familienkonstellation und -situation an Konzepte, die der *Integration* dienen und *Inklusion* zum Ziel haben?
- Warum ist es erforderlich, dass die mit der Situation der Familie und ihren einzelnen Familienmitgliedern befassten Institutionen und Fachkräfte in *Kooperation* und Vernetzung zusammenarbeiten?
- Welche intersektionalen *Differenzlinien* sind in diesem Fall – auf welche Weise – miteinander verwoben?
- Warum ist für das jüngste Kind die *Transition* von der Kita in die Grundschule mit einem biografischen Risiko der Gefährdung verbunden und warum drohen die beiden Jugendlichen am Übergang von der Schule in den Beruf zu scheitern?
- Warum müssen wir die *Handlungsfähigkeit* der einzelnen Familienmitglieder für die Einschätzung ihrer Situation berücksichtigen?
- Welche *pädagogischen Handlungsfelder* haben für die in dieser Familie zu bewältigenden Anforderungen eine Expertise entwickelt, und welche neuen Konzepte für solche und ähnliche Probleme werden derzeit entwickelt?
  – Wo verorten wir die Familie und ihren Bedarf an pädagogischer Unterstützung innerhalb der *Bildungslandschaft*?
  – Welche Möglichkeiten bieten die *Familienbildung* und die frühen Hilfen für den weiteren Verlauf der Bildungsbiografie des Kindergartenkindes?
  – Welche Reichweite kann die *Elementarbildung* für die Bildungsbiografie des jüngsten Kindes haben?
  – Welche Förderungen und Herausforderungen erwarten das jüngste Kind in der *Grundschule*?
  – Welche Möglichkeiten hat die Sekundarstufe, um schulfernen Jugendlichen eine anschlussfähige Bildungsbiografie zu ermöglichen?
  – Welche Hilfe kann die *Schulsozialarbeit* zur Sicherung der Anschlussfähigkeit der beiden Jugendlichen bieten?
  – Welche Unterstützung können die Kinder dieser Familie in den Angeboten der *Kinder- und Jugendarbeit* finden?
  – Welche Chancen bietet die Jugendsozialarbeit für die Bewältigung des Risikos am Übergang von der Schule in den Beruf?
  – Wie weit reich(t)en die Angebote der *Hilfen zur Erziehung* in diesem Fall und wie wurden die Maßnahmen im *Hilfeplan*verfahren gerechtfertigt?
  – Gibt es begründete Anhaltspunkte, um Maßnahmen der *Inobhutnahme* zu durchdenken?
  – Welche Funktion kann die *Gemeinwesenarbeit* im Hilfeszenario für diese Familie übernehmen? Welche Unterstützung kann der Mutter hinsichtlich ihrer Depressionen angeboten werden?
  – Welchen Beitrag können die Angebote der *Erwachsenenbildung* für die Verbesserung der familiären Situation leisten?
- Warum haben die Hilfeangebote und -maßnahmen die Familienmitglieder als *AdressatInnen* von Bildungs- und Hilfeangeboten nicht erfolgreich erreichen können?
- Wie viel *Hilfe* und wie viel Kontrolle können in diesem Fall fachlich vertreten werden?

Diese exemplarischen Fragen geben zum einen die Gliederung dieses Buches wieder und gehören zum anderen ins Repertoire des pädagogischen „Handwerkszeugs", mit dem wir fachliche Reflexionen im praktischen Kontext theoretisch klären können. Zwar können diese auch aus einem nicht fachlich reflektierten Alltagsverständnis von „Normalität" heraus beantwortet werden, was aber eben keine fachliche Reflexion beinhaltet. Die fachliche Reflexion erfordert vielmehr die diskursive Auseinandersetzung mit den bereits durchdachten Positionen und empirischen Befunden, die unter den Bedingungen der praktischen Anforderungen die im Alltag handelnden Akteure von fachlich reflektierten unterscheidet.

2 Schlüsselbegriffe im pädagogischen Diskurs

2.1 Grundbegriffe in pädagogischer Tradition
2.1.1 Pädagogisches Handeln

Vor der pädagogischen Handlung steht die fachlich fundierte Einschätzung des künftigen Handelns, damit das Handeln als „pädagogisch" bezeichnet werden kann. Es muss in Hinblick auf seine Wirkung mehrfach reflektiert werden: Innerhalb eines ausdifferenzierten Sinnzusammenhangs wird über Ziele, Bewertungskriterien und Einflussbedingungen sowie Konsequenzen nachgedacht, da man andernfalls nicht „weiß, was man tut" – wenngleich das Handeln auch dann noch ein „Wagnis" bleibt, da jede Strategie auch die Möglichkeit des Scheiterns beinhaltet (Hörster 1995, 38). Pädagogisches Handeln bleibt also stets von Ungewissheiten bestimmt, die sich aus sozialen, institutionellen und subjektbezogenen Bedingungen ergeben.

Die Sinnhaftigkeit einer pädagogischen Handlung muss demnach einerseits im Voraus antizipierbar sein, obwohl sie andererseits erst in der Rekonstruktion ihres Sinns tatsächlich geklärt werden kann. Um dieses Dilemma erfassen und diskutieren zu können, schlägt Helsper (1995) ein mehrperspektivisches Schema vor, mit dessen Hilfe er pädagogisches Handeln „als interaktiv-asymmetrisches Vermittlungsverhältnis in der Spannung von Fallverstehen und subsumtivem Regelwissen" (Helsper 1995, 31) beschreibt.

Einzelfallbezug Pädagogisches Handeln dient in diesem Verständnis sowohl der Allgemeinbildung einer „Person" als auch ihrer Selbstbildung, hat zwischen kollektiven und individuellen Ansprüchen zu vermitteln, beinhaltet ebenso *Erziehung* wie Unterricht, ist abhängig von *Sozialisation*sbedingungen und muss Entwicklung berücksichtigen.

Wenngleich sich eine Reihe von methodischen Umsetzungen pädagogischen Handelns nennen lassen (z.B. Unterrichten, *Beraten*), so bestimmt doch die stets offene Zukunft (Helsper 1995) dessen, was die *AdressatInnen* pädagogischen Handelns für sich selbst aus dem ihnen Angebotenen schlussfolgern, annehmen oder umsetzen, seinen Ausgang.

Absichten Die Wirkungen der Handlung sind demnach immer ins Ungewisse verlegt, weil nicht nur die nachhaltige Wirkung des Beabsichtigten, sondern auch die unbeabsichtigten Nebenwirkungen pädagogischen Handelns in die notwendige Reflexion seiner Umsetzungen einbezogen werden müssen.

Im Versuch, pädagogisches Handeln unabhängig vom jeweiligen Handlungsfeld zu definieren, ist, Giesecke (2007) zufolge, die Gemeinsamkeit jeglichen pädagogischen Handelns die über formalisierte und nicht formalisierte Lernanreize vermittelte Veränderungsabsicht von Menschen oder deren sozialen Bedingungen. Für die Klärung solcher Veränderungsabsichten benötigen die pädagogisch Handelnden Orientierungen, die sowohl der Auseinandersetzung mit dem individuellen Gegenüber und seiner biografischen Gewordenheit sowie seinen *Bedürfnissen* als auch der Beschäftigung mit gesellschaftlichen oder institutionellen Schieflagen und sozialen Ungleichgewichten gerecht werden können:

> *„Der Pädagogik wächst [...] die Aufgabe zu, in sorgfältigen Beschreibungen von Lern- und Bildungsmilieus, von Situationen und biographischen Verläufen, von anthropologisch ermittelbaren Grenzen und Risiken das Normalitäts-Spiel der Kultur im Umgang der Generationen miteinander zuverlässig zu kommentieren und aufzuklären."* (Mollenhauer 1996a, 34)

pädagogische Beziehung

Neben Absichten, Wirkungen und Konsequenzen muss auch die mit pädagogischem Handeln verbundene Beziehungsebene reflektiert werden. Dafür bedarf es orientierender Maßstäbe, an welchen die mit pädagogischem Handeln verbundenen kognitiven Prozesse, emotionalen Komponenten, sozialen Entwicklungen und individuellen Beziehungen der direkt Beteiligten sowie der auf administrativen Ebenen indirekt steuernden AkteurInnen gemessen werden können: Ein möglicher Maßstab für pädagogisches Handeln auf der Beziehungsebene kann beispielsweise der Umgang mit bzw. Ausdruck von Machtverhältnissen sein, ein anderer kann auf der Ebene der kognitiven Wissensvermittlung die Deskription der Lernergebnisse sein.

Verantwortung

Bindet man pädagogisches Handeln enger an *Erziehung*, so ist zu bedenken, dass man im pädagogischen Setting nicht nicht-erziehen, aber auch nicht zweifelsfrei steuern kann: Pädagogisches Handeln im Erziehungskontext ist immer zugleich intentionales „Versuchshandeln, das in der Absicht der Einwirkung auf andere Personen und in der Erwartung des Eintritts wahrscheinlicher Effekte vollzogen wird" (Lüders 2001, 945). Pädagogisches Handeln muss demnach stets dem Prinzip der Verantwortbarkeit folgen und soll nur am Nutzen der AdressatInnen ausgerichtet sein (Schaarschuch 2010). Giesecke (2007) zufolge muss es aber immer auch unter dem Gesichtspunkt der sozialen Interaktion zur Ermöglichung von *Lernen* und in der Reflexion von deren Angemessenheit betrachtet werden.

Persönlichkeitsentwicklung

Wenn über pädagogisches Handeln innerhalb zur jeweiligen Zeit geltender Normen und gesellschaftlicher Bedingungen – also innerhalb der epochal entstandenen Umstände – Menschen in ihrer Persönlichkeitsentwicklung unterstützt werden (sollen), dann bilden – bezogen auf Kinder und Jugendliche – nicht nur *Lernen*, sondern auch *Erziehung* und *Bildung* die Hintergründe und Anlässe für pädagogisches Handeln. Die Bedingungen pädagogischen Handelns sind u.a. so, wie es Schleiermacher bereits 1826 mit seiner Frage nach Antrieben, Absichten und Überprüfungen der pädagogischen Einwirkung formuliert hat, zu reflektieren: „Was will eigentlich die ältere Generation mit der jüngeren? Wie wird die Tätigkeit dem Zweck, das Resultat der Tätigkeit entsprechen?" (Schleiermacher 1826/1983, 15)

Wie aber die pädagogische Handlung als „konstituierende Hilfe [...] beim Erwerben und Fördern der Fähigkeiten, sich selbst zu bestimmen und selbst tätig zu werden" (Bokelmann 1979, 128) im Einzelnen und im Konkreten aussieht, hängt immer vom Kontext der Handlung ab. Auf der Ebene der Grundbegriffsklärungen muss die Konkretisierung offen bleiben, weil sich die pädagogische Handlung auf ein konkretes Verhältnis zwischen jenen, die die „Fähigkeiten – wenn auch immer nur bedingt – schon erworben haben, und denjenigen, die sie erst erwerben müssen, ihrer nicht mehr gewiß sind oder sie wieder eingebüßt haben" (Bokelmann 1979, 128) bezieht.

2.1.2 Erziehung

Erziehungsabsichten Für die pädagogische Einwirkung des professionellen *pädagogischen Handelns* wird mit Bezug auf Kinder und Jugendliche (z.T. auch synonym) der Erziehungsbegriff verwendet (Ludwig 2000). Außerdem wird er alltagssprachlich für den intentionalen, (meist) elterlichen Umgang Erwachsener mit Kindern und Jugendlichen gebraucht. Als grund- und sozialrechtlich zu schützendes Gut ist Erziehung u.a. auch zur *Prävention* möglicher Gefährdungen der Persönlichkeitsentwicklung oder individuellen Schädigungen in institutionellen Kontexten verankert, deren Maxime auch im Widerspruch zum elterlichen Erziehungsverständnis stehen können.

Erziehungsauftrag Das Grundgesetz hält den Erziehungsauftrag in Artikel 6 Abs. 2 des Grundgesetzes fest und verbindet ihn mit der Verpflichtung zur Sicherstellung von förderlichen Rahmenbedingungen durch die (staatliche) Gemeinschaft. In § 1 des Achten Sozialgesetzbuches (SGB VIII) wird diese Position bekräftigt:

> *„(1) Jeder junge Mensch hat ein Recht auf Förderung seiner Entwicklung und auf Erziehung zu einer eigenverantwortlichen und gemeinschaftsfähigen Persönlichkeit.*
> *(2) Pflege und Erziehung der Kinder sind das natürliche Recht der Eltern und die zuvörderst ihnen obliegende Pflicht. Über ihre Betätigung wacht die staatliche Gemeinschaft." (§ 1 SGB VIII)*

Die Verpflichtung zur Wahrung des Rechts auf Erziehung wird durch das SGB VIII in die Verantwortung der *Jugendhilfe* gelegt. Die hier berücksichtigte enge Verbindung zwischen Erziehung und deren mögliche Gefährdung durch Bedingungen innerhalb der *Lebenswelt* des Individuums, die seitens der Jugendhilfe gemildert werden können, weist darauf hin, dass Erziehung ein komplexes Unterfangen ist, das besondere Aufmerksamkeit verdient.

Gewaltverbot Die UN-Kinderrechtscharta betont in Artikel 7 „das Recht auf eine Privatsphäre und eine gewaltfreie Erziehung im Sinne der Gleichberechtigung und des Friedens" und verweist darauf, dass im Erziehungskontext durchaus auch Gefahren für Kinder liegen können, wenn Erwachsene ihr Erziehungsverständnis durch Formen körperlicher und seelischer Gewalt umzusetzen versuchen.

(Auch) Schule hat einen rechtlich fixierten Erziehungsauftrag, der über die Schulgesetzgebung der Länder transportiert wird, aber durchaus kontrovers zum elterlichen Erziehungsprimat stehen kann.

Anschlussfähigkeit Als Grundbegriff beschreibt Erziehung eine „intentionale Tätigkeit, die sich darum bemüht, Fähigkeiten von Menschen zu entwickeln und in ihrer sozialen Anschlussfähigkeit zu fördern" (Luhmann 2002, 15). Damit ist gemeint, dass Erziehung *"dasjenige Handeln [ist], in dem die Älteren (Erzieher) den Jüngeren (Edukanden) im Rahmen gewisser Lebensvorstellungen (Erziehungsnormen) und unter konkreten Umständen (Erziehungsbedingungen) sowie mit bestimmten Aufgaben (Erziehungsgehalten) und Maßnahmen (Erziehungsmethoden) in der Absicht einer Veränderung (Erziehungswirkungen) zur eigenen Lebensführung verhelfen, und zwar so, daß die Jüngeren das erzieherische Handeln der Älteren als notwendigen Beistand für ihr eigenes Dasein erfahren, kritisch beurteilen und selbst fortführen lernen"* (Bokelmann 1970, 185f.).

Wenngleich das Erziehungsverhältnis von den Erziehenden bestimmt wird, die wollen, dass sich die zu Erziehenden (Edukanden) „die Gehalte der Absichten der Erziehung in einem aktiven Prozess zu eigen machen" (Vogel 2008, 120) sind die so Erzogenen für das Gelingen des Erziehungsprozesses mitverantwortlich. Erziehung ist also immer als dialogische Interaktion zu denken, deren mögliches Scheitern einkalkuliert werden muss (Vogel 2008). Vogel betont, dass es sich beim Erziehungsbegriff um ein „Denkmodell" handelt, das auf „Annahmen über die prinzipielle Intentionalität und Reflexivität menschlichen Handelns" zurückgeht, sich also an „selbst gewählten Sinnsetzungen" (Vogel 2008, 120) orientiert und sich argumentativ mit Sinnsystemen auseinandersetzen kann. **Erziehungsdialog**

Auch die Gesetzgebung geht von einer zweifelsfreien Erziehungsrelevanz aus und hält dies in der zuvor zitierten Generalklausel im § 1 des SGB VIII als Leitnorm fest, die ausnahmslos alle jungen Menschen in den Blick nimmt, ihre Eltern berücksichtigt und die Jugendhilfe in die Pflicht nimmt. Inwiefern sich hieraus aber ein subjektiver Rechtsanspruch auf Förderung bzw. Erziehung ergibt, ist umstritten. Vor allem der weite Erziehungsbegriff und der Respekt vor den Lebensentwürfen und Lebenslagen von Menschen sind hierfür entscheidend (Münder et al. 2009, 64f.).

In die gesetzlichen und fachlichen Definitionsbestimmungen von Erziehung finden auch Annahmen von Kant (1803/1983) Aufnahme, der davon ausging, dass der Mensch nur durch Erziehung zum Menschen werden könne und dass man berücksichtigen müsse, dass der Mensch nur durch Menschen erzogen werden kann, die ebenfalls erzogen worden sind und die in der Lage sind, eigene Erfahrungen und Erkenntnisse weiterzugeben (Kant 1803/1983). **Erziehungsbedarf**

Mit seinen Überlegungen steht Kant am Anfang einer historischen Auseinandersetzung, in deren diskursivem Verlauf nachvollzogen werden kann, dass die Problematik der „Unsichtbarkeit von Erziehung", die der „Perspektivität von Erziehungsvorstellungen", ihre „Flüchtigkeit" und die Diskrepanz zwischen „Erziehungssemantik" und „Realität" (Winkler 1995, 56f.) in ihrer Komplexität kaum fassbar sind. Die Interdependenzen dieser Bausteine sind aber zugleich die Herausforderung, sich professionell mit Fragen der Erziehung auseinanderzusetzen. Erziehungshandeln selbst bleibt demnach zumeist unsichtbar – abgesehen von tätlichen Gewalthandlungen, die unrechtmäßig in erzieherischer Absicht vorgenommen werden. **Erziehungshandeln**

2.1.3 Erziehungspartnerschaft

pädagogische Professionalität

Die Abhängigkeit des Erziehungsverständnisses von epochalen Wandlungen zeigt sich u. a. in der Diskussion um „Erziehungspartnerschaft" zwischen pädagogischen Institutionen und Eltern (Textor 2007). Ging Giesecke 1987 noch davon aus, dass sich pädagogisches LehrerInnenhandeln allein auf *Lernen* durch *Unterrichten* reduzieren lässt, wird pädagogische Professionalität der Gegenwart eng an ein Konstrukt von Erziehung im institutionellen Kontext gebunden. Sicher ist zwischen familialer und schulischer Erziehung zu differenzieren, aber mit der Idee (von) der Erziehungspartnerschaft wird versucht, die individuelle Seite von Erziehung in der Familie mit der universellen Seite der Erziehung durch schulische Interaktionen und Settings zu einer politischen Aufgabe der Zukunftssicherung und normativen Einigung zusammenzuführen.

pädagogische Ziele

Das Anliegen besteht darin, übergeordnete, institutionell und strukturell zu verantwortende Intentionen durch Kontrakte zu legitimieren und in den privaten Raum der Familie zu überantworten. Teil der Erziehungspartnerschaft sind auch pädagogische Lehrkräfte, die die angenommene moralische Einheitlichkeit pädagogischer Zielvorstellungen ebenso wie andere pädagogische Fachkräfte und Ehrenamtliche umsetzen sollen.

Erziehungspraktiken

Angesichts der Vielzahl von möglichen Erziehungsstilen und Erziehungsverständnissen braucht Schule eine Orientierungshilfe in der Ausrichtung ihrer Erziehungsmaximen, also der verallgemeinerbaren Grundsätze ihres Wollens und Handelns. Ausgangspunkt ist die alltägliche Normalität in ihrer gesamtmöglichen Vielfältigkeit. So kann in schulischer Erziehung letztlich nur die Orientierung an den Maßstäben demokratischen Handelns die Grundlage von Erziehungspraktiken sein. Damit fallen vernachlässigende und entwürdigende, permissive oder zurückweisende Erziehungsstile per se aus dem möglichen Repertoire heraus.

Insofern müsste die Idee der Erziehungspartnerschaft, die sich am autoritativen Erziehungsstil des demokratischen Verhandelns ausrichtet, auch demokratische Entwicklungen befördern helfen, das Schulklima verbessern und langfristig den autoritären Erziehungsstilen der sogenannten Schwarzen Pädagogik und ihren gewalt- bzw. machtbetonten Erziehungspraktiken das Wasser abgraben. Schulische Erziehung muss zur Reorganisation der Persönlichkeit der AdressatInnen beitragen und ggf. undemokratische familiäre Erziehungserfahrungen ausgleichen können (Garz 2004).

Recht auf gewaltfreie Erziehung

Erziehung in diesem Verständnis würde sich um die emotionale Sicherung der zu Erziehenden im jeweils erfahrbaren Milieu kümmern und deren *Lernprozesse* befördern. Dafür wären Ermutigung und Grenzziehung seitens der pädagogischen BegleiterInnen unabdingbar und das Recht auf gewaltfreie Erziehung (§ 1631 BGB Abs. 2) garantiert.

Eine solche Erziehungspartnerschaft geht deutlich über das von Bönsch (2004) vorgelegte Modell hinaus, das Schule durch die Zusammenarbeit mit Jugendhilfe entlasten will, indem „sinnvolle […] Erziehungsauffassungen" (Bönsch 2004) vermittelt und Lebenszusammenhänge zum besseren Verständnis von Verhaltensweisen der SchülerInnen rekonstruiert werden sollen. Schließlich ist keineswegs von einem Konsens über die Sinnhaftigkeit von Erziehungsvorstellungen auszugehen, sondern davon, dass sie kommunikativ erzeugte, normative Konstruktionen sind.

2.1.4 Bildung

Neben *pädagogischem Handeln* und *Erziehung* ist Bildung der dritte Schlüsselbegriff, der keine genaue Trennschärfe zulässt, sondern mit den beiden vorangegangenen Begriffen verwoben ist. Schließlich zielt jedes pädagogische Handeln in erzieherischer Absicht auf die von Herbart (1776–1841) benannte Bildsamkeit von Menschen und meint die Fähigkeit zu lernen und sich zu bilden. Als geisteswissenschaftliches Deutungsmuster ebenso wie als erziehungswissenschaftlicher Grundbegriff wird Bildung vor allem im Kontext von Bildungstheorien dimensioniert und weiterentwickelt. **Bildsamkeit**

Zunächst stellt sich die Frage, ob und inwieweit Bildung als Resultat oder als Prozess zu betrachten ist. Sofern sie als Resultat betrachtet werden soll, vereinfacht sich das Klärungsproblem vordergründig, denn dann kann von einem messbaren Zeitpunkt ausgegangen werden, an dem sich das Resultat der Bildungsaktivitäten zeigen muss. Ein derartiges Bildungsverständnis wird durch die Praxis zertifizierter Bildungswege und Abschlüsse getragen. Es basiert auf einem Kanon zu erwerbenden Wissens, der institutionell vertreten und weitgehend verdichtet über Unterricht und Ausbildung Bildung im Sinne von messbarem Wissen und Fertigkeiten vermitteln soll. In diesem Verständnis ist Bildung ein Instrument der Selektion, das einer sehr hohen normativen Aufladung unterliegt, weil über standardisierte Prozesse innerhalb der Bildungsinstitutionen gesellschaftliche Reproduktion und soziale Differenzierung transportiert werden und sich mit kultureller Hegemonie Macht konstituiert.

In der deutschen Sprache wird aber auch zwischen *Erziehung* und *Bildung* differenziert, um in Abgrenzung zum Erziehungsbegriff den lebenslangen Prozess der menschlichen Selbstwerdung innerhalb der Gemeinschaft zu markieren. Dieser Bildungsprozess kann unabhängig vom erreichten Grad an Wissen und Fertigkeiten betrachtet werden. Er beschreibt die aktive Auseinandersetzung mit den Bedingungen des menschlichen Lebens, ist nicht grundsätzlich an den Erwerb von Zertifikaten und Abschlüssen gebunden, sondern basiert auf der Aktivierung der menschlichen Reflexionsfähigkeit, die nicht zwangsläufig des institutionalisierten Kontextes von Bildungsinstitutionen bedarf. **Bildungsprozess**

Die so betrachtete Selbsttätigkeit des Menschen geht zwar davon aus, dass auch dafür erzieherische Unterstützung nötig ist, aber betont den Anteil der Selbstbestimmung und des subjektiven Prozesses, die jeglichem *Lernen* inne sind. Ein Bildungsprozess ist demnach ein selbsttätiger Fortgang, in welchem das Subjekt sich letztlich nur selbst bilden kann und dafür auf seine *Erziehungs*- und *Sozialisation*serfahrungen zurückgreift: **Selbstbestimmung**

> „Ich selber werde mit dem Maße Subjekt meiner eigenen Biografie, wie es mir gelingt, die Entwicklungsmöglichkeiten der jeweiligen Erziehungsräume auszufüllen und sie dann qualitativ umzugestalten, wenn sie mich in meiner Weiterentwicklung einschränken, weil sie meine Abhängigkeit verfestigen, wobei die Richtung der Überschreitung immer bewusster an den Bildungshorizonten ausgerichtet werden kann." (Braun 2006, 57)

biografische Widerfahrnisse Bildung ist somit immer mit Aktivität verbunden, aber auch mit Verläufen, Zäsuren und *Übergänge*n innerhalb des Prozesses verknüpft und insofern als ein „Weg" aufzufassen, auf dem Individuen versuchen zu verstehen, „wer sie sind" (Mollenhauer 1998, 490). Diese Entwicklung kann von biografischen Widerfahrnissen beeinträchtigt und auf günstige Bedingungen an „biografischen Knotenpunkten" oder der konstruktiven Bearbeitung von kritischen Lebensereignissen angewiesen sein (Spies 2000).

Mündigkeit Der Prozess des Mündigwerdens, im Sinne der Emanzipation des Subjekts, bedarf dafür der persönlichen Freiheit und ist zugleich voraussetzungsvoll: Er umschließt Wissen ebenso wie Können, bezieht sich auf Momente der Ermutigung und Unterstützung sowie Maßstäbe der Einschätzung, die in bildungstheoretischen und bildungsphilosophischen Diskursen immer wieder neu zu bestimmen versucht werden.

Subjektbildung, Erziehungssysteme Stets ist es der selbstaktive, nicht beobachtbare Prozess der Subjektbildung, die auch, aber nicht nur, durch *pädagogisches Handeln* gestaltet werden soll und „verantwortete Bildungsräume" (Girmes 2008) benötigt, in deren Settings sich die Dimensionen von Bildung wiederfinden. Lenzen (1999) dimensioniert den Bildungsbegriff dreifach: Er unterscheidet zwischen individuellem „Bestand", individuellem „Vermögen" und individuellem „Prozess" und führt diese Dimensionen auf „Aktivitäten bildender Institutionen" zurück, die die „Höherbildung der Menschheit" verfolgen – womit er an Flitner anschließt, der für den Bildungsprozess Erziehende und Erziehungssysteme voraussetzt (Flitner 1950/1974, 135), in deren Setting Wissen, Können und Haltungen durch *Erziehung* vermittelt werden sollen. Im angloamerikanischen Kontext ist für das Prozessverständnis von Bildung gar kein eigener Terminus vorhanden. Sie wird als absichtsvolle Erziehung und *Lernen* durch Unterrichtung unter dem Begriff Education subsummiert.

Bildungsauftrag Auch die im Prozessverständnis des Bildungsbegriffs enthaltene Verknüpfung von Persönlichkeitsentwicklung und gesellschaftskritischem *Lernprozess* geht davon aus, dass zwar im Zuge dieses Prozesses Rollen, Perspektiven und Positionen innerhalb gesellschaftlicher Verhältnisse sukzessive selbst bestimmt werden können – und die Anleitung, derer sie bedürfen, kontinuierlich an Umfang abnimmt. Wenn wir nun von einem institutionellen Bildungsauftrag von Schule und Jugendhilfe ausgehen wollen, kann dessen Gestaltung nur dadurch erfüllt werden, dass die Bildung des Selbsts ermöglicht wird und sich auf dessen Eingebundenheit in Gesellschaft bezieht. Aber: Über institutionell vermittelte Bildungsinhalte werden Normen im Sinne ökonomischer und ideologischer Zielsetzungen reproduziert und in Form von Qualifikationsnachweisen soziale Differenzen fortgeschrieben.

Individualität Ein subjektiver Bildungsprozess beinhaltet also das Entstehen und die Veränderung von Bewusstsein, indem die rationale Erschließung von Welt mit der bewussten Weiterentwicklung der Persönlichkeit, im Sinne einer gemeinschaftsfähigen und eigenständigen Persönlichkeit, antizipiert wird. Der Bildungsbegriff beschreibt in diesem Sinne auch das Recht des Einzelnen, sich eigenständig mit seiner Umwelt zu beschäftigen und sich deren Inhalte zu eigen zu machen. Der oder die Einzelne kann also durchaus zu anderen Schlüssen kommen als seine oder ihre soziale Umgebung. Bildung ermöglicht somit Individualität und erhöht damit letztlich auch die Möglichkeit von Innovation innerhalb der Gesellschaft, da Menschen sich aufgrund eigener Erkenntnis und Erfahrungen anders verhalten können, als Regeln oder Normen es vorschreiben. *Pädagogisches Handeln*, das zur Stützung von individuellen Bildungsprozessen beitragen will, muss sich also auch mit den „im Sozialisationsprozess auftretenden Kränkungen, Einschränkungen, Selbstunterdrückungsmechanismen, Selbstunterwerfungen als gesellschaftliche Behinderung unserer emanzipativen Selbstwerdung" (Bernhard 1997, 67) auseinandersetzen und dabei auch die eigenen Entwicklungs- und Bedingungskontexte reflektieren.

2.1.5 Sozialisation

Wenn Aspekte der Persönlichkeits- und Identitätsentwicklung in Kindheit, Jugend und Erwachsenenalter und deren Wechselwirkungen mit gesellschaftlichen Bedingungen der sozialen Platzierung in Abgrenzung zu den Bedingungen von *Erziehung* und *Bildung* betrachtet werden, sprechen wir von *Sozialisation*. soziale Platzierung

In diesem Begriff kommen Analysen der auf Persönlichkeits- und Identitätsentwicklung sozialisatorisch einwirkenden gesellschaftlich-normativen Lebensbedingungen des Individuums zusammen, „denn das Aufwachsen [und Leben in, d. A.] der Gesellschaft produziert unablässig Erfahrungen, die von Heranwachsenden persönlichkeitswirksam verarbeitet werden" (Tillmann 2004, 467). Lebensbedingungen

Für die Einschätzung pädagogischer Beziehungen und pädagogischer Handlungen benötigen wir also Zugänge zu Sozialisationsfragen, mit deren Hilfe wir die aktive Auseinandersetzung und das Hineinwachsen von Individuen in die Gesellschaft thematisieren können. Solche Sozialisationsanalysen betrachten die gesellschaftlichen Positionierungen des Individuums. Sie nehmen sowohl innerpsychische Prozesse, also die Frage, wie ein Individuum bestimmte konkrete Umweltbedingungen zu psychischen Formationen verarbeitet, sowie die dem Individuum gegenüberstehenden gesellschaftlichen Umweltbedingungen in den Blick und beschreiben die „Kausalbeziehungen zwischen Mensch und Umwelt" (Veith 1996). Umweltbedingungen

Im Zentrum der Sozialisationstheorien steht das Verhältnis von sozialer Ordnung und individueller Freiheit, das als „Prozess der Entstehung und Entwicklung der Persönlichkeit in wechselseitiger Abhängigkeit von der gesellschaftlich vermittelten sozialen und materiellen Umwelt" (Geulen/Hurrelmann 1980, 51) verstanden wird. Die Rekonstruktion dieses Prozesses zeichnet nach, wie sich ein Individuum zum gesellschaftlich handlungsfähigen Subjekt entwickelt. soziale Ordnung

Dabei kommt nach Geulen zum Tragen, dass Sozialisation – in Abgrenzung und Anschluss zum Lernen – als „die Entstehung und Bildung der Persönlichkeit aufgrund ihrer Interaktion mit einer spezifischen materiellen, kulturellen und sozialen Umwelt" ist (Geulen 1994, 101). Spezifische Umweltbedingungen und deren Interaktionskontexte haben demnach Gestaltungsmacht über die subjektiven Vorgänge der *Aneignung*, Verarbeitung, Bewältigung und Gestaltung von (Lebens-)Realität durch die Individuen. Interaktion

Jeglicher Sozialisationsprozess wird im Verlauf einer individuellen Biografie von den jeweiligen (temporären) Sozialisationsbedingungen beeinflusst, die sich aus der finanziellen Situation (z. B. Armut, Wohlstand), den geografischen Gegebenheiten (z. B. ländlicher Lebensraum, Kleinstadt, Großstadt) und seiner Infrastruktur an Zugangsmöglichkeiten der Lebensgestaltung (z. B. Arbeitsmarkt, Kindertagesbetreuung, Kulturangebote, Freizeitmöglichkeiten) zusammensetzen und Teil der jeweils aktuellen *Lebenswelt* des Individuums sind.

Sozialisationsbedingungen Für das Aufwachsen und die Identitätsentwicklung von Heranwachsenden haben Sozialisationsbedingungen und -instanzen eine besondere Bedeutung, da sie als Ausgangslage wesentlich darüber bestimmen, wie eine Person sich ihre Umwelt aneignet, eine Ich-Identität bildet bzw. Umweltbedingungen innerpsychisch verarbeitet. Umwelteinflüsse bestimmen den Persönlichkeits- und Identitätsbildungsprozess über die aktive Auseinandersetzung des Individuums mit seiner gegebenen Umwelt: „Vorschnelle Behauptungen, dass bestimmte Persönlichkeitsmerkmale angeboren seien, sollte man daher stets mit Skepsis begegnen." (Geulen 1994, 101)

Strukturen Für den pädagogischen Prozess ist nun die Frage nach strukturbedingten Barrieren und Widerständen, die einer die individuelle Autonomie fördernden Sozialisation entgegenstehen, virulent: Bildungszugänge und -voraussetzungen einer Person werden wesentlich von deren Realitätsverarbeitung und Bewältigungsstrategien bestimmt. Um pädagogisch tätig werden zu können, müssen diese als Teil der Sozialisation erachtet werden und bedürfen der Reflexion.

Hurrelmann (2002) bezeichnet dies als die produktive Realitätsverarbeitung, die durch einen lebenslangen, dynamischen Prozess der aktiven Auseinandersetzung und Aneignung bestimmt ist.

Sozialisationsvoraussetzung Neuere sozialisationstheoretische Ansätze zeigen, dass die Zusammenschau der Gesellschaftsebene (deren ökonomische, technologische, politische, soziale und kulturelle Struktur), der Kontextbedingungen von Individuen (unmittelbare soziale und räumliche Umgebung, soziale Netzwerke und Peers, soziale Organisationen, organisierte Sozialisationsinstanzen) sowie der Individualebene (einschließlich der physisch-psychischen Grundstruktur des Individuums) es ermöglichen, Sozialisationsvoraussetzungen und -bedingungen systematisch zu erfassen und differenzierte Aussagen zu deren Einfluss auf Autonomie, Persönlichkeits- und Identitätsentwicklung und Mündigkeit zu treffen (Abels 2006; Grundmann 2006).

Sozialisationstheorien Die Tradition der historischen Entwicklung von Sozialisationstheorien reicht von Durkheims (1858–1917) Beschreibungen der Mechanismen zur *Integration* von Individuen in Gesellschaft über Watson (1878–1958) und seinen lerntheoretischen Ansatz, den psychoanalytischen Ansatz von Freud (1856–1939), die entwicklungstheoretische Perspektive von Piaget (1896–1980), die strukturtheoretischen Arbeiten von Parsons (1902–1979), die interaktionistischen Theorien von Mead (1863–1931) bis zu den Tätigkeitstheorien von Leontjew (1903–1979) (Faulstich-Wieland 2000). Jeder dieser Ansätze wurde im Laufe der Zeit aufgegriffen und weiterentwickelt, so dass die Sozialisationstheorien der Gegenwart auf lerntheoretische Nachfolgearbeiten u. a. von Holzkamp (1927–1995), auf die psychoanalytischen Arbeiten von Erikson (1902–1994), die Entwicklungstheorie von Kohlberg (1927–1987) oder Giligan (1936–), den strukturanalytischen Überlegungen von Luhmann (1927–1998) und den interaktionistischen Theorien von Goffman (1922–1982) oder Habermas (1929-) aufbauen und die jeweiligen Perspektiven betonen.

Zwischenzeitlich sind weitere theoretische Konzepte hinzugekommen: So fasst Faulstich-Wieland (2000) unter dem Begriff der „Lebensführung als Sozialisationskonzept" die jüngeren Entwicklungen zusammen, die sich vor allem damit auseinandersetzen, „in welcher Weise individuelle und gesellschaftliche Entwicklungen miteinander zu tun haben". Sie suchen nach Ansätzen, um „die Spannung zwischen Subjekt und Gesellschaft aus dem Blickwinkel der alltäglichen Lebenspraxis des Subjekts" (Faulstich-Wieland 2000, 157) zu analysieren. Durch die Untersuchung der Beziehungen zwischen Individuum und Struktur können z.B. dank der differenzierten Weiterentwicklung der vorangegangenen Sozialisationstheorien etwa durch Bourdieu (1930–2002) vorhandene, aber unbewusste Regeln offengelegt werden, durch welche sowohl die gesellschaftliche Struktur als auch die individuellen Lebensformen hervorgebracht werden. **Lebensführung**

So geht Bourdieus Sozialisationstheorie über andere Sozialisationskonzepte hinaus, weil er mit seinem Habitusbegriff den Gegensatz zwischen Individuum und Gesellschaft überwindet: Familiale und schulische Habitusformen sowie deren mögliche Übereinstimmungen oder Differenzen sind entscheidend für Bildungserfolge bzw. -resultate, womit auch die Annahmen über „neutrale" Leistungskriterien von Bildungseinrichtungen ad absurdum geführt werden (Becker/ Lauterbach 2010; Grundmann et al. 2010; Paulus/Blossfeld 2007). **Habitus**

Unter der Perspektive der Lebensführung in biografischen Situationen entwickeln Individuen innerhalb ihres sozialen Feldes (Milieu) eine durch den Alltag beeinflusste Lebenspraxis. Sie erwerben also Strategien, die eng mit ihrem jeweiligen Lebenskontext verknüpft sind. **Milieu**

Diese gesellschaftliche Positionierung findet u.a. im sozialökologischen Modell von Bronfenbrenner Berücksichtigung und kann durch das Konzept des sozialen, kulturellen und symbolischen Kapitalerwerbs im sozialen Raum, wie Bourdieu es vorgelegt hat, ergänzt werden (Faulstich-Wieland 2000). **Lebenspraxis**

Damit lassen sich Sozialisationsprozesse sowohl von der sozialen Position als auch aus der Perspektive der Lebensstile hinsichtlich sozialer Ungleichheiten beleuchten. Die konkreten, sozialen und historischen Situationen werden zum Ausgangspunkt der Analyse und können beispielsweise für die Untersuchung von Geschlechterverhältnissen hilfreich sein. **soziale Ungleichheit**

Moderne Sozialisationskonzepte erachten Sozialisation also nicht mehr als Internalisierung von Kultur (Vergesellschaftung, vollständige Verinnerlichung von Werten und Normen), wie es Durkheim und Parson taten oder das von Mead auf Wechselseitigkeit beruhende Modell der sozialisatorischen Interaktion.

Im 21. Jahrhundert zentrale Begrifflichkeiten in der Sozialisationsforschung, wie die Beschreibung von Kindern als „kompetente Akteure", „Ko-Konstrukteure" bzw. „Ko-Produzenten" verweisen ebenfalls darauf, dass sozialisationstheoretische Fragen der biografischen Sozialisation an Bedeutung gewinnen. **Ko-Konstruktion**

Indem Böhnisch unterstreicht, dass „das biografische Gewordensein in der individuellen Erfahrung des Lebenslaufs mit zunehmendem Lebensalter zur entscheidenden Bezugsdimension für die Bewältigungsarbeit" wird (Böhnisch 2005, 38), betont er die Bedeutung biografischer Aspekte für den Sozialisationsprozess. **biografische Bedingungen**

Die differenzierte Analyse von Sozialisationsbedingungen und deren Konsequenzen für die individuelle Entwicklung ist neben der Reflexion des eigenen pädagogischen Handlungsanspruchs unabdingbare Voraussetzung, um Erziehungsabsichten und -wirkungen reflektieren und *Bildung*sprozesse angemessen unterstützen zu können. Als Ausgangslage für die Gestaltung von pädagogisch fundierten Lernarrangements benötigen wir ebenfalls dezidierte Kenntnisse der Sozialisationsbedingungen unserer *AdressatInnen*.

2.1.6 Lernen

Wenn wir *pädagogisches Handeln* als Unterstützung bei der Suche nach dem eigenen Weg betrachten, auf dem Individuen in erzieherischer Absicht *Hilfe*stellung zum Erwerb der für die lebensgeschichtlich eingebetteten *Bildung*sprozesse nötigen Fähigkeiten und Fertigkeiten erhalten, dann stellt sich die Frage, welche Rolle *Lernen* in diesem Zusammenhang spielen kann und wie es in Sozialisationskontexte eingebunden ist. Sowohl *Erziehung* als auch *Sozialisation* sind Begrifflichkeiten, mit deren Hilfe Prozesse des Aufwachsens, der Identitätsbildung und des Erwerbs von Fähigkeiten und Fertigkeiten beschrieben werden.

Fertigkeiten, Fähigkeiten

Während Erziehung und Sozialisation aber in erster Linie auf den Bildungsprozess abzielen, fokussiert Lernen den Zuwachs an Können, Wissen, Einsichten und Haltungen (Vogel 2008), die das Individuum benötigt, um in seiner sozialen Umwelt bestehen zu können. Damit ist gemeint, dass es Fertigkeiten und Fähigkeiten erwirbt, die dabei behilflich sind, an sozialen Zusammenhängen der *Lebenswelt* teilzuhaben (z. B. Kommunikations- und Kulturtechniken, handwerkliche Techniken, berufliche Qualifikationen, musische Ausdrucksmöglichkeiten, motorische Fähigkeiten oder abstraktes Denken).

Deutungswissen

Lernen beinhaltet aber auch den Erwerb von Deutungswissen und Verhaltensstrategien für Begegnungen im sozialen Nahraum oder zur Organisation von Alltagsabläufen. Den Bausteinen dieser (unvollständigen) Reihe ist gemeinsam, dass sie sämtlich mit physisch mehr oder weniger messbaren organischen Abläufen verbunden sind, die Lernen zum Gegenstand von Neurowissenschaften, Medizin und Psychologie machen.

Lernprozesse

Beim Versuch, Lernen als Begriff in seiner Vielschichtigkeit zu erfassen und zugleich das Vergessen und den Verlust von Fähigkeiten auszugrenzen, kommt Treml (2004) zu folgender Definition:

> *„Lernen ist eine Form flexibler Anpassung lebender Systeme an ihre wechselnden Umweltbedingungen durch Veränderung ihrer Möglichkeiten, sich zu verhalten. Die Anpassung von Lebewesen an ihre Umweltbedingungen ereignet sich in Form individueller Erfahrungen, der Speicherung erfolgreicher Anpassungen und der Fähigkeit, das gespeicherte Können bei Bedarf wieder in Verhalten umsetzen zu können."* (Treml 2004, 292)

In dieser Definition finden sowohl jene, das Individuum bereichernde, als auch jene, das Individuum langfristig schädigende *Lernprozesse* Aufnahme.

In einem an positivem Lernertrag ausgerichteten Verständnis heißt Lernen demnach, die eigene kognitive Struktur zu erweitern, indem neues mit bereits bestehendem Wissen verknüpft und bestehendes Wissen verändert wird. Dabei werden idealiter die Verbindungen zwischen einzelnen Wissenseinheiten vor allem dann gestärkt, wenn Zweifel zugelassen und ihnen systematisch nachgegangen werden kann. Das in solchen Lernprozessen entstehende mentale Ungleichgewicht, welches beispielsweise durch Input oder Irritation hergestellt wird, führt im besten Fall zum Drang, dieses Ungleichgewicht aufzulösen und das „innere Gleichgewicht" wieder herzustellen. Lernen erfolgt also, nachdem eine Aktivierung des Individuums zu Nachdenken und Lösungssuche geführt hat. *Lernertrag*

Die Anreize zum Lernen werden sowohl im Kontext der *Lebenswelt* des Individuums als auch gezielt durch institutionell organisierten Unterricht gegeben. Diese Anreize bedürfen gewisser Voraussetzungen, die in einzelnen Biografien ganz unterschiedlich ausgeprägt sein können: So kann beispielsweise die Aufmerksamkeit durch dringende Lebensprobleme reduziert sein und der Intellekt aufgrund seiner Abhängigkeit von Fördermöglichkeiten und -strukturen im Alltag (Laucht et al. 2000) beeinträchtigt werden. Auch biografische Aufschichtungen, wie beispielsweise Bindungsstörungen, Gewalterfahrungen, Vernachlässigung, Trennungs- oder Verlusterfahrungen, können zu Lernbarrieren werden (Leonhardt 2005). *Lebensprobleme*

Aber auch das Missverhältnis zwischen einer primär an Mittelschichtnormen und Segregation orientierten Schullandschaft und der heterogenen Vielfalt der lebensweltlichen Bedingungen des Aufwachsens von Kindern können Lernwiderstände zur Folge haben und Lernprozesse insgesamt nachhaltig beeinträchtigen. *Segregation*

Die pädagogische Auseinandersetzung mit Lernen ist stets auch mit der Variationsbreite der Lernwiderstände verbunden. Wenn beispielsweise sozialpädagogische Programme zur Reintegration von SchulverweigerInnen oder SchulabbrecherInnen pädagogisch-therapeutische Ansätze zur Linderung von Schulängsten oder rehabilitative Konzepte in sonderpädagogischer Expertise zum Ziel haben, Lernmotivationen wieder herzustellen und Lernlust zu wecken, ist es hilfreich, Lerntheorien oder Analyseinstrumente zur konzeptionellen und evaluativen Beurteilung von Lernsettings zur Verfügung zu haben. *Lernwiderstände*

Hinsichtlich der Einschätzung von Lernwiderständen hat Holzkamp (1995) ein Analysemodell vorgelegt, das zwischen defensivem und expansivem Lernen unterscheidet und Widerstände oder Blockaden im systemischen Verständnis betrachtet. Hierfür ist es unabdingbar, die Lernenden auf der Handlungsebene zu verstehen und nicht auf der Verhaltensebene zu beschreiben. Als Grundlage eines solchen subjektwissenschaftlichen Zugangs zu Lernprozessen bietet das Holzkampsche Lernverständnis Anschluss an das zuvor skizzierte *Bildung*sverständnis, da Lernen als voraussetzungsvoller aktiver *Aneignung*sprozess verstanden werden kann, bei dem das Individuum mit seinen Lebensinteressen im Zentrum steht und seine sozialen und gesellschaftlichen Bezüge gleichfalls Berücksichtigung finden können. *Aneignung*

Bei Lernschwierigkeiten stehen demnach nicht passive Abhängigkeitsverhältnisse („Wenn-Dann-Struktur") in Frage, sondern die Gründe, „ob und warum eine Person ein Handlungsproblem lernend bewältigen will. Die Bedeutsamkeit des *Lernsetting*

Lerngegenstandes im Kontext der Lernsituation der Person rückt damit in den Blick" (Grell 2006, 23) und verweist sowohl auf die *Sozialisation*sbedingungen wie auch das *pädagogische Handeln*, das das Lernsetting bestimmt. Während reformpädagogische Ansätze, wie z.B. jene der Montessori- oder der Waldorfpädagogik, erfolgreich eine lange Tradition der Orientierung an Ressourcen betonender, individueller Lernförderung aufbauen konnten, nähert sich das staatliche Schulsystem nur langsam, z.T. recht widersprüchlich und insgesamt eher punktuell als systematisch einem systemischen Lernverständnis und dessen institutionellen Bedingungen an. Künftig sollen im Rahmen der Umsetzungspraxis des *Inklusion*sparadigmas strukturelle Veränderungen der Konzeption und Organisation von institutionalisierten Lernsettings vorgenommen werden. In multiprofessionellen Teams und kooperativen regionalen Zusammenhängen könnte Lernen dann sowohl in schulischen als auch in vorschulischen und außerschulischen Bereichen gefördert werden.

Reproduktion von Ungleichheit

Grundmann et al. (2004) haben am Beispiel des komplett am Inklusionsparadigma ausgerichteten isländischen Bildungssystems eine Analyse der Bedeutung lebensweltlicher und schulischer Faktoren bei der Reproduktion von Bildungsungleichheit vorgelegt. Unter anderem belegen sie, dass manche Segregationseffekte nicht vom Schulsystem zu verantworten sind.

formelles Lernen

Die Unterscheidung nach formellem, non-formellem und informellem Lernen, wie sie seit 2001 von der Europäischen Kommission getroffen wird, ermöglicht einen erweiterten Blick auf den Erziehungs- und Bildungsauftrag der Schule. Formelles bzw. formales Lernen kann mit Overwien (2004) als Lernen, welches „üblicherweise in einer Bildungs- und Ausbildungseinrichtung stattfindet, (in Bezug auf Lernziele, Lernzeit und Lernförderung) strukturiert ist und zur Zertifizierung führt", beschrieben werden. „Formales Lernen ist aus Sicht des Lernenden zielgerichtet." (Overwien 2004, 55f.)

nicht-formelles Lernen

Nicht-formelles Lernen wird in der Regel nicht zertifiziert, kann aber dennoch als systematisch (in Bezug auf Lernziele, Lerndauer und Lernmittel) und zielgerichtet skizziert werden (Overwien 2004).

informelles Lernen

Informelles Lernen findet hingegen im Alltag statt, zum Beispiel am Arbeitsplatz, im Familienkreis oder in der Freizeit. Es ist nicht strukturiert und führt nicht zur Zertifizierung: „Informelles Lernen kann zielgerichtet sein, ist jedoch in den meisten Fällen nichtintentional (oder inzidentell/beiläufig)." (Overwien 2004, 55f.)

Overwien weist darauf hin, dass es keine klaren Grenzen zwischen dem „formellen", „non-formellen" und „informellen" Lernen gibt. Vielmehr werden diese Lernvariationen von Overwien als Kontinuum aufgefasst, dessen extreme Endpunkte zwar noch relativ klar definiert werden, aber dazwischen immer nur ein „Mehr oder Weniger" an Strukturierung und Formalisierung beinhalten können. Also kann informelles Lernen letztlich überall – und selbstverständlich auch im Kontext Schule – stattfinden.

Lernräume

Traditionell regt die Kinder- und Jugendhilfe *Bildung* durch nicht-formale und informelle (Lern-)Angebote an. Ersteres vor allem durch von der formellen (schulischen) Struktur und Atmosphäre oft bewusst abgegrenzte Lernräume. Letzteres, indem sie intentional gewollte und gestaltete Erfahrungsräume zur Verfügung stellt, die vom Alltag der meisten Kinder und Jugendlichen abweichende Erfahrungen provozieren sollen und sich dennoch auf deren *Lebenswelt* beziehen.

Während die Unterrichts- und Lehr-Lernforschung „Prozesse der Vermittlung von Wissen und Fähigkeiten sowie Prozesse der Identitätsentwicklung von Subjekten und der Individuation speziell in Kontexten schulischer Bildung methodisch-systematisch" (Lüders/Rauin 2004, 691) untersucht, hat sozialpädagogische Forschung in diesem Zusammenhang ihren Schwerpunkt in der Analyse des Erwerbs von Handlungskompetenzen in sozialen Kontexten, wie z. B. zu nonformalen und informellen Lernprozessen in der Jugendarbeit (Baumbast et al. 2014). Sie fragt also nach den sozialen Lernprozessen in sozialen Kontexten und Institutionen der Sozialen Arbeit. Handlungskompetenzerwerb

Die Förderung von Lernprozessen bedarf der Analyse von biografisch, institutionell und strukturell bedingten Lernausgangssituationen und der Gestaltung von Lernkontexten, die die Verwobenheit von formellem, nicht-formellem und informellem Lernen und Fragen der dialogisch angelegten, gezielt geplanten und organisierten Unterrichtung berücksichtigen. Lernprozesse sind also immer voraussetzungsvoll in die *Lebenswelt* und das Umfeld des/der Lernenden eingebunden und ohne Wechselwirkungen zum Makro-, Meso- und Mikrosystem eines Individuums und seines Exosystems (Bronfenbrenner 1996) nicht hinreichend zu reflektieren. Lernen ist eine hochkomplexe und nicht beobachtbare Tätigkeit des Individuums, das sowohl Lernimpulse von außen benötigt, als auch den Wunsch nach Zuwachs an Zugriffsmöglichkeiten auf die Welt entwickeln können muss. Lernkontexte

2.1.7 Lebenswelt

Der sozialpädagogische Diskurs erörtert die *Lebenswelt* als alltägliche Erfahrung des Menschen innerhalb einer gesellschaftlichen Situation. Lebenswelt ist demnach der menschliche Erfahrungsraum, der in Regelungen von Zeit, Raum und von Beziehungen als eine Gemengelage von Ressourcen und Problemen strukturiert ist. Erfahrungsraum

Nach diesem Verständnis ist es sozialpädagogische Aufgabe, beispielsweise der *Schulsozialarbeit*, die Schule als kind- und jugendgemäßen Lebensort zu sehen (Braun/Wetzel 2006), an der Reorganisation gegebener Lebensverhältnisse von Individuen mitzuwirken und dazu beizutragen, dass „Ressourcen so stabilisier[t]" werden, „dass Menschen sich in ihnen arrangieren, ja vielleicht Möglichkeiten finden, Geborgenheit, Kreativität, Sinn und Selbstbestimmung zu erfahren" (Thiersch 2012, 23). Ressourcen

Mit dem Konzept der Lebenswelt kann die Suche von Individuen nach biografischer *Handlungsfähigkeit* innerhalb der *Sozialisation*sbedingungen differenziert erfasst werden. Die diesen Prozessen inhärente aktive Auseinandersetzung des Individuums mit der materiellen und sozialdinglichen Umwelt (Böhnisch/Schröer 2013) kann interpretiert und passgenaue Unterstützungsangebote können bestimmt werden. Die theoretische Fundierung des Lebensweltkonzepts schließt an die Arbeiten des Soziologen Ulrich Beck an, die den Prozess der gesellschaftlichen Individualisierung (Beck 1986) beschreiben. Individualisierung

Biografie Das sozialpädagogische Lebensweltverständnis geht des Weiteren von individualisierten lebensweltlichen *Bildungs*prozessen aus, die aus lebensweltlichen Befindlichkeiten und Betroffenheiten resultieren und in Abhängigkeit zu den in der jeweiligen Lebenswelt vorhandenen Ressourcen und subjektiven *Aneignungs*weisen stehen. Damit greift der Lebensweltbegriff das Modell von Beck auf, das vom Ende industriegesellschaftlicher Lebensformen ausgeht und Individuen in der Pflicht sieht, ihre Biografien selbst herzustellen und zu inszenieren. Das der vormodernen Industriegesellschaft als Orientierung dienende Ideal einer sogenannten Normalbiografie wird in der Moderne von der individuellen Biografie mit ihren Wahl- und Konstruktionsmöglichkeiten abgelöst. Jede Biografie ist damit „eine unter anderen", da biografische Brüche (z.B. Scheidung, Patchworkfamilie, Arbeitsplatzwechsel, Umzüge, Berufswechsel, Wechsel von Zeiten der Erwerbsarbeit mit denen von Qualifizierung bzw. Arbeitslosigkeit) nicht mehr die Ausnahme sind, sondern als selbstverständliche Aspekte einer Biografie erachtet werden.

Aushandlungsprozess Aus dem Wandel von der Normalbiografie zur „Wahlbiografie" leitet sich für die lebensweltorientierte Soziale Arbeit eine ihrer grundlegenden Intentionen ab, die davon ausgeht, dass „das Selbstverständliche nicht selbstverständlich ist" (Thiersch 2012, 45), sondern der Aushandlung bedarf. Die „VerhandlungspartnerInnen" innerhalb eines solchen Prozesses können zahlreich sein: Familienmitglieder, Institutionen wie Schule oder Arbeitsverwaltung, das Gesundheitssystem, FreundInnen, alltägliche Hilfesysteme etc. Die Aushandlungsbedingungen verlangen von der Sozialen Arbeit seit den 1970er Jahren die Berücksichtigung der Lebenswelt der VerhandlungspartnerInnen, indem Fragen nach dem Eigensinn der Individuen, ihren Routinen, der Brüchigkeit ihres Alltags und ihren „verschütteten" Ressourcen, u.a. durch Rückgriff auf „Erfahrungen der kritischen Ethnographie" (Thiersch 2012, 46), zur Grundlage der Deutung von Gegebenheiten und zum Ausgangspunkt für Unterstützungsleistungen werden.

Rekonstruktion Diese Rekonstruktionen wollen ein Verständnis dafür erlangen, warum Individuen so und nicht anders handeln, wo ihnen Lebenschancen aufgrund ihrer lebensweltlichen Potenziale verwehrt werden und wie Soziale Arbeit sie darin unterstützen und dazu beitragen kann, einen „gelingenderen Alltag" zu erreichen (Thiersch et al. 2012, 178). Es gehört also zur Aufgabe lebensweltlicher Sozialer Arbeit, durch die Nutzung professioneller Ressourcen (z.B. *Beratungs*angebote, Netzwerke) zur Reorganisation gegebener Lebensverhältnisse beizutragen.

Bewältigung Lebensweltorientierung betont dabei nicht nur die Vielfalt der im Alltag durch die Individuen zu bewältigenden Aufgaben und Problematiken, sondern ebenso die *Anerkennung* der autonomen Zuständigkeit des Individuums für die Gestaltung seines Alltags. Individuen werden in der lebensweltorientierten Sozialen Arbeit also zu „ExpertInnen ihrer eigenen Lebenswelt", deren aktive Beteiligung (*Partizipation*) und die Anerkennung der jeweiligen Lebensleistungen zum Maßstab Sozialer Arbeit geworden sind. Sie muss sich unter dieser Prämisse die Frage stellen, ob die Strukturen den *Bedürfnissen* der *AdressatInnen* gerecht werden (Thiersch et al. 2012).

Erfahrung Lebensweltliche Erfahrungen vollziehen sich zumeist in institutionell besetzten Räumen, von Thiersch et al. (2012) werden diese eher als „Lebensfelder" beschrieben: z.B. als Elternhaus, soziale und pädagogische Institutionen (Schule,

Kindertageseinrichtung, Einrichtungen der Sozialen Arbeit), öffentlicher Raum und Arbeitswelt.

„Indem Menschen im Lebenslauf durch verschiedene dieser Lebensfelder hindurchgehen, bewegen sie sich im Neben- und Nacheinander unterschiedlich profilierter lebensweltlicher Erfahrungen. Diese kumulieren sich im Lebenslauf, sie steigern und ergänzen sich, können sich aber auch blockieren und in Verletzungen und Traumatisierungen verhärten." (Thiersch et al. 2012, 184f.)

Im schulischen Bereich wird das sozialpädagogische Konzept der Lebensweltorientierung durch die Verbreitung von *Schulsozialarbeit* und deren Beitrag zur Stabilisierung und Optimierung von individuellen Bildungsbiografien (Spies/Pötter 2011) vertreten.   **Stabilisierung**

Aus Sicht der Schulpädagogik muss sich Schule dagegen bemühen, selbst ein Teil der Lebenswelt der SchülerInnen zu werden. Sie soll dafür „eine[n] reflektierten Bezug zur Umwelt" entwickeln, „indem sie geeignete lebensweltliche Aspekte ihrer Umwelt so integriert, dass sie selbst zur Lebenswelt wird" (Grunder 2001, 252f.). Man möchte in diesem Verständnis die Unterrichtsorganisation und -gestaltung an den Erfahrungshintergründen der SchülerInnen ausrichten, weil man davon ausgeht, dass so (selbst-)gesteuerte Lernprozesse ermöglicht werden, die zu individuellen Aufbauprozessen führen können (Hasselhorn/Gold 2013).

Für Schule beinhaltet der Lebensweltbegriff also das problemorientierte, situative, didaktische Arrangement, das die Selbststeuerung des *Lernens* aktivieren soll und an Stelle der vorstrukturierten Wissensbereitstellung Lerngelegenheiten in förderlicher Absicht platziert. Jedoch sind eigenverantwortliche Arbeitsweisen sehr voraussetzungsvoll und verlangen von Lehrenden ein breites Instrumentarium an Methoden und Zugängen – die je nach Lebenswelt ganz unterschiedlich sein können. So führt Lebensweltorientierung von Schule im günstigen Fall zur Hinterfragung von Aufgabenkultur, Erfahrungshorizonten und Feedbackverfahren, so dass die „Balance zwischen Lehrplanstoff und lebensweltlichen Anregungen" (Grunder 2001, 257) verbessert wird.   **Lerngelegenheiten**

Grunder zufolge sollen z. B. durch Projektarbeit verbesserte Zugänge zur Erfahrung eigener Selbstwirksamkeit geboten und der Sozialraum der Schule in ganztägigen Formaten genutzt werden (Grunder 2001).   **Selbstwirksamkeit**

Im lebensweltlichen Konzept von Grunder bleibt allerdings offen, ob der einrichtungsbezogene Blick den lebensweltlichen Erfahrungen von SchülerInnen überhaupt entsprechen kann, welche Bedeutung „negative" Erfahrungsräume für Heranwachsende und Erwachsene haben, wie sie diese in ihr Selbstbild integrieren, bzw. wo sie in ihrer Selbstwirksamkeit und Teilhabe begrenzt werden und welche Berücksichtigung Fragen der lebensweltlichen *Bildung* haben.   **Erfahrungsräume**

Die sozialpädagogische Lebensweltorientierung bietet einen Anhaltspunkt zum Verständnis von subjektorientierter Bildung, die „nicht auf ein bestimmtes Setting reduziert" ist aber auch „keinesfalls unabhängig von institutionellen Rahmungen" betrachtet werden kann (Walther 2014, 100f.).   **Subjektorientierung**

Mit ihr gewinnen die Lebensverhältnisse von Heranwachsenden und Erwachsenen, die im Lebensweltzusammenhang erworbenen Kompetenzen, Erfahrungen   **Erfahrungsaufschichtung** und Erfahrungsaufschichtungen allmählich auch für schulpädagogische Interventionen und die Gestaltung von Unterricht an Bedeutung, wenngleich der schulpädagogische Lebensweltbegriff anders als die sozialpädagogische Lebensweltorientierung konnotiert ist:

Normativitätskritik   Er ist (noch) weit von der in sozialpädagogischer Lebensweltorientierung enthaltenen Kritik gesellschaftlicher Normativität und der wertschätzenden Anerkennung von vielfältig variablen Lebenswelten entfernt und versucht eher, den Alltag in die Lernkontexte hinein zu holen. Mit dem Begriff des „lebensweltorientierten Unterrichts" werden eher didaktische und methodische Arrangements verstanden, die Unterrichtsinhalte, beispielsweise des Sachunterrichts (Kahlert 2011; Götz 2011), auf den (antizipierten) Lebensalltag von SchülerInnen, ihre Interessen oder die geografische Verortung innerhalb der Wohnregion beziehen.

Kindheitsforschung   Seit die Befunde der Kindheitsforschung mehr und mehr in die schulpädagogischen Reflexionen Eingang finden, wird die Relevanz der Lebensweltbezüge und das Verständnis für Lebenswelt für die Gestaltung (grund-)schulpädagogischer Settings diskutiert (u. a. Fölling-Albers 2011; Heinzel 2011). In der Analyse der *Schulentwicklung* findet die Lebenswelt Berücksichtigung, indem sich Unterrichts-, Personal- und Organisationsentwicklungsprozesse stets auf die Optimierung des Lernerfolgs der SchülerInnen und deren Eingebundenheit in ihre jeweilige Lebenswelt beziehen sollen (Rolff 2010) – womit der schulische Lebensweltbegriff allerdings im Gegensatz zum sozialpädagogischen Lebensweltverständnis steht.

gesellschaftliche Bedingtheit   Während das sozialpädagogische Verständnis von Lebenswelt deren gesellschaftliche Bedingtheit thematisiert und die eigensinnigen Strukturen wertschätzend anerkennt, die vom praktischen Bewältigungshandeln und -versuchen der Individuen und dem Selbstverständnis der Beteiligten bestimmt sind, steht Schule in der Tradition, auf normabweichendes Bewältigungshandeln von z. B. schulverweigernden Jugendlichen eher sanktionierend zu reagieren. Sie nähert sich erst in der intradisziplinären Zusammenarbeit mit sozial- oder sonderpädagogischen Modellen zur Reintegration der Lebensweltorientierung, u. a. durch Konzepte, die Schule und Berufswelt kombinieren (Bojanowski et al. 2005; Spies/Tredop 2006).

Bildungserfolg   Eine dem sozialpädagogischen Paradigma adäquate Lebensweltorientierung von Schule würde verlangen, dass dort der Zusammenhang von Habitus, Herkunft und formalem Bildungserfolg reflektiert und Settinggestaltungen auf lebensweltliche Herkunftseffekte rekurrieren, um Chancenungleichheit abzubauen (Becker/Lauterbach 2010).

Herkunft   Die Bedeutung der Herkunftsfamilie und des Milieus zeigt sich u. a. dann, wenn es zu Spannungen zwischen den *Bildungs-* und *Erziehungs*prozessen der unmittelbaren Lebenswelt (Bezugs- und Herkunftsmilieu) und den Anforderungen innerhalb der schulischen Lebenswelt kommt. Im Bourdieuschen Sinne „passt" der Habitus der SchülerInnen (Inkorporation der herkunftsspezifischen Bildungsinhalte) nicht zu den institutionellen Erfordernissen. Dies kann nach Rohlfs auch zu Schulmisserfolgen führen, weil die informelle Bildung „in der natürlichen (sozialen) Umwelt der Bildungsakteure" (Rohlfs 2011, 39) nicht mit den formellen Anforderungen schulischer Bildung übereinstimmt.

kulturelles Kapital   Bildung ist demnach die inkorporierte, also herkunftsbedingte (kulturelle und symbolische) Kapitalausstattung für (schulische) Bildungserfolge, die auch von elterlichen Entscheidungen für die Bildungslaufbahn ihrer Kinder abhängig ist und als „akkumulierte Arbeit, entweder in Form von Material oder in verinnerlichter, inkorporierter Form" (Bourdieu 1992, 49) gesehen werden muss. Wer aufgrund der Gegebenheiten in der familiären und sozialräumlichen Lebenswelt über umfangreiches kulturelles Kapital verfügt, kann besondere „Profite", z. B. schulische Bildungserfolge und Zugang zu bestimmten Erwerbstätigkeiten, daraus ziehen,

> „d. h., derjenige Teil des Profits, der in unserer Gesellschaft aus dem Seltenheitswert bestimmter Formen von kulturellem Kapital erwächst, ist letzten Endes darauf zurückzuführen, daß nicht alle Individuen über die ökonomischen und kulturellen Mittel verfügen, die es ihnen ermöglichen, die Bildung ihrer Kinder über das Minimum hinaus zu verlängern, das zu einem gegebenen Zeitpunkt für die Reproduktion der Arbeitskraft mit dem geringsten Marktwert erforderlich ist" (Bourdieu 1992, 57f.).

Das in der Lebenswelt zu erwerbende kulturelle Kapital wird zum entscheidenden Faktor der Person und formt ihren Habitus. Mit der Theorie der sozialen Ungleichheit von Bourdieu, aber auch den Ergebnissen der Sinus-Milieuforschung (z.B. Calmbach et.al. 2012), lässt sich erkennen, dass „objektive" Lebensbedingungen von Heranwachsenden und Erwachsenen eine Relevanz für deren Bildungsstrategien und Bildungsprozesse haben und Bildungsstrategien und Bildungsprozesse als soziale Praxen verstanden werden müssen, die über eine milieuspezifische Ausgestaltung verfügen (Betz 2008). *soziale Ungleichheit*

Die Einsichten, unter welchen Bedingungen und innerhalb welcher Lebenswelten Kinder und Jugendliche aufwachsen, werden u.a. regelmäßig durch das Deutsche Jugendinstitut untersucht (u.a. durch Forschungsprogramme wie „Aufwachsen in Deutschland: Alltagswelten"). Untersuchungen in Form von Befragungen wollen bzw. sollen Aspekte der Bedingungen des Aufwachsens von Kindern, Jugendlichen und jungen Erwachsenen beleuchten und stellen Fragen nach den Sozialbeziehungen, nach Bezugspersonen und Freundeskreis(en), zur Übergangsgestaltung – z.B. von Schule zur Berufsausbildung – sowie zu (Freizeit-) Aktivitäten. Beschrieben werden dabei Lebensqualität, Wohlbefinden und *Bedürfnisse* von Heranwachsenden und jungen Erwachsenen. *Jugendforschung*

Zwischen den Begriffen Bildung, Erziehung und Sozialisation bestehen Interdependenzen und Trennschärfeprobleme, die sich nicht auflösen lassen: Vielmehr bilden sie – jeder für sich und alle drei gemeinsam – unterschiedliche Aspekte und Zugänge zum komplexen Vorgang der lebenslang nicht abgeschlossenen Persönlichkeitsentwicklung ab, wobei sie sich gegenseitig bedingen und ergänzen. Während Erziehungstheorien Erziehungsabsichten, Ziele und das Verhältnis von Erziehendem und zu Erziehendem analysieren und Bildungstheorien die Mündigkeit des selbsttätigen, selbstreflexiven und gesellschaftlich involvierten Individuums thematisieren, geht es bei den Sozialisationstheorien um das sich prozesshaft verändernde Verhältnis von Individuum und Gesellschaft sowie um Beitrag und Stellenwert von Sozialisationskontexten im gesamten Lebensverlauf.

Die Anlage von pädagogisch motivierten Lernsettings, in denen Erziehungsprozesse stattfinden, Bildungsprozesse angeregt und Sozialisationseffekte aufgefangen werden können, verlangt nach absichtsvoller Planung, die zugleich Voraussetzungen für Bildungs- und Erziehungsprozesse ist. Die über Lernen erworbenen Erfahrungen reichen weit über Wissensaneignung und Kompetenzerwerb hinaus, wenn durch die dem Lernen inhärenten Reflexionsprozesse Weltzugänge erweitert und Bildungsprozesse unterstützt werden.

Die diese Prozesse mitgestaltenden Lebenswelten sind sowohl Orte der Sozialisation, als auch des Lernens und des Sich-Bildens, in denen sich Individuen ihre Welt aneignen, Fähigkeiten und Fertigkeiten erwerben und Bewältigungsstrategien erproben.

Individuen müssen sich in ihrer Lebenswelt und deren Lebensfeldern mit unterschiedlichen Anforderungen, Werten und Normen auseinandersetzen, die sie immer wieder zwingen, sich zu entscheiden, aber auch mit traumatischen Erfahrungen einhergehen können.

Innerhalb der alltäglichen Lebenswelt erschließen sich Individuen handelnd ihre Umwelt. In schulischen Zusammenhängen wird einerseits Schule selbst als Lebenswelt erachtet und andererseits versucht, einen curricular eingebundenen Bezug zur alltäglichen Lebenswelt der SchülerInnen herzustellen.

- Erläutern Sie den Begriff des Pädagogischen Handelns mit Ihren eigenen Worten/anhand eines selbstgewählten Beispiels aus Ihrer pädagogischen Praxis! Diskutieren Sie die Schwierigkeiten des Erklärens mit Ihren KommilitonInnen.
- Welche Komponenten bestimmen Bildungsprozesse? Diskutieren Sie die Schwierigkeiten des Erklärens mit Ihren KommilitonInnen.
- Unterscheiden Sie den Erziehungsbegriff vom Sozialisationsbegriff. Diskutieren Sie die Schwierigkeiten des Erklärens mit Ihren KommilitonInnen.
- Welche strukturellen Ebenen bestimmen Sozialisationsprozesse?
- Welche Anforderungen stellt der pädagogische Kontext an eine Sozialisationstheorie?
- In welchem Verhältnis stehen Sozialisationsbedingungen und Lernausgangslagen zueinander?
- Definieren Sie Ihren eigenen Lernbegriff! Diskutieren Sie die Schwierigkeiten des Erklärens mit Ihren KommilitonInnen.
- Erläutern Sie, warum sich der schulpädagogische und der sozialpädagogische Lebensweltbegriff nachgerade widersprechen. Diskutieren Sie die Schwierigkeiten des Erklärens mit Ihren KommilitonInnen.
- Welche Problematiken des Erziehungsbegriffs werden bei näherer Betrachtung der folgenden Einsicht Herbarts sichtbar?

„Die beste Erziehung misslingt gar oft. Vorzügliche Menschen werden das, was sie sind, meist durch sich selbst." (Herbart 1851/2013, 424f.)

- Welche Problematiken des Erziehungsbegriffs werden bei näherer Betrachtung von Kants Prämisse sichtbar?

„Der Mensch kann nur Mensch werden durch Erziehung. Er ist nichts, als was die Erziehung aus ihm macht. Es ist zu bemerken, dass der Mensch nur durch Menschen erzogen wird, durch Menschen, die ebenfalls erzogen sind. Daher macht auch der Mangel an Disziplin und Unterweisung sie wieder zu schlechten Erziehern ihrer Zöglinge. Wenn einmal ein Wesen höherer Art sich unserer Erziehung annähme, so würde man doch sehen, was aus dem Mensch werden könnte." (Kant 1803/1983, 699)

- Welche Problematiken des Erziehungsbegriffs finden sich in Schleiermachers Aufforderung an professionelle Erziehung?

„Die Erziehung soll so eingerichtet werden [...], daß die Jugend tüchtig werde einzutreten in das, was sie vorfindet, aber auch tüchtig in die sich darbietenden Verbesserungen mit Kraft einzutreten. Je vollkommener beides geschieht, desto mehr verschwindet der Widerspruch." (Schleiermacher 1826/1983, 34)

Baumgart, F. (Hrsg.) (2008): Theorien der Sozialisation. 4. Aufl. Klinkhardt, Bad Heilbrunn

Baumgart, F. (Hrsg.) (2007): Erziehungs- und Bildungstheorien. 3. Aufl. Klinkhardt, Bad Heilbrunn

Blankertz, H. (1982): Die Geschichte der Pädagogik. Von der Aufklärung bis zur Gegenwart. Büchse der Pandora, Wetzlar

Chassé, K. A., Zander, M., Rasch, K. (2010): Meine Familie ist arm. Wie Kinder im Grundschulalter Armut erleben und bewältigen. 4. Aufl. VS Verlag für Sozialwissenschaften, Wiesbaden

Engler, S., Krais, B. (Hrsg.) (2004): Das kulturelle Kapital und die Macht der Klassenstrukturen. Sozialstrukturelle Verschiebungen und Wandlungsprozesse des Habitus. Juventa, Weinheim/München

Faulstich- Wieland, H. (2000): Individuum und Gesellschaft. Sozialisationstheorien und Sozialisationsforschung. Oldenbourg, München

Fischer, J., Merten, R. (Hrsg.) (2010): Armut und soziale Ausgrenzung von Kindern und Jugendlichen. Problembestimmungen und Interventionsansätze. Schneider Verlag Hohengehren, Baltmannsweiler

Flitner, A. (2004): Konrad, sprach die Frau Mama. Über Erziehung und Nicht-Erziehung. 7. Aufl. Beltz, Weinheim/Basel

Flitner, W. (1997): Allgemeine Pädagogik. 15. Aufl. Klett-Cotta, Stuttgart

Fuchs-Heinritz, W., König, A. (2011): Pierre Bourdieu. Eine Einführung. Klinkhardt, Bad Heilbrunn

Girmes, R. (1997): Sich zeigen und die Welt zeigen. Bildung und Erziehung in posttraditionalen Gesellschaften. Leske und Budrich, Opladen

Gruschka, A. (Hrsg.) (1996): Wozu Pädagogik? Die Zukunft bürgerlicher Mündigkeit und öffentlicher Erziehung. Wissenschaftliche Buchgesellschaft, Darmstadt

Harney, K., Krüger, H.-H. (Hrsg.) (2005): Einführung in die Geschichte der Erziehungswissenschaft und Erziehungswirklichkeit. 3. Aufl. Budrich, Opladen

Hastedt, H. (Hrsg.) (2012): Was ist Bildung? Eine Textanthologie. Reclam, Stuttgart

Hörner, W., Drinck, B., Jobst, S. (2010): Bildung, Erziehung, Sozialisation. 2. Aufl. Budrich, Opladen

Jürgens, E., Miller, S. (Hrsg.) (2012): Ungleichheit in der Gesellschaft und Ungleichheit in der Schule. Eine interdisziplinäre Sicht auf Inklusions- und Exklusionsprozesse. Beltz Juventa, Weinheim/Basel

Klika, D., Schubert, V. (2013): Einführung in die Allgemeine Erziehungs-wissenschaft. Erziehung und Bildung in einer globalisierten Welt. Beltz Juventa, Weinheim/Basel

Koerrenz, R., Winkler, M. (2013): Pädagogik. Eine Einführung in Stichworten. Schöningh, Paderborn

Krüger, H.-H. (2012): Einführung in Theorien und Methoden der Erziehungswissenschaft. 6. Aufl. Budrich, Opladen

Krüger, H.-H., Grunert, C. (Hrsg.) (2006): Wörterbuch Erziehungswissenschaft. 2. Aufl. VS Verlag für Sozialwissenschaften, Wiesbaden

Krüger, H.-H., Helsper, W. (Hrsg.) (2009): Einführung in Grundbegriffe und Grundfragen der Erziehungswissenschaft. 9. Aufl. Budrich, Opladen

Löw, M., Geier, T. (2014): Einführung in die Soziologie der Bildung und Erziehung. 3. Aufl. Budrich, Opladen

Marotzki, W., Nohl, A.-M., Ortlepp, W. (2006): Einführung in die Erziehungswissenschaft. 2. Aufl. Budrich, Opladen

Müller, H.-P. (2014): Bourdieu leicht gemacht. Böhlau, Köln

Opp, G., Fingerle, M. (2008): Erziehung zwischen Risiko und Protektion. In: Opp, G., Fingerle, M., Bender, D. (Hrsg.): Was Kinder stärkt. Erziehung zwischen Risiko und Resilienz. 3., völlig neu bearb. Aufl. Ernst Reinhardt, München/Basel, 7–18

Otto, H.-U., Oelkers, J. (Hrsg.) (2006): Zeitgemäße Bildung. Herausforderung für Erziehungswissenschaft und Bildungspolitik. Unter Mitarbeit von Petra Bollweg. Ernst Reinhardt, München/Basel

Otto, H.-U., Thiersch, H. (Hrsg.) (2015): Handbuch Soziale Arbeit. Grundlagen der Sozialarbeit und Sozialpädagogik. 5., erw. Aufl. Ernst Reinhardt, München/Basel

Sandfuchs, U., Melzer, W., Rausch, A., Dühlmeier, B. (Hrsg.) (2012): Handbuch Erziehung. Klinkhardt, Bad Heilbrunn

Schweizer, H. (2007): Soziologie der Kindheit. Verletzlicher Eigen-Sinn. VS Verlag für Sozialwissenschaften, Wiesbaden

Thiersch, H. (2014): Lebensweltorientierte soziale Arbeit. Aufgaben der Praxis im sozialen Wandel. 9. Aufl. Beltz Juventa, Weinheim/München

Veith, H. (2008): Sozialisation. Ernst Reinhardt, München/Basel

2.2 Maximen im pädagogischen Alltag

2.2.1 Bedürfnisse

seelische und körperliche Entwicklung

Der pädagogische Alltag ist in seiner grundsätzlichen Orientierung an der Bildsamkeit des Menschen, die es durch konzeptionell begründete Gestaltungen zu unterstützen und zu fördern gilt, immer auch mit verschiedenen Bedürfnissen und biografischen Ausgangslagen konfrontiert. Spätestens seit den Publikationen von Abraham Harold Maslow (1908–1970) gehen wir vom Grundbedürfnis des Kindes nach einer gesunden seelischen und körperlichen Entwicklung aus. Er legte den Grundstein für eine systematische Analyse der menschlichen Bedürfnisse (Maslow 1977).

Bedürfnisbefriedigung

Maslow zufolge müssen beim Menschen zunächst die physiologischen Bedürfnisse (Hunger, Durst, Schlaf, Hygiene) befriedigt und das Bedürfnis nach Schutz und Sicherheit gestillt sein. Daran schließt sich das Bedürfnis nach Verständnis und sozialer Bindung an, dem das Bedürfnis nach seelischer und körperlicher Wertschätzung folgt, bevor das Bedürfnis nach Anregung, Spiel und Leistung sowie das Bedürfnis nach Selbstverwirklichung und jenes nach Transzendenz zum Tragen kommen. Maslows Hierarchisierung der hier aufgelisteten Bedürfnisse hat zu Diskussionen um sein insgesamt recht lineares Verständnis menschlicher Bedürfnisse geführt. Dies wird über die Darstellung in Form einer Pyramide zu fassen versucht. Die sogenannte Bedürfnispyramide legt aber nahe, dass erst bei hinreichender Befriedigung der grundlegenden Bedürfnisse überhaupt das nächsthöhere Bedürfnis zum Tragen kommen kann. Entlang Maslows Modell kann verdeutlicht werden, dass die (im Maslowschen Verständnis verhaltensbestimmenden) Befriedigungsgrade der vorangehenden Bedürfnisstufen die Relevanz der nächsthöheren Bedürfnisse bedingen. Allerdings birgt die grafische oder eindimensionale Darstellung der Bedürfnisse im Bild einer Pyramide die Gefahr, von einer statischen Sicht der Bedürfnisbefriedigung auszugehen bzw. der Annahme, dass erst bei der vollständigen Umsetzung eines Bedürfniskomplexes der nächsthöhere in Angriff genommen werden kann (Myers 2014).

Solange die physiologische Grundversorgung also nicht hinreichend (einem Mindestmaß entsprechend) gegeben ist oder Schutz und Sicherheit nicht grundlegend gewährleistet sind, können Anregungen und Möglichkeiten der Selbstverwirklichung nur entsprechend eingeschränkt oder bedingt wahrgenommen werden. Hinter jedem nicht hinreichend befriedigten Bedürfnis steht letztlich die Frage, wie sich das Individuum hätte entwickeln können und wie sein *Bildung*sprozess verlaufen wäre, wenn das Bedürfnis komplett oder wenigstens weitgehend (statt rudimentär oder kaum) gestillt worden wäre. — **Selbstverwirklichung**

Wenngleich der Ansatz von Maslow nicht die Dynamik im Prozess zwischen Bedürfnissen, ihrem Entstehen und ihrer Befriedigung abbildet, die Intensität und Wechselbeziehungen einzelner Bedürfnisse vermissen lässt und eine Trennschärfe zwischen den Bedürfnissen suggeriert, die realiter gar nicht gegeben sein kann, hat sich der Ansatz als hilfreich erwiesen, um Konsequenzen aus kindlichen Vernachlässigungs- und Misshandlungserfahrungen zu verstehen. Auch institutionell verstärkte Phänomene wie Schulangst können die Konsequenz von (durchaus gängiger) Missachtung des Bedürfnisses nach seelischer und körperlicher Wertschätzung und Sicherheit sein, die auf beängstigende Situationen im Schulalltag eines Grundschulkindes zurückzuführen sind, auch wenn der schulische Rechtsrahmen solches Handeln verbietet. — **Wertschätzung**

Dort wo aufgrund biografischer Bedingungen Bedürfnisse unbefriedigt blieben oder bleiben (müssen), ist aus pädagogischer Perspektive für bestmögliche Abhilfe und qualifizierten Ausgleich (z.B. über die Möglichkeiten der Jugendhilfe, der Sonderpädagogik oder der Erwachsenenpädagogik) zu sorgen, um Entlastung herbeizuführen.

Vor allem schulpädagogische Settings müssen sich damit auseinandersetzen, dass sie die Bedürfnisse von Kindern nicht hinreichend berücksichtigen: Enderlein (2007) zufolge kann Schule durch ihre nach wie vor relativ verbreitete, historisch gewachsene Inszenierung als Angst-, Stress- und Zwangssystem zu erheblichen emotionalen Belastungen führen, die das *Lernen* beeinträchtigen und *Bildung*spro- — **emotionale Belastungen** zesse stören. Wenn SchülerInnen unter Angst vor Versagen, sozialer Ausgrenzung, Bloßstellung, Demütigung und Bestrafung leiden – dem Kinderpanel des Deutschen Jugendinstituts (DJI) (Alt 2005) zufolge haben 44 % der Acht- bis Neunjährigen oft Angst, in der Schule einen Fehler zu machen – dann gefährdet die Missachtung der kindlichen Bedürfnisse die Gesundheit der SchülerInnen (Enderlein 2007).

Gesundheit Die Untersuchungen des DJI und die Studie der Deutschen Angestellten Krankenkasse in Zusammenarbeit mit der Universität Lüneburg zu den „Subjektiven Gesundheitsbeschwerden von Schülern" (DAK/Leuphana Universität 2010; Paulus et al. 2014) belegen den Zusammenhang zwischen Schulbesuch und Gesundheitsproblemen bei Grundschulkindern und Achtklässlern. Belastungssymptome (40 %), Müdigkeit/Erschöpfung (46 %), schlechte Laune/Reizbarkeit (30,5 %), Einschlafstörungen (27 %), Kopfschmerzen (24,5 %) und psychische Auffälligkeiten (22 %) machen den Großteil gesundheitlicher Beeinträchtigungen im Zusammenhang mit dem Schulbesuch aus, der in diesen Fällen den kindlichen Bedürfnissen an eine adäquate Lernumgebung offenbar nicht entspricht.

Entwicklungsräume Enderlein (2007) schließt aus den Befunden des DJI, dass Unruhe, Ängste, Depression, Psychosomatik, Suchtverhalten und Zwangsstörungen darauf zurückzuführen sind, dass Bedürfnisse permanent unterdrückt werden: Wenn alterstypische Grundbedürfnisse nicht befriedigt werden, sondern körperliche, geistige, soziale und emotionale Belastungen zur Folge haben, ist Enderlein zufolge Schule als Institution verantwortlich, dem Abhilfe zu verschaffen und Settings zu entwickeln, die angemessene Entwicklungsräume eröffnen, damit junge Menschen sich nicht nur kognitiv entwickeln, sondern auch seelisch, körperlich und sozial gesund aufwachsen können.

soziale Benachteiligung Der Datenlage zufolge verschärfen soziale Benachteiligungen innerhalb der *Lebenswelt* die Situation der Kinder. Lehrkräfte haben zwar vergleichbare Symptome, sind als Erwachsene aber für die Berücksichtigung ihrer Bedürfnisse selbst verantwortlich, während Kinder und Jugendliche eher als „ausgeliefert" zu betrachten sind. Dem sind nach Enderlein pädagogische Settings entgegenzuhalten, die den vier von ihr entwickelten Anregungskontexten entsprechen:

Aktionsräume Über „Bewegung und Geschicklichkeit" (1) werden im Spiel Körperfunktionen, Motorik und Konzentrationsfähigkeit gefördert und Risikoeinschätzungen möglich. Das „Erkunden der Welt im Wohnumfeld" (2) beinhaltet eigenständige Aktivitäten in altersgerechten Aktionsräumen.

Im „Zusammensein mit Gleichaltrigen"(3) werden soziale Grunderfahrungen (Gerechtigkeit, Fairness, Emotionen, Grenzen, Verletzlichkeiten, Zugehörigkeiten) erworben.

An vierter Stelle nennt Enderlein (2007) das Bedürfnis nach verlässlichen und an demokratischen Prinzipien orientierten, förderlichen Erwachsenen (4), die vertrauenswürdige und vertrauensfähige Beziehungen gestalten und Kinder partizipativ beteiligen.

Risiko- und Schutzfaktoren Neben Enderleins Kritik verweist auch die Auseinandersetzung mit biografischen Risiko- und Schutzfaktoren, die sich im Resilienzdiskurs (Opp/Fingerle 2008) bündelt, auf die Notwendigkeit einer noch viel intensiveren Auseinandersetzung mit kindlichen Bedürfnissen. Deren Missachtung beinhaltet Gefährdungen für biografische Verläufe, denn mangelnde Bedürfnisorientierung kann zu schulischem Scheitern führen oder häusliche *Kindeswohl*gefährdung übersehen. Pädagogische Konzepte verlangen also nach bedürfnissensiblen Perspektiven, die *Prävention*s- und Interventionsstrategien so ausrichten, dass soziale Verwerfungen Ausgleiche finden und Institutionen systemisch vernetzt arbeiten können, ohne entmündigende und normierende Prozesse weiter zu verschärfen.

Die Expertise des 13. Kinder- und Jugendberichts hat dies vor allem mit Blick auf die Situation von Kindern und Jugendlichen getan, die von Gesundheitsbeeinträchtigungen und speziellen Versorgungsbedarfen betroffen sind. Dabei betont die Kommission in der Bündelung ihrer Leitlinienempfehlung, dass Förderprogramme sich an den Bedürfnissen und Handlungsmöglichkeiten von Heranwachsenden und deren Familien auszurichten haben, damit bedarfsgerechte und passgenaue Förderkonzepte möglich werden. Wenngleich die Kommission für die Jugendhilfe spricht und damit in erster Linie die sozialpädagogische und die sonderpädagogische Expertise anspricht, wird durch die Kommission der schulpädagogische Part gewürdigt: **Versorgungsbedarfe**

> „Das System Schule mit seinen vielfältigen Anforderungen an die Heranwachsenden birgt aber nicht nur Risiken, sondern kann und sollte sich insbesondere auf solche Kinder entwicklungsförderlich auswirken, die in ihrem sozialen Nahraum psychosozialen Risiken (z. B. Armut der Familie) ausgesetzt sind."
> (BMFSFJ 2009, 103)

Zugleich kommt erwachsenen Bezugspersonen außerhalb der Familie eine Schutzfaktoren-Funktion zu, wenn sie als positive Rollenmodelle fungieren können. Die Beziehungsqualität ist dabei der entscheidende Faktor, der sich zugleich auch als Qualitätsfaktor für Schule und ihre Entwicklung schlechthin anbietet, denn die Beziehungsqualität bestimmt ganz maßgeblich auch den Lernerfolg (Hattie 2009). **Beziehungsqualität**

2.2.2 Lehren, Helfen, Begleiten und Rehabilitation

Um den *Bedürfnissen* gerecht zu werden, bieten sich vier Möglichkeiten zur Differenzierung pädagogischer Handlungen an: Je nach Anlass und Setting, aber auch je nach Selbstverständnis und professionellem Kontext, kann zwischen Lehren, Helfen, Begleiten und Rehabilitieren unterschieden werden:

Lehren ist die (personale) Tätigkeit, die wir als Sammelbegriff für die Anleitung zur Vermittlung von Fertigkeiten und Kenntnissen verwenden. Jeglichem formalisierten *Lernen* steht sinngemäß auch ein Lehren gegenüber, das vor allem in der Lehr-Lernforschung untersucht und über Erträge und Konzepte zu rekonstruieren versucht wird. Die Fragen, ob und wie gelehrt wird und ob und wie die Inhalte der Lehre die *AdressatInnen* zum Lernen anregen können, gehen auf psychologische, didaktische oder methodische Referenzen zurück, die idealiter auf spezielle Untersuchungen rekurrieren. Im schulpädagogischen Diskurs findet beispielsweise derzeit eine sehr ausführliche Auseinandersetzung mit Fragen adaptiver Lehre statt, die nach dem bestmöglichen Verhältnis zwischen Unterstützungsbedarf und Unterstützungsangeboten sucht (Hertel et al. 2011) und die **Unterstützung** größtmögliche Passgenauigkeit zwischen Lernangeboten und individuellen Voraussetzungen anstrebt, indem die Unterrichtsqualität verbessert wird (van Buer/ Zlatkin-Troitschanskaia 2007).

Kind-Umfeld-Analyse, Sozialökologie

Das Lehrkonzept legt eine möglichst exakte Kenntnis der individuellen Fertigkeiten und Voraussetzungen zugrunde, da Verläufe von Lehrprozessen zur diagnostischen Beurteilung von *Lernprozessen* und Förderbedarfen der Lernenden herangezogen werden. Konsequent weitergedacht müsste deshalb auch eine Kind-Umfeld-Analyse nach Lewin (Schulze/Wittrock 2005) oder dem sozialökologischen Modell von Bronfenbrenner (1981) für Lehrkonzepte genutzt werden, damit für die Passgenauigkeit von Lehrsetting, Umwelt und individuellen Voraussetzungen gesorgt werden kann.

Selbstverantwortung

Unter *Helfen* wollen wir die Unterstützungsleistung verstehen, die nötig ist, um (Lebens-)Aufgaben eigenständig zu meistern. Demnach ist präventive oder intervenierende, pädagogisch verortete Hilfe dann erfolgreich, wenn sie über einen bestimmten Zeitraum immer weniger nötig ist und am Ende des Hilfeprozesses die Selbstständigkeit und Selbstverantwortung des Menschen steht, der die Hilfe in Anspruch nahm bzw. dem sie gewährt wurde. Im Gegensatz zum Lehren ist Helfen eher sozialpädagogisch konnotiert (Mollenhauer 1959; Müller 1982; Rauschenbach 1986).

Mündigkeit, Kontrolle

Jeder Hilfeprozess ist von Spannungsfeldern durchzogen, die ihn maßgeblich mitbestimmen und das Verhältnis von Hilfe und Mündigkeit sowie das Verhältnis von Hilfe und Kontrolle thematisieren. Nach Böhnisch/Lösch (1973) ist das „doppelte Mandat" von Hilfe und Kontrolle ein „zentrales Strukturmerkmal" der Sozialen Arbeit, die gefordert ist,

> *„ein stets gefährdetes Gleichgewicht zwischen den Rechtsansprüchen, Bedürfnissen und Interessen des Klienten einerseits und den jeweils verfolgten sozialen Kontrollinteressen seitens öffentlicher Steuerungsagenturen andererseits aufrechtzuerhalten"* (Böhnisch/Lösch 1973, 27).

Beziehungsgestaltung

Helfen als Maxime *pädagogischen Handelns*, mit dem Ziel, Heranwachsende bzw. Erwachsene bei der Erreichung von Eigenverantwortung und selbstständigem Handeln zu unterstützen, erfordert eine Beziehungsgestaltung des pädagogischen Verhältnisses und verlangt nach methodisch reflektierter Vorgehensweise und durchdachten Arrangements. Die konkrete Hilfesituation ist dabei selbst komplex und ambivalent. Sie erfordert von pädagogisch Handelnden wie auch von den *AdressatInnen*, dass sie sich auf die Konstellation einlassen können.

Einflussnahme

Bock und Thole (2011) weisen auf die noch offenen theoriesystematischen und empirischen Klärungsbedarfe hin, weil noch nicht nachvollzogen werden kann, ob und wie die maximale individuelle *Förderung* bei weitgehender Zurückstellung direkter, konfrontativer Einflussnahme (Niemeyer 1999; Günnewig 2013) wirksam wird.

Lebensentwürfe

Die *Begleitung* von Heranwachsenden und Erwachsenen gewinnt als weitere pädagogische Maxime zunehmend an Bedeutung und ist von der Hilfe abzugrenzen, wie Voigt-Kehlenbeck (2008) unter Bezugnahme auf den synonymen Begriff des Flankierens erörtert. Sie geht von einer durch vielfältige Lebensentwürfe, soziale Unterschiede, Herkünfte, *Sozialisation*szusammenhänge etc. bestimmten Gesellschaft mit „polykontextural überformten Lebenswelten" (Voigt-Kehlenbeck 2008, 213) aus. Zugleich betont sie die sozialisatorische Funktion des Begleitens, das dort ansetzen und zu konstruktiven Lebenswegen führen soll, wo alltägliche Bewältigungsanforderungen die Individuen dazu „verleite[n] […], gerade in Momenten der Verunsicherung auf Vereinfachungen und Stereotypisierungen zurückzugreifen" (Voigt-Kehlenbeck 2008, 213).

Beispielsweise sind Heranwachsende im Pubertätsalter auf sanktionsarme Räume für eine (selbst-)wertbildende Kommunikation und Räume des Ausprobierens angewiesen, in denen sie das Verhältnis zwischen Selbstwirksamkeit und eingesetztem Kraftaufwand testen können. Nach Armbrust braucht es hierfür verständnisvolle BegleiterInnen, die zurückhaltend steuern (Armbrust 2011). Ähnlich wird das kompetente Begleiten von Ostermayer (2010) für Kitas und Krippen zur professionellen Herausforderung, in der die Begleitung mit den besonderen *Bedürfnissen* von Klein(st)kindern korrespondiert. *Kommunikation*

Ob im Kleinkindalter oder in der Pubertät: Professionelles Begleiten und Flankieren setzen in pädagogischen Kontexten also die Fallorientierung und die Prozessanalyse voraus. Die Orientierung an individuellen Bezugsnormen tritt dabei neben sachliche und soziale Normen. *Prozessanalyse*

Im Gegensatz zur Maxime des Helfens oder des Begleitens hat sich vor allem in sonderpädagogischen Diskursen die *Rehabilitation* als Grundgedanke etabliert. Immer dann, wenn *Erziehungs*- und *Bildungs*prozesse unter erschwerenden, unregelhaften Bedingungen in Personalisation und Sozialisation (Bach 1989) ablaufen bzw. von erschwerten Lebens- und Lernsituationen (Lebenslagen) ausgegangen werden muss (Vernooij 2005), erfordern die spezifischen Problemlagen Maßnahmen zur Rehabilitation. Als Maxime löst Rehabilitation das Verständnis der ausgrenzenden Besonderung ab und befasst sich aus pädagogischer Perspektive mit dem komplexen Prozess der Eingliederung und Wiedereingliederung von Menschen mit Behinderungen oder Beeinträchtigungen in Gesellschaft und berufliche Tätigkeit. Rehabilitierende Maßnahmen sollen negative Wirkungen (auch Barrieren) jener Bedingungen abschwächen, die zu Aktivitätsstörungen oder Partizipationsschwierigkeiten führen. *Eingliederung*

2.2.3 Verstehen – Diagnose, Fallverstehen und Förderung

Um zu entscheiden, ob nun *Lehre*, *Hilfe*, *Begleitung* oder *Rehabilitation* die leitende Orientierung für einen pädagogischen „Fall" sein soll, ist es nötig, zunächst den Fall so zu betrachten, dass er verstanden werden kann (Müller 2012). So ist das *Verstehen* also ein weiterer Grundsatz *pädagogischen Handelns* und Denkens, dessen Komplexität nicht geringer ist als die der vorangegangenen Maximen und Grundbegriffe, die ihrerseits den Prozess des Verstehens strukturieren helfen. *Komplexität*

Jeder Einzelfall beruht auf einem *Sozialisation*sprozess, den es mit Bezug zur *Lebenswelt* abzuschätzen gilt. Die Planung des pädagogischen Handelns für den Einzelfall erfordert das Überblicken des *Hilfe*- und *Förder*bedarfs. Dieser lässt sich aus den zu befriedigenden *Bedürfnissen* ableiten, die wiederum der Lernarrangements und *Erziehung*stätigkeiten bedürfen, wenn nachhaltige *Bildung*sprozesse angeregt werden sollen.

Maßnahmen Anders ausgedrückt: Bevor Entscheidungen über pädagogische Handlungen bzw. Interventionen getroffen werden können, ist eine von außen nachvollziehbare, von fachlich fundierten Kriterien geleitete Diagnose unabdingbar, auf deren Grundlage Maßnahmen zur *Förderung* und Unterstützung individueller Lern- und Bildungsprozesse in die Wege geleitet werden sollen/müssen.

Beobachtung Vor einer Diagnose muss zunächst geklärt sein, ob und warum eine solche überhaupt erstellt werden soll. So gehen ihr stets Beobachtungen voraus, die wiederum Kriterien brauchen, denen sie folgen kann. Für die Beurteilung der Situation eines Kindes oder Jugendlichen eignen sich beispielsweise die Fachdiskurse zu Bedürfnisbefriedigung und *Kinderschutz* (Salgo et al. 2010).

Diagnostik Um zu klären, in welchem Umfang ein Kind oder ein/e Jugendliche/r eine *Hilfe zur Erziehung* seitens der Jugendhilfe benötigt, bedarf es im Vorfeld sozialpädagogischer Diagnostik, der Analyse der biografischen Situation, der Sozialisationsbedingungen und der Lebenswelt des/der KlientIn, um zu fachlich begründeten Einschätzungen zu kommen (Ader 2006; 2004; Heiner/Schrapper 2004).

Prozessphasen Müller (2012) beschreibt für das multiperspektivische Fallverstehen vier Prozessphasen: Anamnese („Aufmerksamer Umgang mit Nichtwissen"), Diagnose („Wer hat welches Problem?"), Intervention („Was tun?") und Evaluation („Was hat's gebracht?") (Müller 2012). Böhnisch/Schröer (2013) machen auf die Schwierigkeiten aufmerksam, die mit dem Fallverstehen verbunden sind: Während die „helfende Beziehung […] einen Vertragscharakter" habe, werde im „Konstrukt des Verstehens […] Intimität und Vertraglichkeit des sozialpädagogischen Handelns" vermengt, „was letztlich oft dazu führt, dass doch […] fürsorgliche Macht- und Abhängigkeitsverhältnisse stabilisiert werden" (Böhnisch/Schröer 2013, 71).

Problemanalyse Auch in schulpädagogischen Diskursen wird auf die diagnostische Herangehensweise zurückgegriffen. Hier findet vor allem eine intensive Auseinandersetzung über Diagnostik im klinischen Sinne statt: Auf der Grundlage von Information und Kontakt erfolgt eine Problemanalyse sowie eine Diagnosestellung anhand der Symptomatik, für die zwar auch die Entstehungsgeschichte herangezogen wird und von der aus Prognosen gestellt, Indikationen vorgenommen und anschließend Ergebnisse geprüft (Evaluation) werden, aber die *partizipative* Beteiligung der Betroffenen nicht vorgesehen ist. Vereinzelt liegen Vorschläge zum Vorgehen der Fallklärung vor, wie das von Schlömerkemper (2006) entworfene Stufenmodell, das allerdings auf die explizite Absicht des Verstehens aus der *AdressatInnen*perspektive verzichtet.

biografische Situation Sonderpädagogische Vorschläge zur systematischen Fallklärung liegen interessanterweise zwischen schul- und sozialpädagogischen Zugangsweisen. Sie beziehen sich zum einen auf die Lebensweltkontexte, indem sie eine Kind-Umfeld-Analyse (Schulze/Wittrock 2005), also die personenbezogene Klärung der Umstände (im Gegensatz zur sozialraumbezogenen Klärung der Lebenswelt im sozialpädagogischen Verständnis), mit klinisch strukturierten, standardisierten diagnostischen Verfahren kombinieren. Zunächst einmal gibt es auf breiter Ebene hier wie dort weder einen Konsens über Verfahrensweisen und Konzepte, noch eine gemeinsame Sprache, um einen „Fall" – also ein Kind/eine(n) Jugendliche(n)/ eine erwachsene Person, die/der Probleme hat und dessen biografische Situation instabil ist oder zu werden droht –, zu erfassen:

> „Soziale Phänomene sind eben keine eindeutigen, objektiven ‚Tatbestände', sondern selektive, subjektiv geprägte Wahrnehmungen und Interpretationen."
> (Heiner/Schrapper 2004, 201)

Wenn wir Einzelfälle nicht als „*Zufälle* […] betrachten und behandeln (z.B. bei Schulverweigerung) und so die *strukturellen* Entstehungsursachen innerhalb und außerhalb der Schule" (Braun/Wetzel 2006, 41, Hervorhebung im Original) ausblenden wollen, müssen wir mit professionellem pädagogischem Verständnis jeglicher disziplinärer Ausrichtung eine systematische Herangehensweise zu etablieren versuchen, die unabhängig von der institutionellen Zugehörigkeit in der Lage ist, krisenhafte Verläufe (wie z.B. die innerhalb der Familie unseres Eingangsbeispiels) methodisch fundiert und helfend zu begleiten. Dafür sind die sozialisatorischen Bedingungen des Aufwachsens innerhalb der *Lebenswelt* und der Schule „zum Ausgangspunkt grundlegender Reflexionen und nachhaltiger einzelschulischer Reformbemühungen" (Braun/Wetzel 2006, 41) zu machen.

Um fallspezifische und strukturelle Bedingungen in den Blick zu nehmen, unterbreiten Heiner/Schrapper (2004) den Vorschlag, Diagnostik und Fallverstehen begrifflich zum Diagnostischen Fallverstehen zu verbinden, damit die Spannungsverhältnisse zwischen institutionellen und personalen Faktoren und den Macht- und Sinndimensionen nachvollziehbar werden (Abb. 1):

Macht- und Sinndimensionen

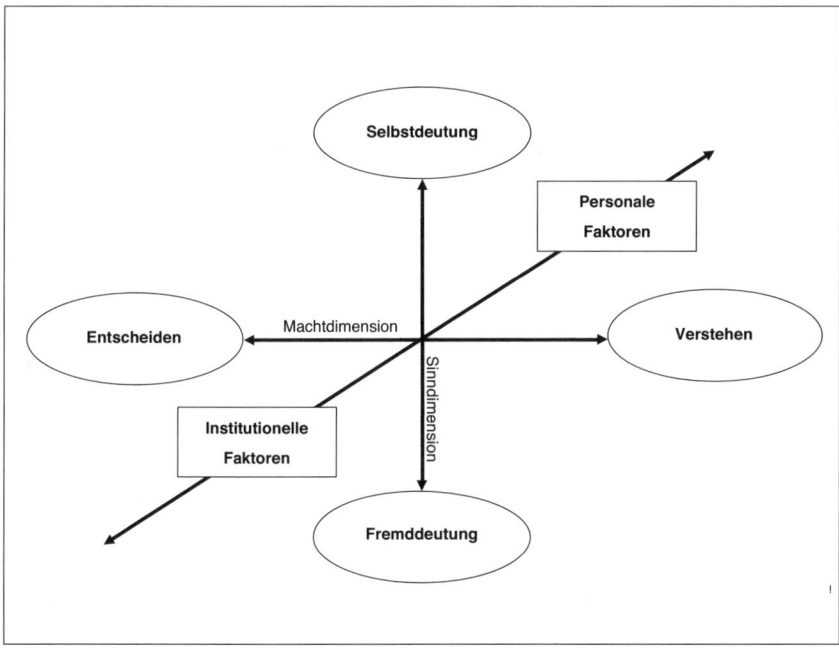

Abb. 1: Das Spannungsverhältnis von Verstehen und Beurteilen (nach Heiner/Schrapper 2004, 204)

> *„Die Achse der Macht verdeutlicht, dass in sozialen Verhältnissen einerseits Entscheiden ohne Verstehen zu unangemessenen und falschen Ergebnissen führen muss, andererseits in der Sozialen Arbeit immer wieder Entscheidungen notwendig sind, die nicht nur von Verständnis, sondern mindestens ebenso von dem Zwang der Risikovermeidung und der (partiellen) Durchsetzung sozialer Normen getragen sind."* (Heiner/Schrapper 2004, 205)

institutionelle Rahmung

Mit Hilfe des Diagnostischen Fallverstehens kann geklärt werden, ob und wenn ja welche weiterführenden Unterstützungssettings in Frage kommen. Dafür ist es vor allem notwendig, die subjektiven Sinnzusammenhänge zu verstehen, d. h.

> *„welche subjektive Logik eine bestimmte Handlungsstrategie in der Lebens- und Bildungsgeschichte einer(s) Schüler(s) hat. So können z.B. kritische, gefährliche oder belastende Verhaltensweisen und Haltungen […] vor allem über ihre Funktion verstanden werden, d.h. Handlungen wie stehlen, weglaufen, aggressiv reagieren, sich entziehen oder lügen sind so zu verstehen, dass deutlich wird, welche subjektiv sinnvolle Funktion sie in der Überlebensstrategie und im Handlungsrepertoire"* (Heiner/Schrapper 2004, 208)

von Individuen haben und welchen Beitrag die institutionelle Rahmung dabei spielt.

Zur Strukturierung gibt es verschiedene Vorgehensweisen. Müller (1997) unterscheidet beispielsweise entlang der von ihm formulierten Trias des „sozialpädagogischen Könnens" in „Fall von…", „Fall für…" und „Fall mit…" (Müller 1997) mehrere Perspektiven der Fallarbeit: Zunächst ist der sachliche Hintergrund zu klären (z.B. Schulprobleme). Weiter ist abzuwägen, welche Unterstützungsmaßnahme im Moment hilfreich sein könnte (z.B. *Schulsozialarbeit*, *Erziehungs*beratung).

Dimensionen der Fallklärung

Die Perspektive der Dimension des „Fall für" verlangt „Verweisungswissen" (Müller 1997, 41), das die Grundlage für weiterführende Hilfen durch andere Instanzen sein muss. Wenn im dritten Schritt geprüft wird, wer oder was außerdem in diesem Fall berücksichtigt werden muss, ist dies die Dimension des „Fall mit", also z.B. der Eltern, die sich möglicherweise selbst auch in einer biografischen Krise befinden.

biografische und Interventionsstrategien

Heiner und Schrapper (2004) bieten vier interdependente und in mehrfachen Wechselwirkungen zueinander stehende „Komplexe" zur Orientierung an: Sie beginnen mit der Informationssammlung und Verarbeitung, an der die Betroffenen einen möglichst großen Anteil haben sollen, rekonstruieren (sozialökologisch) auf der Basis dieses Materials die biografischen Strategien, Muster und Ressourcen, bevor sie die Dynamiken zwischen institutionellem und individuellem System aus mehreren Perspektiven analysieren. Anschließend wird in einem systematischen Verfahren zusammengefasst, ausgewertet und bewertet, bevor dann eine fachliche Einschätzung und Beurteilung kommuniziert und in eine Interventionsstrategie umgesetzt wird (Heiner/Schrapper 2004).

Stellt man diesen sozialpädagogischen Vorgehensweisen das schulpädagogische Verfahren der Fallbesprechung nach der „Vier Stufen Methode" (Schlömerkemper 2006) gegenüber, wird deutlich, dass dieses Verfahren nur (1) die Wahrnehmungen, (2) die Gefühle, (3) die Ideen und (4) die Lösungsvorschläge einer Lehrexpertengruppe strukturiert. Zugleich kommt das Verfahren ohne Einbezug derer, die Gegenstand der Fallberatung sind, aus.

2.2.4 Förderung

Seit die schulische Einzelfallbetrachtung im Kontext der Umsetzung des *Inklusion*sparadigmas immer mehr an der *Förderung* statt an der Exklusion des problematischen Einzelfalls ausgerichtet wird, gewinnen Verfahren der Fallanalyse und Interventionsplanung für die Schule an Bedeutung. So hat sich, durch die Veränderungen innerhalb der institutionellen Strukturen des Förderschulwesens, auch dessen Förderpraxis als Konsequenz der geplanten Intervention in problematischen Verläufen von individuellen *Bildung*sprozessen an die Abläufe von diagnostischen Verfahren sonderpädagogischer Expertise angeglichen. *(Intervention)*

Der allgemeingültige Förderauftrag von Schule wird nunmehr in einem Prozess der „Förderplanung", beispielsweise in Niedersachsen, in sechs Schritten umgesetzt. Er reicht von der Festlegung eines Förderteams über die Diagnostik und die Festlegung von Förderschwerpunkten zur Formulierung eines individuellen Förderkonzeptes nebst schriftlich fixiertem Förderplan, bevor mit der Umsetzung der Fördermaßnahmen begonnen und diese anschließend nach einem vorher festgelegten Zeitraum überprüft (evaluiert) werden (Höhmann 2004). *(Förderkonzept, Evaluation)*

Die Vorschläge zur schulischen Förderplanung weisen eine Reihe von Übereinstimmungen mit dem *Hilfeplanverfahren* der *Kinder- und Jugendhilfe* auf, wo ebenfalls nach der Klärung des Falls Maßnahmen zur Abhilfe der problematischen Verläufe ergriffen werden, also auch das Individuum, dessen Fall es zu verstehen gilt, gefördert werden soll.

Darüber hinaus reicht das schulische Förderverständnis auch in den allgemeinen Fördergedanken hinein, der unabhängig vom Einzelfall z. B. Maßnahmen der Leseförderung oder der sozialen Kompetenzen ergreift. Diese korrespondieren in ihrem präventiven Ansatz mit jenen Förderangeboten der Kinder- und Jugendhilfe zur Unterstützung der individuellen Entwicklung (z. B. über Angebote der *Kindertagesbetreuung* bzw. die Bildungspläne der Kita oder der *Kinder- und Jugendarbeit*). *(individuelle Entwicklung)*

Speck (2011) weist darauf hin, dass

> *„ein individueller Förderbedarf keine feststehende Größe [ist], sondern eine Konstruktion. Ein individueller Förderbedarf im Schulbereich lässt sich vor allem dort konstruieren, wo einzelne Kinder und Jugendliche besondere Schwächen oder Stärken gegenüber den übrigen jungen Menschen aufweisen und für eine gelingende Bewältigung ihrer (Lern-)Anforderungen, Lebensführung und Entwicklungsaufgaben einer Unterstützung bedürfen. Grundlegend ist hierfür eine Differenz zwischen individuellen Kompetenzen und Potenzialen einerseits und schulischen Normalitätserwartungen andererseits"* (Speck 2011, 35).

Da die schulische Bestimmung von Förderbedarfen trotz der Berücksichtigung von Motorik, Wahrnehmung, Kognition, Sozialverhalten, Emotionalität und Kommunikation zumeist auf kognitive Leistungen in den Unterrichtsfächern be- *(Förder- und Interventionskonzepte)* zogen wird, fehlt es vielfach noch an geeigneten Maßnahmen, um Lern-/Arbeitsverhalten und Aspekte der Selbstverwirklichung angemessen individuell fördern zu können. Hier ist für künftige konzeptionelle Entwicklungen die Verbindung zu den Förder- und Interventionskonzepten der *Jugendhilfe* zu intensivieren. An Stelle der Ermittlung des Förderbedarfes, der vor allem anhand von testgestützter Diagnostik an individueller Leistungsmessung bzw. deren Defiziten ausgerichtet ist und vor allem die individuelle Förderung der entsprechenden kognitiven Kompetenzen und Konzentrationsfähigkeiten betont, benötigen Konzepte ganztägiger *Bildung* innovative Vorschläge zur strukturierten Förderplanung.

Stärken und Begabungen Die gezielte Betonung von Stärken und Begabungen, vor allem im außerunterrichtlichen Bereich, kann den Empfehlungen von Höhmann (2004) zufolge der Tradition individueller Defizitzuschreibungen ein breiteres Bildungsverständnis entgegensetzen. Durch die systemische Verflechtung von formellen, nicht-formellen und informellen Fördermodellen ließe sich eine umfassende Förderung der kognitiven, emotionalen, sozialen und motorischen Entwicklung von Kindern und Jugendlichen etablieren, die weitgehend der *Lebensweltorientierung* entsprechen würde.

Lebensbewältigung Förderung kann so auch als *präventive* Maßnahme betrachtet werden, wenn durch das rechtzeitige Erkennen von möglichen (bzw. sich schon abzeichnenden künftigen) Problemlagen Maßnahmen zu deren Abwendung ergriffen werden können und Hilfe zu Lebensbewältigungs- und *Integration*sprozessen vorgehalten wird, die der Desintegration vorbeugt. Winkler sieht den Förderbedarf in der „Vermittlung zwischen individuellen, schon ‚gebildeten' Entwicklungsstrukturen" und den „gesellschaftlich-kulturellen Möglichkeiten […], welche menschliches Handeln bestimmen" begründet, wobei er begrifflich mit Förderung eine „erhöhte pädagogische Aufmerksamkeit für solche Differenzzustände" bezeichnet (Winkler 2008, 173).

Allerdings sieht er in diesem pädagogischen Verständnis nur wenige Zugänge zur Förderung verortet. Sie diene vielmehr überwiegend der „Normalisierung als Voraussetzung eines regulären Schulunterrichts" (Winkler 2008, 174). Er fordert stattdessen ein „Bildungskonzept", welches „neben einer rhythmisierten Ganztagspädagogik […] über die Inhalte hinausgeht, welche in Lehrplänen standardisiert sind" (Winkler 2008, 180) zur Verankerung von Förderung im pädagogischen Sinne.

2.2.5 Prävention

Entwicklungsfähigkeit Mit der Präventionsmaxime folgen pädagogische Angebote dem Ziel, künftige problematische Konstellationen entweder von vornherein zu vermeiden oder die Eskalation von bereits als problematisch zu betrachtenden Entwicklungsverläufen abzuwenden. Unter *Prävention* werden diejenigen *pädagogischen Handlungen* und Angebotsstrukturen verstanden, die einer oder mehreren angenommenen oder tatsächlichen Gefahren für individuelle Entwicklung und gesellschaftliche Anschlussfähigkeit entgegenwirken (vorbeugen) sollen.

Schulische Prävention ist vor allem an der *Förderung* der personalen und sozialen Kompetenzen von SchülerInnen orientiert, schließt aber auch (in Zusammenarbeit mit außerschulischen KooperationspartnerInnen) Gesundheits-,

Gewalt- und Kriminalprävention mit ein. Sie kann durch Angebote der *Schulsozialarbeit* auch in konzeptionell im Schulprogramm verankerten Sucht- oder Gewaltpräventionsprogrammen umgesetzt werden.

Grundlage jeglicher Prävention ist die (Früh-)Erkennung von sich entwickelnden Sachlagen und Umständen, damit rechtzeitig Vermeidungs- bzw. Verhinderungsstrategien installiert werden können und (erfahrungsgemäß oder absehbar) riskanten Prozessen oder Ereignissen entgegengewirkt wird. Dabei können sowohl schulische als auch sozialpädagogische Präventionsmaßnahmen zum einen auf die personenorientierte Verhaltensprävention zielen und zum anderen die settingorientierte Verhältnisprävention verfolgen.

Verhaltensprävention

Während in der personenorientierten Verhaltensprävention die Problemursachen bei dem betreffenden/der betreffenden SchülerIn verortet werden, richtet sich die settingorientierte Verhältnisprävention an die *Lebenswelt* des/der SchülerIn und will dort Veränderungen bewirken, die systemrelevante Schutzfaktoren aktivieren und Risikofaktoren entschärfen. Hier steht Prävention in enger Nachbarschaft zur Resilienzforschung, die jedoch stärker auf „die Ressourcenperspektive (fokussiert) und […] nach den Fähigkeiten und Stärken jedes einzelnen Kindes [fragt]", ohne die einer günstigen Entwicklung entgegenstehenden Risikofaktoren auszublenden (Merten 2005, 124).

Risikofaktoren

Die Grenzen präventiver Zugänge werden u. a. bei der Armutsprävention offenbar, denn Armut ist originärer Teil der modernen Gesellschaft (Fischer/Merten 2010). Im Zusammenhang mit Armutsprävention stellt sich die Frage, wie Ressourcen und Chancen in der Gesellschaft verteilt sind und wie (langfristige) Veränderungen sowohl durch strukturellen Wandel (Verhältnisprävention) als auch im individuellen Verhaltensbereich (Kinder, Familie) herbeigeführt/unterstützt werden können. So sind für die Optimierung der kindbezogenen Armutsprävention sowohl Ansätze in Bezug auf das soziale Umfeld (*Lebenswelt*) als auch auf den Sozialraum (z. B. die Kommune) zu entwickeln.

Armutsprävention, Sozialraum

Schwedes (2009) geht für schulische Prävention von einem einerseits phänomenorientierten(z. B. Suchtprävention, Gewaltprävention) und andererseits generalpräventiv angelegten Präventionsverständnis aus, das mit generalistischen Modellen arbeitet, wie den programmatischen „Lebenskompetenztraining[s]", die „auf einen ganzen Strauß von Zielen" ausgerichtet sind und „als Universalmittel zur Umsetzung von schulischen Aufgaben, die über den reinen Bildungsauftrag hinausgehen" dienen (Schwedes 2009, 20).

Phänomenorientierte Präventionsmaßnahmen werden dagegen intensiv von theoretischen Erörterungen begleitet. So arbeiten beispielsweise Melzer/Schubart (2008) vier theoretische Erklärungszugänge zum Thema Gewaltprävention heraus. Aus den verschiedenen Modellen der Gewaltgenese als auch den empirischen Untersuchungen leiten Melzer und Schubert ab, dass es „mehrdimensionaler und vernetzter Präventionsstrategien" und eines systemischen Zugangs zum Thema Gewaltprävention bedarf, der die „schulische Ebene", „das Gemeinwesen und die gesellschaftlichen Rahmenbedingungen" einschließt und „qualifizierte institutionelle Kooperationsstrukturen" voraussetzt (Melzer/Schubarth 2008, 249f.).

Gewaltprävention

Sozialarbeiterische Prävention versteht sich zuallererst als das frühzeitige Eingreifen der Sozialen Arbeit, die beispielsweise in Form der *Kinder- und Jugend-*

hilfe oder in Form von *Schulsozialarbeit* konkrete Hilfen anbieten soll, „bevor Probleme sich verhärtet und verdichtet haben" (Thiersch 2012, 31).

Primär- und Sekundärprävention

Im Sinne der *Lebensweltorientierung* von Jugendhilfe zielt Prävention auf lebenswerte Lebensverhältnisse (Primärprävention), auf die Bereitstellung von vorbeugenden Hilfen in belasteten Situationen, die sich zu Krisen ausweiten könnten (Sekundärprävention) und auf Maßnahmen der Nachsorge und Nacherziehung zur Vermeidung von Rückfällen (Treeß 2002) ab. Präventionsarbeit in diesem Sinne will weniger aufklärend wirken, sondern (jungen) Menschen neue und ungewohnte Erfahrungsräume eröffnen. Auch Präventionsangebote der akzeptanzorientierten Drogenhilfe bzw. Streetwork in der Obdachlosenhilfe (Bodenmüller 1995) sind sozialarbeiterische Präventionsprogramme, die neue und ungewohnte Lebensräume zur Verfügung stellen wollen und die präventiven Hilfen an der *Lebenswelt* der *AdressatInnen* ausrichten.

Für den frühkindlichen Bereich haben sich seit Anfang der 2000er Jahre als präventiv arbeitende Anlaufstellen „Koordinierende Kinderschutzstellen" (Zwerger 2012) etabliert, die durch frühe Unterstützungsleistungen Eltern vor Überforderungen in der Kindererziehung bewahren sollen.

2.2.6 Beratung

Orientierung

Ein zentraler Bestandteil präventiver Sozialarbeit und schulischer *Präventions*programme ist ein in den Konzepten verankerter Anteil an Beratung, von der wiederum als methodischer Ansatz von Sozialer Arbeit eine präventive Wirkung erwartet wird, weil Orientierungen in unserer individualisierten Gesellschaft schwierig geworden sind und Beratung als Dienstleistung aufgefasst wird.

Zunächst ist jeder Kommunikation in pädagogischen Feldern per se ein gewisser Beratungscharakter zu eigen. Nestmann sieht Beratung als „ein[en] genuine[n] und wichtige[n] Bestandteil menschlichen Handelns und zwischenmenschlicher Kommunikation im Alltag und seinen Krisen" (Nestmann 2004, 547).

Kontextualisierung

Dagegen ist professionelle Beratung strukturiert und wird entlang sozialwissenschaftlicher Theorien und Konzepte definiert und kontextualisiert (Engel/Sieckendiek 2004). Sie wird in den *Handlungsfeldern* pädagogischer Arbeit bereitgehalten, erwartet, evaluiert und weiterentwickelt, drückt aber auch eine Haltung gegenüber den *AdressatInnen* aus, die im Sinne der zu ermöglichenden Mündigkeit im Rahmen ihrer individuellen *Bildung*sprozesse Rat suchen und erhalten sollen, damit sie ihre Entscheidungen möglichst ohne Bevormundung treffen können.

Beratungshandeln

Sozialpädagogische Beratungsangebote und -haltungen sind durch ihre Allzuständigkeit charakterisiert, denn „alles, was im Alltag zum Problem werden *kann*, kann auch zum Thema sozialpädagogischer Beratung werden" (Galuske 2003, 172, Hervorhebung im Original) und bringt folglich eine Vielfalt an Möglichkeiten des Beratungshandelns mit sich. Beratung folgt einer spezifischen Handlungsintention, die einerseits auf zwischenmenschlichen Beziehungen aufbaut und Konflikt- und Krisenbewältigung zum Gegenstand hat, aber andererseits den gesellschaftlichen Kontext berücksichtigen muss (Thiersch 2004), also die lebensweltlichen Bedingungen der zu Beratenden im Blick hat und zugleich die sozioökonomischen Bedingtheiten in die gemeinsamen Überlegungen aufnimmt (Galuske 2003). Als Maxime im pädagogischen Alltag ist Beratung im Prinzip jederzeit vorzuhalten: Sei es, dass sich aus Beobachtungen Gespräche mit beratendem Charakter entwickeln, oder sei es, dass neue Problemkonstellationen wie die Berufsorientierungsphase beratend begleitet werden oder neue Modelle der (anonymen) Familienberatung bedarfsgerecht die erzieherischen Kompetenzen von Familien stärken sollen (Spies 2013b).

In der Sozialen Arbeit ist die Beratung auch rechtlich verankert. So verpflichtet beispielsweise das SGB VIII in § 1 die Jugendhilfe, Eltern und andere Erziehungsberechtigte bei der *Erziehung* zu beraten, in § 17 Beratung in Fragen der Partnerschaft, Trennung und Scheidung vorzuhalten und gemäß § 28 Erziehungsberatung als *Hilfe zur Erziehung* durch spezielle Beratungsstellen bzw. Beratungsdienste bereitzustellen, für die im Gesetz festgelegt ist, dass Fachkräfte verschiedener Fachrichtungen zusammenwirken sollen (Wattendorf 2007). **Beratungsstellen**

Die Beratungsformen und AdressatInnengruppen sozialpädagogischer Angebote in der Familien-, SchuldnerInnen-, Drogen- oder Berufsberatung (um nur einige zu nennen) sind nur bedingt eingrenzbar (Thiersch 1977; Thiersch 2004; Galuske 2007) und in dauernder Entwicklung. Nach Galuske kann sich „sozialpädagogische Beratung keinesfalls auf ein eng begrenztes methodisches Repertoire stützen", weil sich Methoden und Vorgehensweisen an „der Komplexität von Alltag" (Galuske 2007, 172f.) orientieren müssen.

Sozialpädagogische Beratung ist nicht nur in Beratungsstellen oder Institutionen zu finden, sondern sucht als aufsuchender Ansatz auch Orte wie Gaststätten, Jugendhäuser, Spielplätze, Wohnungen etc. auf, und findet auch „neben und in anderen pädagogischen Handlungsformen" statt (Thiersch 2004, 118).

So ist Beratung also einerseits eine „Grundform […] pädagogischen Handelns" (Engel 2004, 103) in vielfältigen kommunikativen pädagogischen Situationen und andererseits ein methodisch fundiertes und theoriegeleitet strukturiertes Gespräch (auch via Chat oder E-Mail in der Online-Beratung). Beratung ist als helfende Interaktion zwischen (zwei oder mehreren) Beteiligten zu erachten, in deren Verlauf in Bezug auf eine Thematik bzw. Problematik Klarheit gewonnen werden soll. **helfende Interaktion**

Fachliche Kompetenzen in Hinblick auf die zu beratende Thematik und das Klientel (handlungsfeldspezifisches Wissen) sowie „feldunabhängige Beratungskompetenzen" (Engel/Sieckendiek 2004, 35) sind Voraussetzungen für eine professionelle Beratung. Deren Ziel ist es, eine Aufgabe oder ein Problem zu lösen oder sich der Lösung anzunähern, bzw. Informationen oder Entscheidungshilfen zur Verfügung zu stellen (z. B. in der Schwangerschaftskonfliktberatung). Beratung hat also *partizipativen* Charakter, sie hat sich an der aktiven Teilhabe und Mitbestimmung der zu Beratenden zu orientieren und niedrigschwellig zu sein. **fachliche Kompetenz**

Niedrigschwellige sozialpädagogische Beratungsangebote reichen von der spezialisierten Beratungsstelle, die fußläufig und gut zugänglich zu erreichen ist, bis hin zu zugehender (Erziehungs-)Beratung in der Kita. Sie können als Streetwork der Obdachlosenhilfe aufsuchenden Charakter haben, sind für die Drogenberatung in der Nähe der „Szene" zu platzieren, oder im Rahmen der offenen Kinder- und Jugendarbeit jederzeit durch die Kontakte während der Angebotszeiten **Niedrigschwelligkeit** ansprechbar. Ebenso können sie dort in einem strukturierten Rahmen zu festen Zeiten auf vorhandenen pädagogischen Beziehungen aufbauend angenommen oder durch *Schulsozialarbeit* am Ort der Schule vorgehalten werden. In Form von Online-Beratung können sie die Zugangsmöglichkeiten des Internets und seine Anonymität nutzen und schließen an Formen der Telefonberatung (Jugendtelefon, Telefonseelsorge, Hotline-Konzepte) an. Aber auch die (relativ versteckt wirkende) Schuldnerberatungsstelle oder die Anlaufstelle für Opfer sexualisierter Gewalt, die ihre Räume bewusst z.B. in einem Versicherungs- oder Ärztehaus platziert, kann damit eine zugangsschwellensenkende Wirkung erzielen, denn eine Lage, die von außen nicht erkennen lässt, wo die ratsuchenden Personen hin wollen, also ihre Beratungsbedarfe nicht offensichtlich macht, kann Zugangshürden (z.B. Scham) minimieren.

Beratungssettings

So ist es für die Schulsozialarbeit durchaus hilfreich und ebenfalls schwellensenkend, wenn sie Kontakte und Beziehungsaufbau im freien und gut zugänglichen Bereich der offenen Angebote aufbauen kann, aber für konkrete Beratungsanlässe ein festes Beratungszimmer in einem möglichst wenig einsehbaren Gebäudebereich mit möglichst geschütztem Zugang anbieten kann. Optimal für Beratungssettings im schulischen Kontext ist beispielsweise ein zentral im Pausenbereich gelegenes offenes Angebot und ein geschützter Beratungsbereich, in dem nicht nur die Schulsozialarbeit, sondern auch die BeratungslehrerInnen ihre Büros haben und als multiprofessionelles Beratungsteam ggf. auch die schulpsychologische Unterstützung zur Seite haben.

Handlungsfeldspezifisches Wissen

Das handlungsfeldspezifische Wissen in der SchuldnerInnen-, Drogen- oder Gewaltberatung setzt einen hohen Spezialisierungsgrad, aber auch eine *intersektionale Perspektive* voraus, damit kompetent und lösungsorientiert beraten werden kann. Auch Beratung im Rahmen der Schulsozialarbeit erfordert den intersektionalen Blick, damit sie (Spies/Rainer 2015) ihre breite Grundlage mit dezidiertem „Verweisungswissen" (Müller 1997, 41) optimal einsetzen kann und für mittlere Problemdichte „erste Hilfe" sowie weiterführende Vermittlungen anbieten und in beratender *Kooperation* mit Eltern und in kollegialer Beratung kommunizieren kann; sie ist aber nicht hochspezialisiert.

Problemlösungskompetenz

Beratung als Maxime im pädagogischen Alltag ist, neben den spezifischen Angebotskonzepten und der Bereitstellung von Unterstützung zur Problemlösung, auch eine Frage der Haltung innerhalb pädagogischer Beziehungen: Wenn ich meinem Gegenüber in einer beratenden Haltung begegne, setze ich auf seine eigene Problemlösungskompetenz und orientiere mich an *Partizipation*, die als nächste Maxime die aktive Beteiligung von AdressatInnen an pädagogischen Angeboten, an den für sie bereitgestellten Maßnahmen und Strukturen betont. Als Grundform *pädagogischen Handelns* ist Beratung ein ergebnisoffener Prozess, der, um „Widersprüchliches" zu balancieren und „in Situationen alltäglicher Ungewissheit und Unbestimmtheit Hilfen" anbieten zu können, einen „durchaus bildenden Charakter haben" kann (Engel/Sieckendiek 2004, 36).

2.2.7 Partizipation

Eine partizipativ ausgerichtete Pädagogik will mit der Beteiligung von Kindern und Jugendlichen erreichen, dass „Entscheidungen, die das eigene Leben und das Leben der Gemeinschaft betreffen, zu teilen und gemeinsame Lösungen für Probleme zu finden" (Schröder 1995, 14) erlernt werden. Sie soll zur Übernahme der „Verfügungsgewalt über die eigene Lebensgestaltung" (Fatke/Schneider 2005, 7) führen. Dafür muss – als Bestandteil von pädagogischen Settings und Konzepten – ein Teil der Verfügungsgewalt der Erwachsenen an die Heranwachsenden abgegeben werden. **Beteiligung, Verfügungsgewalt**

Die UN-Konvention über die Rechte des Kindes gibt zwei Richtungen für die konzeptionelle Gestaltung von Partizipation vor und bezieht sich erstens auf die Emanzipation des Individuums, das befähigt werden soll, seine Rechte wahrzunehmen. Die Stärkung der Entscheidungsfähigkeit soll „Heranwachsende zu ‚mündigen Bürgern'" erziehen (Wagener 2013, 14). Zweitens sollen Partizipationsstrategien politische und sozialstaatliche Problemlösungen als Aufgabe für bürgerschaftliches Engagement vermitteln (Wagener 2013).

Verschiedene AutorInnen verweisen aber auf die Gefahr der Instrumentalisierung des Partizipationsgedankens: Olk, Roth und Bettmer sehen dies für Beteiligungsverfahren, die zu „Einweg-Inszenierungen, von oben" werden (Olk/Roth 2007, zit. nach Bettmer 2008, 213) und „nur noch der Legitimation von Entscheidungen [dienen], auf welche die Beteiligten faktisch keinen Einfluss ausüben können" (Bettmer 2008, 213).

In ihren Untersuchungen zur Partizipation von Kindern und Jugendlichen in stationären Einrichtungen kommen Wolff/Hartwig (2013) zu Ergebnissen, die auch für die Optimierung der Partizipation in anderen pädagogischen Kontexten Anregungen geben können:

1. Für die von ihnen befragten Kinder und Jugendlichen waren im Zusammenhang mit Beteiligung vor allem die Haltungen und Persönlichkeitsaspekte der Erwachsenen von Bedeutung.
2. Die Wünsche nach Mitgestaltung richten sich bei den Heranwachsenden vor allen auf Aspekte des Alltagslebens.
3. Die Erwartungshaltungen der Heranwachsenden an Partizipation und die Vorstellungen der Erwachsenen hierzu sind häufig nicht identisch.
4. Für die Heranwachsenden ist die gefühlte Beteiligung viel entscheidender als die institutionalisierte und verfahrensmäßig geregelte Form von Beteiligung (Wolff/Hartwig 2013).

Für Bettmer bedarf Partizipation auf Seiten der Beteiligten darüber hinaus auch der „Fähigkeit […], von eigenen Interessen abstrahieren zu können, um gemeinsame Regeln zu erzeugen und zu akzeptieren" (Bettmer 2008, 216). Ergänzend dazu betonen Böhnisch und Schröer (2013) den *Anerkennungsaspekt* als wichtiges Merkmal von Partizipation (Böhnisch/Schröer 2013).

Jenseits des sozialpädagogischen Partizipationsgedankens ist die Maxime grundsätzlich auch in schulischer Erziehungspartnerschaft mit Eltern und in der Elternbeteiligung sowie in den Schülermitverwaltungstraditionen (SMV) enthalten **demokratischer Auftrag** und folgt dem demokratischen Auftrag von Schule, die Grundlagen und Formate demokratischer Beteiligung zu vermitteln. Allerdings ist der Partizipation an schulischen Prozessen und Verfahren durch die curriculare Struktur der Inhalte und den tradierten prozeduralen Verfahren der Leistungsmessung in der Regel ein enger Rahmen gesteckt.

bürgerschaftliches Engagement, soziales Kapital

In jüngerer Zeit versuchen mehr und mehr Schulen der Primarstufe und des Sekundarbereichs die von Edelstein (2011) entwickelten und erprobten demokratischen Partizipationsmodelle des Klassenrats und des Schulparlaments sowie der Anregung zu sozialen Projekten und bürgerschaftlichem Engagement umzusetzen. Edelstein geht davon aus, dass inkludierende Wege der kooperativen Konflikt- und Problemlösung systematisch erlernt werden müssen, um autoritären, nichtdemokratischen und antidemokratischen Tendenzen entgegenzuwirken. Dafür sind demokratische Kompetenzen als das soziales Kapital der nachwachsenden Generation zu erwerben, die sicherstellen sollen, dass Menschenrechte und Menschenwürde auch künftig geschützt werden. Die Praxis der demokratischen, partizipativen Beteiligung an sozialen Formen der Aushandlung muss in vergleichbarer Weise wie andere Kulturtechniken und -kompetenzen kultiviert werden, „such as musical ability – to take an unsuspicious example" (Edelstein 2011, 128). Dafür nimmt Edelstein die Schule in die Verantwortung, denn

> *„no other system involves the entire young generation. To re-generate democracy and for it to prevail among future adults we must turn to the schools that prepare the young for their future lives as democratic adults"* (Edelstein 2011, 128).

Die Kompetenz der demokratischen Partizipation setzt sich aus dem Wissen und Verstehen der demokratischen Abläufe und Strukturen, aus der Motivation, diese Strukturen aktiv mitzugestalten, die Erträge zu erinnern und dem Willen, sie weiterhin zu tragen, zusammen. Schon in der *Grundschule* setzt Edelstein mit Klassenrat, Schulparlament und zwischengeschalteten Gremien an. Im Sinne des „democratic-self gouvernments" (Edelstein 2011, 131) ist es das Ziel, über soziale Projekte und Anregungen zum bürgerschaftlichen Engagement, Wissen über Demokratie und die Rolle aktiver Partizipation an der Gestaltung des sozialen Miteinanders zu erwerben.

Partizipationsmöglichkeiten

Die Gestaltung einer partizipativ-demokratischen Schul- und Lernkultur ist zwar noch nicht in allen Schulen angekommen, gehört aber zu den Auswahlkriterien, nach denen der Deutsche Schulpreis vergeben wird und soll auf diesem Wege in weitere Schulen multipliziert werden. Jene Schulen, die konsequent und erfolgreich die demokratischen Partizipationsmöglichkeiten ihrer SchülerInnen zu erweitern versuchen, belegen die Tragfähigkeit des Ansatzes.

2.2.8 Integration und Inklusion

integrative Betreuung

Es ist bemerkenswert, dass mit dem Begriffspaar *Integration* und *Inklusion* zwei Begriffe nunmehr weite Teile des Fachdiskurses bestimmen, die bis etwa 2005 noch in den meisten Stichwortverzeichnissen einschlägiger Handbücher fehlten – obwohl schon in den 1970er Jahren die integrative Betreuung in der *Kindertagesstätte* begann. Der Integrationsbegriff ist relativ eng am *Hilfe- und Rehabilitation*sbegriff orientiert, der davon ausgeht, dass der Staat in der Pflicht steht, einzelne Menschen über geeignete Maßnahmen in die Lage zu versetzen, gesellschaftliche Teilhabe leben zu können (Sengling 1996).

Integration geht zunächst vom Bestreben nach „Normalität" aus, konzipiert Angebote der öffentlichen *Bildung* und Teilhabe, arbeitet an der Optimierung von Bedingungen und hat die Eingliederung der aus unterschiedlichen Gründen ausgegrenzten Menschen in bestehende gesellschaftliche Strukturen zum Ziel. Demgegenüber verlangt das Konzept der Inklusion

Teilhabe

„die Umgestaltung der sozialen Umwelt als Voraussetzung für die gemeinsame Nutzung und die gesellschaftliche Teilhabe durch heterogene Gruppen von Menschen – hier Kinder und Jugendliche" (BMFSFJ 2013, 370; vgl. auch Dannenbeck 2008).

Klaus Mollenhauer identifizierte 1996 die Eingliederung von sozial ausgegrenzten Bevölkerungsteilen, die „nicht dem kulturell dominanten Habitus folgen" (Mollenhauer 1996b, 280), in „den Gesamtkorpus der Sozietät" als eine „schlichte, aus den Menschenrechten sich ergebende Aufgabe" (Mollenhauer 1996b, 280). Analog hierzu folgt die Kommission des 14. Kinder- und Jugendberichts 2013 der Auffassung,

„dass es in modernen Gesellschaften wie der Bundesrepublik Deutschland der Wohlfahrtsstaat – bzw. Sozialstaat – ist, der eine Verantwortung für die ‚Inklusion' der Bürgerinnen und Bürger in dem Sinne wahrnimmt, dass alle Bevölkerungsteile an den typischen Lebensmöglichkeiten der modernen Gesellschaft teilhaben können" (BMFSFJ 2013, 64).

Wenn also die Ausweitung einer öffentlichen Verantwortung für das Aufwachsen von Kindern und Jugendlichen eingefordert wird, dann ist hiermit die Erwartung verbunden, dass sich auf diese Weise die Teilhabechancen von Kindern und Jugendlichen verbessern und sich soziale Ungleichheiten zwischen verschiedenen Teilgruppen unter ihnen vermindern lassen (BMFSFJ 2013, 64).

öffentliche Verantwortung

Der seit 2010 stattfindende Perspektivwechsel von der Integration zur Inklusion vollzieht sich komplex und z.T. konfliktbehaftet. Es findet eine breite Diskussion um theoretische Zusammenhänge und praktische Konsequenzen des Paradigmenwechsels statt, die deutlich über den Kontext von schulischer und außerschulischer Bildung hinausreicht.

Paradigmenwechsel

Dabei ist der Tenor der UN-Konvention eindeutig: Es gilt, ein Verständnis von Behinderung bzw. Beeinträchtigung und Ausgrenzungsmechanismen zu entwickeln, das nicht von vornherein in defizitären bzw. negativen Kategorien strukturiert ist, sondern Vielfalt im Sinne von *Diversity* als normalen Bestandteil menschlichen Lebens und menschlicher Gesellschaft ausdrücklich wertschätzt und entsprechende Strukturen der *Förderung* vorhält, die sich in pädagogischen Konzepten ausdrücken.

Als völkerrechtliches und innerstaatliches Gebot (Wocken 2012) ist das Inklusionsparadigma im Benachteiligungsverbot des dritten Artikels des Grundgesetzes festgehalten. Da aber nach wie vor Menschen wegen ethnischer Herkunft, religiöser Orientierung, sprachlicher Besonderheiten oder gesundheitlicher Beeinträchtigungen von umfassender gesellschaftlicher Teilhabe ausgegrenzt werden und mit den Konsequenzen von Exklusionsstrukturen leben müssen, ist zur Umsetzung des Inklusionsanliegens der staatliche Eingriff nötig:

„Betrachtet man allerdings den Staat in seiner politisch-hoheitlichen Funktion als zentrale Planungs- und Steuerungsinstanz in der Gesellschaft, dann ist es berechtigt, der staatlichen (bzw. kommunalen) Politik eine hervorgehobene Rolle im Verhältnis zu den anderen Wohlfahrt produzierenden Sektoren bzw. Instanzen zuzubilligen. Die besondere Bedeutung des Staates wird bereits in seiner Beziehung zu den einzelnen Bürgerinnen und Bürgern deutlich. Nur der hoheitliche, Recht setzende Staat ist in der Lage, die Inklusion der Bürgerinnen und Bürger durch die Einräumung und den Schutz sozialer Rechte zu gewährleisten. Die Einklagbarkeit, flächendeckende Zugänglichkeit und Verlässlichkeit von Anspruchsrechten auf spezifische Finanz- bzw. Sachleistungen ist also untrennbar an die Organisationsmittel des Staates gebunden." (BMFSFJ 2013, 70)

bildungspolitische Setzungen

Die bildungspolitischen Setzungen im staatlichen Schulsystem sind demnach notwendiger Anstoß zur *Schulentwicklung*, weil Bildungsinstitutionen durch ihre strukturellen Spezifika bislang erheblich zur Verfestigung von Exklusionsprozessen beigetragen haben. Unter der Maxime der Inklusion sind Schulen derzeit einem intensiven Reformprozess unterworfen, der die Struktur des Bildungswesens in ihren institutionellen Gewissheiten tradierter Differenzierung und Förderkonzeption buchstäblich erschüttert.

Gesellschaftsbild

Besonders im schulischen Kontext, wo bislang Exklusion als Strukturprinzip die Förderung durch Besonderung gewährleisten sollte, ersetzen nun neue Maßstäbe eines egalitären Gesellschaftsbildes die alten Prinzipien der Ungleichheit und kehren die institutionelle Perspektive um: Nun muss sich das Lernumfeld Schule an die Lernenden anpassen und Bedingungen bereitstellen, die entsprechend der Salamanca-Erklärung der UNESCO (1994) allen Mädchen und Jungen den Zugang zur Regelschule ermöglichen und den Lernenden eine kindorientierte Pädagogik bieten muss, die den individuellen *Bedürfnissen* aller gerecht wird, statt über Zuschreibungen von Förderbedarfen Aussonderungen zu praktizieren.

2.2.9 Netzwerke und Kooperation

interdisziplinäre Zusammenarbeit

Zur Umsetzung des sozial- und bildungspolitisch motivierten Inklusionsparadigmas wird der *Vernetzung* und *Kooperation* von bislang getrennt agierenden Institutionen zunehmend Aufmerksamkeit beigemessen. Aus Sicht der *Kinder- und Jugendhilfe* ist der Kooperations- und Vernetzungsgedanke eine tradierte Maxime, die unter anderem durch rechtliche Regelungen im SGB VIII zur kooperativen Gestaltung der *Transition*sphase aus der Kita in die Grundschule (§ 22a) und der grundsätzlichen Zusammenarbeit der Jugendhilfe mit Schulen (§ 81) definiert ist. Auch hinsichtlich des Schutzauftrags zur *Kindeswohl*sicherung (§ 8a), der Beteiligung der *Jugendsozialarbeit* zur Verbesserung der Transition in berufliche Kontexte (§ 13) oder in Fällen der interdiziplinären Zusammenarbeit mit der Justiz (§§ 50–52) setzt die Jugendhilfe die Kooperation der beteiligten Institutionen voraus, wenn familiengerichtliche Fälle oder Fälle der Jugendgerichtshilfe zu klären sind.

Seit der ausführlichen öffentlichen Diskussion um den Ausbau von schulischen Ganztagsformaten und der Optimierungsbedarfe zur Zusammenarbeit von Schule und Jugendhilfe öffnen sich immer mehr Schulen gegenüber sozialpädagogischen Angebotsformen und sind zur konzeptionellen und inhaltlichen Zusammenarbeit bereit, so dass die Jugendhilfe ihren Kooperationsauftrag auch umsetzen kann. Das sozial- und bildungspolitische Konstrukt der *Kommunalen Bildungslandschaft* ist dabei als strukturelle Orientierung ebenso hilfreich wie die rechtlichen Regelungen, die der eigenverantwortlichen Schule die Öffnung und die Wahl ihrer Kooperations- und NetzwerkpartnerInnen ermöglicht. **Optimierungsbedarfe**

Die Begriffe der Vernetzung und Kooperation finden sich in sozial- und wirtschaftswissenschaftlichen Disziplinen wie der Psychologie, der Soziologie und der Volks- und Betriebswirtschaftslehre. Als quasi interdisziplinäre Maxime der Gegenwart sind Netzwerke und systematische Kooperationsstrukturen Ergebnis der Problematik, **Kooperationsstrukturen**

„dass viele Aufgaben, die von einem Akteur nicht mehr allein produziert bzw. geleistet werden können, im Rahmen von netzwerkförmigen Kooperationen plötzlich realisierbar erscheinen" (Baitsch/Müller 2001, 10).

So schlagen van Santen/Seckinger (2003) vor, unter Vernetzung „die Herausbildung, Aufrechterhaltung und Unterstützung einer Struktur, die der Förderung von kooperativen Arrangements unterschiedlicher Personen oder Institutionen dienlich ist" zu verstehen (van Santen/Seckinger 2003, 29). Sie kann zu konkreten Netzwerken führen, die nach Baitsch/Müller „akteursbezogene Beziehungsgeflechte" sind, „die kooperations- und projektübergreifend höchst unterschiedlich ausfallende Potentiale bereitstellen" (Baitsch/Müller (2001, ii). Die Bindungen zwischen AkteurInnen des Netzwerks sind „lose gekoppelt" und stehen in „gegenseitigen Abhängigkeiten zueinander". Organisatorisch offen gibt es „keine Sanktionsmöglichkeiten gegenüber Einzelnen" und „keine förmlich hierarchische Gliederung" bei geringem „Institutionalisierungsgrad" (Baitsch/Müller 2001, ii). Demgegenüber beschreibt Ziegler die Beziehungsebene in Netzwerken jedoch auch von Macht und Hierarchien bestimmt, weil seiner Ansicht nach ein Netzwerk eine **Netzwerkbeziehungen**

„soziale Einheit [ist], in der Ressourcen getauscht, Informationen übertragen, Einfluss und Autorität ausgeübt, Unterstützung mobilisiert, Koalitionen gebildet, Aktivitäten koordiniert, Vertrauen aufgebaut oder durch Gemeinsamkeit Sentiments gestiftet werden" (Ziegler 1984, 435, zit. nach Miller 2002, 35).

Nach Baitsch/Müller (2001) bilden Netzwerke die Voraussetzung für Kooperationsbeziehungen, weil sie den

„Aufbau von einfachen und robusten Kooperationsstrukturen (Dokumentationsroutinen, Organisationseinheiten, Zuständigkeiten, Arbeitsaufgaben und entsprechende Verteilung, Berichtswesen, Instanzen und Routinen)" (Baitsch/Müller 2001, 19)

vorbereiten.

Da Etter (2004) zufolge eine Vielzahl von Kooperationsbegriffen existieren (Etter 2004, 40f.), ist es hilfreich, die Merkmale zu klären, nach der die rechtlich und wirtschaftlich unabhängigen Partner die gemeinsame Koordination des jeweils eigenen Verhaltens in den Blick nehmen. Dies verspricht eine „bessere Zielerreichung als beim individuellen Vorgehen" (Etter 2004, 42).

Kooperationsniveaus

Dafür bietet sich das Modell der Kooperation auf vier unterschiedlichen Niveaus (Pätzold/Wingels 2005; Pötter 2008) an (Abb. 2), das, je nach Intensität der Zusammenarbeit der ungleichen Kooperationspartner, die Maxime des kooperativen Denkens und Handelns zu differenzieren hilft und immer das niedrigere Niveau für das Erreichen des höheren voraussetzt.

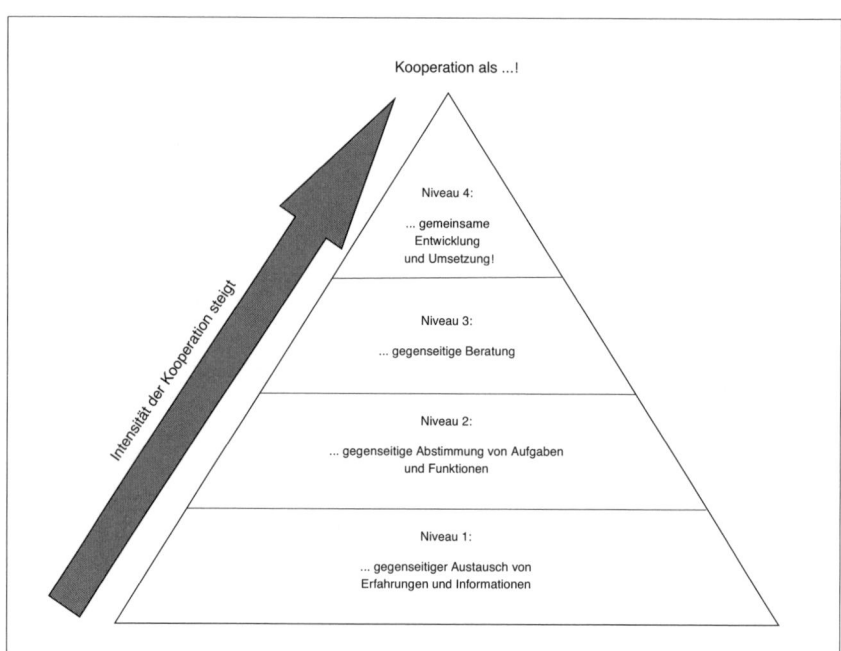

Abb. 2: Kooperation (nach Spies/Pötter 2011, 27)

multiprofessionelle Teams

Auch wenn Kooperation und Vernetzung als regelhafte Grundlagen des pädagogischen Wollens und Handelns betrachtet werden können und die Zusammenarbeit in multiprofessionellen Teams zwischenzeitlich dank des Inklusionsparadigmas auch für die Schule zum pädagogischen Alltag gehört, ist gerade diese Maxime anfällig für Konflikte und Schwierigkeiten in der interdisziplinären Zusammenarbeit. Eine Ursache hierfür ist, dass das schulische Kooperationsverständnis (derzeit noch) eher die Delegation verfolgt, während das sozialpädagogische Kooperationsverständnis die konzeptionelle und praktische Zusammenarbeit wünscht (de Boer/ Spies 2014).

Reibungsverluste in der Vernetzungs- und Kooperationspraxis in pädagogischen bzw. sozialräumlichen Kontexten ergeben sich durch die unterschiedlichen Herangehensweisen, Verständnisse, Leistungen und Angebote und deren Zuschnitte. So beziehen sich die Leistungen der Jugendhilfe auf das SGB VIII, die des Gesundheitswesens auf das SGB V und *Rehabilitation* bzw. Teilhabe behinderter Menschen auf das SGB IX. Für schulische Belange sind vor allem Bestimmungen und Festlegungen der Kultusministerien und Schulbehörden zuständig. Es sind also nicht nur unterschiedliche theoretische Grundlagen und Denkmodelle, die die Umsetzung von Vernetzungs- und Kooperationsanliegen erschweren können.

Unter Maximen im pädagogischen Alltag verstehen wir die Grundsätze des pädagogischen Wollens und Handelns, das sich an den Bedürfnissen derer ausrichten muss, die durch Lehr-, Hilfe-, Begleit- und Rehabilitationskonzepte auf ihrem Weg in ein selbstbestimmtes Leben in Freiheit und Mündigkeit unterstützt werden sollen. Vor der Unterstützung des Einzelfalls steht dessen Verständnis, welches sich auf Diagnoseprozesse entlang systematischer Kriterien und Klärungsschritte stützt und an den Möglichkeiten der optimalen Förderung ausgerichtet sein soll. Förderung kann auch durch präventive Angebote erfolgen, wobei diese das Ziel haben, möglichen zukünftigen problematischen Konstellationen vorzubeugen bzw. eskalierende Umstände abzuwenden. Durch präventive Maßnahmen wird angenommenen oder tatsächlichen Gefahren für die individuelle Entwicklung entgegengewirkt mit dem Ziel der Stärkung der sozialen und personalen Kompetenzen des/r zu Unterstützenden. Präventive Zugänge zu Problematiken haben häufig beratenden Charakter. Beratungsprozesse sollen die Mündigkeit des Ratsuchenden fördern und können als Aspekte individueller Bildungsprozesse erachtet werden. Beratung ist als pädagogische Handlung zu erachten, die eine partizipative Herangehensweise einschließt. Partizipativ gestaltete pädagogische Prozesse setzen auf die aktive (Mit-)Gestaltung von und die Beteiligung an Entscheidungen, die die eigene Entwicklung der Heranwachsenden betreffen, und fördern zugleich Aushandlungsprozesse und das Finden gemeinsamer Lösungsansätze. Ziel von Partizipation ist die mündige und eigenverantwortliche Person, die im Zusammenwirken mit anderen Entscheidungen treffen kann. Das Ziel einer eigenverantwortlichen Person wird auch aus einem anderen Zugang heraus durch den Inklusionsansatz verfolgt, wobei hier der Abbau von strukturellen Benachteiligungen, Beeinträchtigungen und Ausgrenzungsmechanismen im Vordergrund steht. Die menschliche Vielfalt soll hierbei als Reichtum der menschlichen Kultur erachtet werden, wobei dies der institutionellen Förderung und Aufmerksamkeit bedarf. Pädagogische Angebote zum Abbau von Ausgrenzungsmechanismen und zur Selbstwertentwicklung sind hierzu ebenso zu zählen wie Angebote des besonderen Förderbedarfs. Professionelle Netzwerke und Kooperation bestimmen immer intensiver den pädagogischen Alltag, wobei für die Maxime die Annahme bestimmend ist, dass Aufgaben erst durch die Zusammenarbeit von mehreren Akteuren umgesetzt werden können. Das Zusammenwirken von unterschiedlichen Institutionen und Professionellen bei Kindeswohlgefährdung dokumentiert dies ebenso wie die Zusammenarbeit aller Institutionen, die für Bildung und Erziehung auf kommunaler Ebene im Rahmen „Kommunaler Bildungslandschaften" Verantwortung tragen.

- Begründen Sie, warum die Berücksichtigung der Grundbedürfnisse einer gesunden seelisch-körperlichen Entwicklung und der Lebensbedürfnisse für die Konzeption pädagogischer Settings unerlässlich ist! Diskutieren Sie die Schwierigkeiten des Erklärens mit Ihren KommilitonInnen.
- Welche Bildungsleistung erbringt Enderlein (2007) zufolge ein hinreichend erfülltes „Bedürfnis nach Erkunden der Welt im Wohnumfeld mit eigenständigen Aktivitäten in altersgerechten Aktionsräumen"?
- Warum ist die Möglichkeit zum sozialen und kulturellen Kapitalerwerb so wichtig? Diskutieren Sie Beispiele für den sozialen und kulturellen Kapitalerwerb (nach Bourdieu) in pädagogischen Settings mit Ihren KommilitonInnen. Diskutieren Sie die Schwierigkeiten des Erklärens mit Ihren KommilitonInnen.
- Erläutern Sie die Unterschiede zwischen Hilfe und Rehabilitation.
- Welche Funktion kann Lehren in welchen pädagogischen Handlungen haben? Sind die Beispiele tatsächlich so eindeutig, wie sie scheinen?
- Erläutern Sie, warum der Prozess des Fallverstehens so bedeutsam für die Ableitung von individuellen Förder- und Unterstützungsangeboten ist. Diskutieren Sie mit ihren KommilitonInnen, warum es hierfür fachlicher Verfahren bedarf.
- Was verstehen Sie unter Prävention? Warum misst die Pädagogik der Prävention einen so hohen Stellenwert in Schule und Jugendhilfe bei? Notieren Sie sich mögliche Präventionsangebote von Schule und Jugendhilfe und diskutieren Sie diese mit ihren KommilitonInnen.
- Benennen Sie die Unterschiede zwischen alltäglicher Beratung (z. B. zwischen FreundInnen) und professioneller Beratung sowie die Themen, zu denen Soziale Arbeit und Schule Beratungsangebote vorhalten.
- Was verstehen Sie unter Partizipation? Diskutieren Sie Möglichkeiten der Beteiligung von Heranwachsenden an der Unterrichtsgestaltung bzw. im Gemeinwesen.
- Diskutieren Sie die Definitionskriterien von Inklusion! Warum ist der Integrationsbegriff ungeeignet, um das Recht auf Bildung (gemäß der UN-Konvention) umzusetzen?
- Warum ist die Forderung nach der „Kooperation auf Augenhöhe" problematisch? Diskutieren Sie mit Ihren KommilitonInnen, warum die Idee der Gleichberechtigung in Kooperationsbeziehungen kaum umgesetzt werden kann.

Ader, S. (2006): Was leitet den Blick? Wahrnehmung, Deutung und Intervention in der Jugendhilfe. Juventa, München/Weinheim

Berkessel, H., Beutel, W., Faulstich-Wieland, H., Veith, H. (Hrsg.) (2013): Jahrbuch Demokratiepädagogik 2013/14. Demokratische Lernkultur/ Genderdemokratie. Wochenschau Verlag, Schwalbach/Ts.

Beutel, W., Fauser, P., Rademacher, H. (Hrsg.) (2012): Jahrbuch Demokratiepädagogik 2012. Aufgabe für Schule und Jugendbildung. Wochenschau Verlag, Schwalbach/Ts.

Braun, A., Graßhoff, G., Schweppe, C. (2011): Sozialpädagogische Fallarbeit. Ernst Reinhardt, München/Basel

Dorrance, C., Dannenbeck, C. (Hrsg.) (2013): Doing Inclusion. Inklusion in einer nicht inklusiven Gesellschaft. Julius Klinkhardt, Bad Heilbrunn

Edelstein, W. (2011). Education for democracy: Reasons and strategies. European Journal of Education 46 (1), 127–137

Ellger-Rüttgardt, S. L. (2008): Geschichte der Sonderpädagogik. Ernst Reinhardt, München/Basel

Fischer, J., Koselleck, T. (Hrsg.) (2013): Netzwerke und Soziale Arbeit. Theorien, Methoden, Anwendungen. Beltz Juventa, Weinheim/München

Fröhlich-Gildhoff, K., Rönnau-Böse, M. (2014): Resilienz. 3. Aufl. Ernst Reinhardt, München/Basel

Grundmann, M., Bittlingmayer, U., Dravenau, D., Groh-Samberg, O. (2004): Die Umwandlung von Differenz in Hierarchie? Schule zwischen einfacher Reproduktion und eigenständiger Produktion sozialer Bildungsungleichheit. Zeitschrift für Soziologie der Erziehung und Sozialisation 24 (2), 124–145

Hesse, I., Latzko, B. (2011): Diagnostik für Lehrkräfte. 2. Aufl. Budrich, Opladen

Hülshoff, T. (2012): Emotionen. 4., aktual. Aufl. Ernst Reinhardt, München/Basel

Index of Inclusion (2003): Index für Inklusion. Lernen und Teilhabe in Schulen der Vielfalt entwickeln. In: http://www.eenet.org.uk/resources/docs/Index%20German.pdf, 28.10.2014

Kopp, B., Martschinke, S., Munser-Kiefer, M., Haider, M., Kirschhock, E.-M., Ranger, G., Renner, G. (Hrsg.) (2013): Individuelle Förderung und Lernen in der Gemeinschaft. Springer VS, Wiesbaden

Lichtblau, M., Blömer, D., Jüttner, A.-K., Koch, K., Krüger, M., Werning, R. (Hrsg.) (2014): Forschung zu inklusiver Bildung. Gemeinsam anders lehren und lernen. Klinkhardt, Bad Heilbrunn

Maier, U. (2014): Lerndiagnostik und Leistungsbeurteilung. Klinkhardt, Bad Heilbrunn

Nestmann, F., Engel, F., Sickendiek, U. (Hrsg.) (2004): Das Handbuch der Beratung. Bd. 1: Disziplinen und Zugänge. Dgvt, Tübingen

Nestmann, F., Engel, F. Sickendiek, U. (Hrsg.) (2004): Das Handbuch der Beratung. Bd. 2: Ansätze, Methoden und Felder. Dgvt, Tübingen

Nußbeck, S. (2014): Einführung in die Beratungspsychologie. 3., aktual. Aufl. Ernst Reinhardt, München/Basel

Otto, U., Bauer, P. (2005): Mit Netzwerken professionell zusammenarbeiten. Bd. 1: Soziale Netzwerke in Lebenslauf- und Lebenslagenperspektive. Bd. 2: Institutionelle Netzwerke in Steuerungs- und Kooperationsperspektive. Dgvt, Tübingen

Salgo, L., Zenz, G., Fegert, J., Bauer, A., Weber, C., Zitelmann, M. (2010): Verfahrensbeistandschaft. Ein Handbuch für die Praxis. 2. Aufl. Bundesanzeiger Verlag, Köln

Schnoor, H. (Hrsg.) (2006): Psychosoziale Beratung in der Sozial- und Rehabilitationspädagogik. Kohlhammer, Stuttgart

Schrapper, C. (Hrsg.) (2010): Sozialpädagogische Diagnostik und Fallverstehen in der Jugendhilfe: Anforderungen, Konzepte, Perspektiven. Juventa, München/Weinheim

Seel, N. M., Ifenthaler, D. (2003): Psychologie des Lernens. 2, aktual. und erw. Aufl. Ernst Reinhardt, München/Basel

Spiegel, H. von (2013): Methodisches Handeln in der Sozialen Arbeit. 5., vollst. überarb. Aufl. Ernst Reinhardt, München/Basel

Werning, R. (2014) (Hrsg.): Forschung zu inklusiver Bildung. Gemeinsam anders lehren und lernen. Klinkhardt, Bad Heilbrunn

Zwerger, C. (2012): Koordinierende Kinderschutzstelle (KoKi) und erfolgreiche Netzwerkarbeit. Entwicklung von Qualitätsstandards. Grin, München

Zwicker-Pelzer, R. (2010): Beratung in der sozialen Arbeit. Klinkhardt, Bad Heilbrunn

3 Intersektionale Perspektiven

Differenzlinien Die Auseinandersetzung mit den Anforderungen und Bedingungen, die unter dem Vorzeichen der (bildungs-)politisch gewollten *Inklusion* für pädagogisch adäquate Konzepte und Handlungsstrategien nötig sind, erfordert ein Instrumentarium, mit dem die Einzelheiten der Bedingungen, unter denen die *AdressatInnen pädagogischen Handelns* aufwachsen und leben, erfasst und in ihrer Wechselwirkung untereinander beschrieben bzw. eingeschätzt werden können. Zur Erfassung der Interdependenz von Lebensbedingungen finden pädagogische Analysen im Modell der intersektionalen Verschränkungen von Differenzlinien wie Gender, Gesundheit, Hautfarbe, Ethnizität, Nationalität, Sozialstatus, Religion, Sprache, Besitz oder Herkunft (Leiprecht/Lutz 2005) einen Reflexionsrahmen.

Jede Differenzlinie hat einen dominierenden und einen dominierten Pol und ist je nach individuellem Fall mehr oder weniger intensiv mit weiteren Differenzlinien verwoben. Mit dem Begriff der Intersektionalität wird eben diese „Verwobenheit" der Differenzlinien betont und ihre gegenseitige Verstärkung oder Überlagerung zu fassen versucht, um Diskriminierungen aufdecken zu können, die vielfach nicht auf nur eine Differenzlinie beschränkt oder zurückzuführen sind. Intersektionale Analysen rekonstruieren die Vielschichtigkeit und Widersprüchlichkeit von Benachteiligungsdynamiken Ungleichheitsverhältnissen.

Heterogenitätsdiskurs Aus der Perspektive der Schul- und Unterrichtsforschung werden diese Fragen zumeist mit dem Heterogenitätsbegriff zu fassen versucht. Dabei beziehen sich die Fragen nach Gleichheit und Differenz im schulischen Kontext „sowohl auf soziale Kategorien als auch auf unterschiedliche Leistungsstände von Schülerinnen" (Budde 2013, 7). Im Zentrum der schulpädagogischen Heterogenitätsdiskussionen steht

> *„die Vielfalt und Interaktion von Differenzmerkmalen als veränderliche [...] Bezugspunkte für Identitätskonstruktionen wie als Angelpunkt von Diskriminierung und Bildungsungleichheit"* (Gomolla 2013, 54).

Normierungsprozesse Nach Wischer bleiben in der Diskussion um Heterogenität – mit dem pädagogischen Blick vom Subjekt aus – aber Institutionalisierungs- und Organisationsaspekte weitgehend ausgeblendet, wenn die „institutionell und organisatorisch notwendigen Vereinheitlichungsstrategien und Normierungsprozesse" sowie „‚Besser-Schlechter-Klassifikationen'" (Wischer 2013, 109) von SchülerInnen nicht aufgenommen werden. Budde kritisiert, dass die im Intersektionalitätskonzept betonte machttheoretische Grundlage in den „Konzepten wie Heterogenität oder geschlechtliche Vielfalt" (Budde 2014, 43) nicht aufgehoben wird.

Mit Hilfe des Intersektionalitätsansatzes lässt sich zeigen, dass persönliche Merkmale (z.B. Geschlecht, Hautfarbe, Ethnizität, Sozialstatus, Religion, Sprache, Gesundheit/Krankheit, Behinderung und Besitz) stets mit Zuschreibungen und Chancenverteilungen verbunden sind. Außerdem können sie in einem hierarchischen Verhältnis zueinander stehen – sie sind also miteinander intersektional verschränkt: Jede Differenzlinie

Chancenverteilungen

„repräsentiert eine bestimmte soziale Positionierung oder Identität und hat gleichzeitig, als (naturalisierte oder kulturalisierte) soziale Konstruktion, Einfluss auf das gesellschaftliche bzw. schulische Leben" (Leiprecht/Lutz 2005, 219).

In einer solchen Betrachtungsweise geht es, um mit Winker/Degele zu sprechen, um die Analyse der „Verwobenheit von Ungleichheitsdimensionen auf verschiedenen Ebenen" und z.B. darum, „dass Frauen nicht nur qua Geschlecht unterdrückt werden, sondern auch als rassistisch markierte Andere sowie aufgrund ihrer Klassenzugehörigkeit" (Winker/Degele 2010, 15). Ein weiteres Beispiel mag die Verwobenheit von Ungleichheitskategorien und deren hierarchische Struktur verdeutlichen: So wird eine Schülerin mit einem afrikanischen Migrationshintergrund und dunkler Hautfarbe auch bei hohem Sozialstatus, wohlhabendem Elternhaus und akzentfreier Sprache mit anderen stereotypen Zuschreibungen konfrontiert sein als ein/e SchülerIn aus einer armen Familie mit nord- oder osteuropäischem Migrationshintergrund, weißer Hautfarbe und akzentbetontem Sprechen. Sofern eine/r von beiden beispielsweise im Rollstuhl sitzen muss oder erkennbar (Führhund, weißer Stock) eine Beeinträchtigung des Sehsinns hat, werden sich die Zuschreibungen wiederum verschieben. Dabei spielt der Besitzstand auch bei gleichem Sozialstatus eine untergeordnete Rolle, während Hautfarbe, Geschlecht und Ethnizität eine deutlich übergeordnete Rolle in der Wahrnehmung spielen (Leiprecht/Lutz 2005; Phoenix 2008).

hierarchische Verschränkung

Winker/Degele (2010) verdeutlichen die wechselseitige Abhängigkeit in einem 3-Ebenen-Modell, das zwischen Sozialstrukturen, Identitätskonstruktionen und symbolischen Repräsentationen unterscheidet (Winker/Degele 2010). In diesem Modell wird sichtbar, dass soziale Strukturen den „ermöglichende[n] und begrenzende[n] Rahmen für die Konstruktion und Inszenierung von Identitäten" bilden und soziale Strukturen sich in Repräsentationen ausdrücken. Die Repräsentationen wiederum bilden den normativen Hintergrund, auf dem die Identitätskonstruktionen interaktiv zu sozialen Strukturen führen (Winker/Degele 2010, 74ff.).

3-Ebenen-Modell

Das Modell der intersektional und hierarchisch verschränkten Differenzlinien bietet Anhaltspunkte, um – in deutlicher Konkretisierung der *Lebensweltorientierung* der Sozialen Arbeit (Grunwald/Thiersch 2014) – jene Zusammenhänge auf ihre Ausgrenzungsmechanismen hin zu untersuchen, in denen Menschen aufwachsen und leben, die z.B. von Armut betroffen sind und/oder gesundheitliche Einschränkungen in Kauf nehmen müssen und/oder anlässlich eines Migrationshintergrundes im Bildungssystem diskriminiert werden. Die hierarchische Verschränkung bedeutet, dass die Ausgrenzungsmechanismen in sich gegenseitig verstärkender oder abschwächender Relation zueinander stehen.

Ausgrenzungsmechanismen

Differenzierungs-möglichkeiten

Gegenüber dem *Lebenswelt*ansatz bietet diese Betrachtung einen Zugewinn an Differenzierungsmöglichkeiten, da Barrieren im Bildungssystem beispielsweise für Kinder und Jugendliche mit Migrationshintergrund und auch für Kinder mit Beeinträchtigungen in ihrem körperlichen und geistigen Lern- und Leistungsvermögen auch stets auf ihre soziale Position zurückgeführt werden können und Auswirkungen hinsichtlich sozialer Teilhabechancen und Selbstwirksamkeitsüberzeugungen haben.

ökonomische Macht- und Herrschaftsverhältnisse

Die Kritik am Intersektionalitätskonstrukt bezieht sich vor allem auf die „Vernachlässigung ökonomischer Dimensionen von Ungleichheit" (Frühauf 2014, 21). Frühauf betont, dass die kategoriale Betonung der „vermehrt als interaktiv hergestellte[n] Konstrukte", die „als Identitätskategorien verhandelt" (Frühauf 2014, 21f.) werden, die Ebene der gesellschaftlichen Strukturen von ökonomischen Macht- und Herrschaftsverhältnissen vernachlässige.

lebensweltliche Perspektive

Um die Komplexität sich überschneidender und verwobener Differenzlinien in intersektionalen Zugangsweisen erfassen zu können, ist die lebensweltliche Perspektive der Ausgangspunkt. Aber auch die institutionellen Strukturen müssen hinterfragt werden, um zu einem Prozess der kontinuierlichen Auseinandersetzung mit kulturellen, politischen, sozialen und ökonomischen Entwicklungen zu gelangen. PädagogInnen haben in ihrer fachlichen Reflexion damit ein Analyseinstrumentarium zur Verfügung, das soziale Positionierungen als „Zusammenspiel unterschiedlicher (Struktur-)Kategorien" begreift und damit das politische Mandat pädagogischer Arbeit betont (Budde 2014, 42).

3.1 Diversität

Lebenskontexte

In der Verschiedenartigkeit möglicher Lebenskontexte bilden sich Bedingungen der gesellschaftlichen Teilhabechancen ab. Dafür ermöglicht der Begriff der *Diversität*, die kontrollierbaren ebenso wie die unkontrollierbaren Faktoren einer individuellen Biografie zu erfassen und *Lebenswelt* in der Breite ihrer möglichen Variationen als Erweiterung der eigenen Perspektive zu verstehen:

> *„Diversity encompasses all of the ways that human beings are both similar and different. It involves variations in factors we control as well as those over which we have no choice. These factors give us areas of commonality through which we can connect with others and aspects of difference from which we can learn."* (Gardenswartz/Rowe 1998, 24)

Wenn also Schule oder *Jugendhilfe* Kinder und Jugendliche entlang einer oder mehrerer Differenzlinien als problematisch beurteilen und ihre Interventionen oder Sanktionen entsprechend strukturieren, handeln sie entgegen dem (inklusiven) Gedanken der Diversität. Damit laufen sie Gefahr, die (jeweils mehr oder weniger belastenden oder einschränkenden) Bedingungen der jeweiligen Differenzlinie(n) und deren Verschränkungen (z.B. Herkunftssprache, Migrationsgeschichte, sozioökonomische Lage, Geschlecht, familiäre Lage, Leistungsfähigkeit, Alter, Gesundheit/Krankheit, Religionszugehörigkeit) zu verstärken.

Vor allem im schulpädagogischen Zusammenhang wird derzeit noch mehrheitlich nach Strategien gesucht, die den Umgang mit „Heterogenität" erleichtern sollen. Das ist in Anbetracht der homogenisierenden Traditionen (Leistung entsprechend herrschaftsgesellschaftlicher Normvorstellungen) des deutschen Bildungswesens nicht weiter verwunderlich – wird aber angesichts des *Inklusions*paradigmas zur problematischen Maxime, die vor allem SchülerInnen mit Migrationshintergrund diskriminiert, solange die Leistungsnorm entlang monolingualer Spracherwerbsmodelle ausgerichtet wird.

Normvorstellungen

Buddes (2012) Analyse zufolge beginnt der Diskurs um pädagogische Fragen, die sich aus einer zunehmend heterogenen SchülerInnenschaft ergeben, erst in den 1990er Jahren. Vorher ist dazu nur relativ selten publiziert worden:

> „Ab dem Jahr 1990 steigt die Gesamtzahl der Publikationen mit dem Begriff ‚Heterogenität' im Titel dann an. Die Quote liegt dabei dauerhaft im zweistelligen Bereich um ca. 30 Veröffentlichungen. Ab dem Jahr 2001 findet dann eine enorme Ausweitung statt, die Progression der Veröffentlichungen steigt (abgesehen von einem kleinen Einbruch im Jahr 2005) annähernd linear an. Im Jahr 2008 wurden bereits mehr als 200 Titel gelistet, die sich vor allem auf schulpädagogische Themen beziehen." (Budde 2012, 2)

Dabei werden weniger die erziehungswissenschaftliche Analyse, sondern vielmehr handlungsorientierte Umgehensweisen mit „Heterogenität" (vor allem in der Primarstufe) thematisiert (Budde 2012, 2). Daneben finden sich eine Reihe von Monografien und Sammelbänden, die zwar soziale Ungleichheit entlang sozialer Kategorien (und bisweilen in ihrer Überschneidung) in den Blick nehmen, aber Heterogenität nicht explizit zum Thema machen. Budde kommt in seiner exemplarischen Diskursanalyse zu dem Ergebnis, dass der Diskurs um Heterogenität im schulischen Feld eine Ordnungsfunktion hat und das Verharren in diskriminierender Verschiedenheitsbetonung verfestigt:

Diskriminierung

> „Heterogenität wird nicht als Relation eingesetzt, sondern als fixierter Abstand zwischen den Individuen, der sich scheinbar selbstverständlich aus der Tatsache ihrer Unterschiedlichkeit ergibt." (Budde 2012, 62)

Das Konzept der Diversity Education betont dagegen die Vielfalt, die vor dem Hintergrund der grundsätzlichen Gemeinsamkeiten über pädagogische Praxis im Organisations- und Handlungsalltag abgebildet werden kann. Statt also beispielsweise von sogenannten „migrationsbedingten Defiziten" (kritisch dazu Diehm 2008a, 101) auszugehen und einen „Risiko- und Belastungsdiskurs" (Diehm 2008a, 101) der „methodologischen Defizitorientierung" zu verfestigen, sind kompensatorische Wege zu ebnen und zu entwickeln, die von (nicht unbedingt auf den ersten Blick sichtbaren) Ressourcen ausgehen.

Gemeinsamkeit

Wenn Diversität in diesem Sinne zur Leitkategorie pädagogischer Konzepte wird und den Setzungen von kultureller Einheit, Monolingualität und einheitlicher Identität entgegengestellt wird, kann dies als die konsequente Weiterentwicklung des Lebensweltparadigmas erachtet werden. Die so fassbare „Diversity-Education" (Leiprecht 2008) besagt, dass alle Menschen am Schnittpunkt

Ausgrenzungsgefahren

("intersection") dieser Kategorien positioniert sind, so dass sich Zuschreibungen und Festlegungen, die Ausgrenzung zur Folge haben müssen, erübrigen. Die Aufgabe von *Erziehung* bestünde demnach darin,

> *„individuelle Wesen auszubilden und zu verwirklichen. Ein solches erzieherisches Ziel setzt die Berücksichtigung der vielfältigen Differenzierungsfaktoren voraus, aus denen sich menschliche Singularität zusammensetzt"* (Delory-Momberger 2010, 57).

Managementaufgabe Die konzeptionelle Berücksichtigung soll dabei die individuelle und strukturelle Diskreditierung ablösen. Für die pädagogische Analyse von Situationen und Konzepten bedeutet diese Vision eine Managementaufgabe, weil beispielsweise Chancenungleichheit in der Schule weitgehend auch dadurch entsteht,

> *„dass die Zugänge, Lehrpläne, Lerninhalte und Lehrmittel systematisch auf die Bestände, Techniken und Sprache der privilegierten und dominierenden Gruppen ausgerichtet sind, von dort aus die Meßlatte einer vorgestellten Normalität errichtet wird und damit aber kaum noch ein [...] Bezug zum Lebensalltag eines großen Teils der Schülerinnen und Schüler"* (Leiprecht 2008, 105)

vorhanden ist.

Organisationsentwicklung Die „Managing-Diversity"-Perspektive verweist darauf, dass es nicht nur um Reflexions- und Sensibilisierungsprozesse auf interaktiver und individueller Ebene geht, sondern auch die jeweiligen Bildungseinrichtungen als Organisationen zu verändern sind (*Schulentwicklung*). Dieser Aspekt wird von Wischer (2013) im Zusammenhang mit der Heterogenitätsdiskussion aufgegriffen, weil Differenzierung in pädagogischen Zusammenhängen „auch ein organisatorisches Ordnungs-, Gestaltungs- und Formbildungsprinzip ist, das alle Ebenen des Schulsystems umfasst" (Wischer 2013, 111).

Exemplarisch soll im Folgenden die Differenzlinie Geschlecht vertiefend betrachtet werden.

3.2 Genderfragen im Bildungssystem der Migrationsgesellschaft

Schon die verfassungsrechtliche Gleichberechtigungsprämisse nach Artikel 3 des Grundgesetzes fordert von jeglicher pädagogischer Interaktion und Konzeption, dass sie die „tatsächliche Durchsetzung der Gleichberechtigung von Frauen und Männern" unterstützt, auf die „Beseitigung bestehender Nachteile" hinwirkt (GG Art. 3 Abs. 2) und niemand

> *„wegen seines Geschlechtes, seiner Abstammung, seiner Rasse, seiner Sprache, seiner Heimat und Herkunft, seines Glaubens, seiner religiösen oder politischen Anschauungen benachteiligt oder bevorzugt werden [darf]. Niemand darf wegen seiner Behinderung benachteiligt werden"* (GG Art. 3 Abs. 3).

Im alltagstheoretischen Zusammenhang wird Diskriminierung entlang der Differenzlinie Geschlecht über Zugehörigkeit und Zuschreibung von sozialem und biologischem Geschlecht verstanden, die ihre Fortführung auch in pädagogischen Zusammenhängen und Deutungen findet. Dort finden sich sowohl das Gleichheitsparadigma als auch der Differenzansatz der 1980er Jahre sowie das dekonstruktivistische Paradigma der 1990er Jahre als Hintergrund für pädagogische Selbstverständnisse, aus denen heraus monoedukative ebenso wie koedukative Konzeptstrategien verfolgt werden.

Dem Vorschlag von Faulstich-Wieland und Horstkemper (1995) zur *reflexiven Koedukation* folgend, können alle pädagogischen Gestaltungen daraufhin durchleuchtet werden, „ob sie die bestehenden Geschlechterverhältnisse eher stabilisieren oder ob sie eine kritische Auseinandersetzung und damit ihre Veränderung fördern" (Faulstich-Wieland/Horstkemper 1995, 583). Für solcherart reflektierte pädagogische Arbeit ist „neben hoher sozialer Sensibilität und didaktischer Kompetenz vor allem eine intensive Auseinandersetzung mit eigenen Rollenvorstellungen und Verhaltensweisen" erforderlich (Faulstich-Wieland/Horstkemper 1995, 583). Dem stehen in der Praxis Positionen gegenüber, die entweder von der These des „genderfreien" Agierens ausgehen (Gleichheitsparadigma), oder die Reproduktion von Geschlechterunterschieden fördern (Differenzansatz) bzw. die Dramatisierung der Differenz betreiben und Stereotype verfestigen, nichtkonforme Kinder und Jugendliche vernachlässigen und dem Paradox der Negativzuschreibung folgen.

reflexive Koedukation

Als Ausweg schlägt Faulstich-Wieland einen Dreischritt vor: Zunächst soll in analytischer Absicht die Differenz dramatisiert werden, um daran anschließend die Bandbreite der Vielfalt und Heterogentität zu erfassen, und darauf aufbauend diese in entdramatisierenden Interaktionen sichtbar werden zu lassen. Dafür sind vor allem Selbstreflexion und Genderwissen als fachliche Qualifikation nötig (Faulstich-Wieland 2013). Unter Dramatisierung soll mit Budde hierbei „die explizite Betonung und Bezugnahme auf Geschlecht" verstanden werden (z.B. Hervorheben der geschlechtlichen Zugehörigkeit als Grundlage für Gruppeneinteilung), während Entdramatisierung

Dramatisierung, Entdramatisierung

„Geschlechterkompetenz eher als Reflexionswissen [begreift]" und „auf [...] Individualisierung, Differenzierung und die Berücksichtigung der Unterschiedlichkeiten von Jungen (und Mädchen) sowie weiterer Kategorien sozialer Ungleichheit [zielt]" (Budde 2014, 192).

Die Komplexität miteinander verschränkter, *intersektionaler* bzw. interdependenter sozialer Kategorien, die in wechselseitiger Abhängigkeit mehrfach miteinander verwoben, also in Beziehung zueinander zu analysieren sind, wird im folgenden Beispiel aus dem *Inklusions*diskurs skizziert: Schöler und Burtscher (2007) verweisen in ihrem offenen Brief an den UN-Sonderberichterstatter Venor Munoz stellvertretend für das Netzwerk Integrationsforschung darauf, dass in Sonderschulen mit dem Förderschwerpunkt *Lernen* Kinder mit Migrations- und Armutshintergrund, Jungen, Kinder mit vielen Geschwistern sowie solche, deren Eltern von Arbeitslosigkeit betroffen sind, überrepräsentiert sind, die schulische

Benachteiligungen

Besonderung aber nachweislich keine Abhilfe der Benachteiligung bewirken kann. Die Auflistung veranschaulicht Aspekte sowohl der Herkunft als auch sozioökonomische Benachteiligungen und den Hinweis, dass im Kontext von Lernschwierigkeiten und Bildungsmisserfolgen Genderfragen durchaus relevant, aber nicht alleinverantwortlich sein können.

Anders als in medialen und manchen praxeologischen Darstellungen wird Geschlecht in diesem Beispiel als eines von mehreren, in intersektionaler „Mehrfachbetroffenheit" zu denkenden, biografisch individuellen und gesellschaftlich repräsentativen Merkmalen aufgeführt und schließlich mit der Frage nach dem über die Aussonderungsstruktur benachteiligenden, strukturellen Hintergrund des Bildungssystems verknüpft:

> „Es konnte nachgewiesen werden, dass die Sonderschule nicht in der Lage ist, diese Benachteiligungen zu verringern. Dennoch werden Kinder- und Jugendliche mit Behinderungen gegen ihren und den Willen ihrer Eltern nach wie vor gezwungen, Sonderschulen zu besuchen. Es ist anzunehmen, dass diese Ergebnisse auch auf andere aussondernde Bildungsinstitutionen zutreffen."
> (Schöler/Burtscher 2007, 38)

Exklusionsfaktoren Die Auflistung verweist aber auch auf die Relevanz von ökonomischem, sozialem und kulturellem Kapital (Bourdieu 1992, *Lebenswelt*) als Deutungsfolie für institutionell scheiternde Schulbiografien, in denen Gender, Herkunft und Milieu zu Exklusionsrisiken werden. Sie sind als Faktoren zu denken, die sich gegenseitig multiplizieren und nicht als Summanden nebeneinander stehen oder in einfacher Ursache-Wirkung-Rechnung voneinander „subtrahiert", also separiert, werden könnten.

reflexive Positionierungen Die Differenzlinie Geschlecht ist also eine von mehreren, die je für sich bereits komplexe Anforderungen an die Prozesse ihrer Erfassung stellen. Aber letztlich kann erst in deren Zusammenschau ein konkretes Bild der Bedingungen des *Lernens* in institutionellen Strukturen gezeichnet werden. Der solitäre Blick auf eine Differenzlinie wird zwangsläufig das Bild verfremden und absehbar zu pädagogischen Konsequenzen führen, die ihr Ziel verfehlen müssen. Dramatisierung und Entdramatisierung der Differenzlinie Geschlecht und deren Verschränkung mit weiteren Differenzlinien müssen auch in Abhängigkeit der eigenen Positionierungen von pädagogisch Handelnden (neben weiteren Differenzlinien) stets auch in Bezug auf die eigene Geschlechtlichkeit und ihre Vorstellungen von Geschlecht gedacht werden.

3.3 Transitionen – Übergänge im Bildungssystem intersektional betrachtet

Normierungsprozesse Die intersektionale Verschränkung von Differenzlinien wird auch in der Auseinandersetzung mit den im Bildungssystem so wichtigen, weil Umbrüche markierenden, Übergängen (*Transitionen*) deutlich. Jede Transition ist immer ein

Übergang aus einem (vertrauten) System in einen neuen Zusammenhang, der eine erneute Auseinandersetzung mit den Anforderungen und Normierungsprozessen der aufnehmenden Institution oder Einrichtung verlangt, aber auch das Einstellen auf neue Personen umfasst.

Der Transitionsprozess vom Elternhaus in die *Kindertagesbetreuung* ebenso wie der Übergang von der Kita in die Schule verlangt von Kind und Eltern die Anpassung an den je neuen institutionellen Kontext und ist mit einem je eigenen professionellen Vermittlungsverständnis der dort tätigen Personen verbunden (Liegle 2010). Jede Transition ist außerdem mit Veränderungen des kommunikativen Handelns verbunden: Organisationsbezogene soziale Rollen, personenunabhängige Inhalte (Bildungspläne, Curricula) und Vermittlungsstrategien von *Aneignungs*kompetenz wechseln und fordern das Kind in seiner lernenden Position ebenso wie in seinem emotionalen individuellen Bindungsverhalten im Sinne eines kritischen Lebensereignisses heraus. Das kritische Lebensereignis am Übergang zwischen Kita und Grundschule ebenso wie jenes von der Schule in den Beruf ist eine Statuspassage aus privaten in öffentliche bzw. aus öffentlichen in wirtschaftliche bzw. arbeitsweltbezogene soziale Systeme (Griebel/Niesel 2004). Kindertagesstätte und Schule sind dabei der professionellen *Erziehung* und *Bildung* verpflichtet, die schließlich die Einmündung in die selbst verantwortete Beteiligung am gesellschaftlichen Zusammenhang des Arbeitsmarktes zum Ziel hat.

kritische Lebensereignisse

Wenn das Kind aus dem (intimen) Beziehungssystem der Familie in die Auseinandersetzung mit Normalitätsvorstellungen und Anpassungsanforderungen der öffentlichen Erziehung wechselt, seine Selbstregulation und affektive Selbstkontrolle gefordert sind, muss es zugleich kompensatorische Absichten und Effekte gegenüber seinem Herkunftsmilieu (Differenzlinie der sozioökonomischen Lage) aushalten: Hier beginnt die „dual socialisation" (Liegle 2010). Deren Effekte lassen sich auch über die Schullaufbahn verfolgen. Sie können im gegliederten Schulsystem zu Exklusionsprozessen führen, die entlang der zentralen biografischen Knotenpunkte langfristige Irritationen und Anschlussschwierigkeiten nach sich ziehen können. Diese wiederum machen ein pädagogisch motiviertes Stützsystem erforderlich, wie jenes der *Jugendhilfe*, der *Jugendberufshilfe* oder auch das der Kinder- und Jugendpsychiatrie, wo gleichfalls Fragen der Lebensführung und -bewältigung, des Wohlbefindens und persönlicher Entwicklung im Zentrum stehen.

biografische Knotenpunkte

Auch die Begleitung der Bewältigung institutioneller Übergänge von Jugendlichen und jungen Erwachsenen ist in diesem Kontext zu sehen. Dafür bieten *Schulsozialarbeit* oder *Jugendberufshilfe* eine Reihe von Bearbeitungsformen für Übergangsphänomene, in denen junge Menschen im Rahmen von Einzelfallhilfe bzw. Gruppenarbeit bei der Bewältigung von institutionellen und biografischen Übergangsanforderungen unterstützt, beraten und begleitet werden. Diese Angebote sind auch für diejenigen Heranwachsenden offen, die nach gescheiterter Übergangsphase und -bewältigung individuell beratende (Nestmann 2013) bzw. pädagogische Kompensationsangebote benötigen (Böhnisch et al. 2013).

Übergangsphänomene

Unter Berücksichtigung der biografischen Relevanz und Reichweite, die eine Übergangsentscheidung z.B. durch die Schullaufbahnempfehlung in die Sekundarstufe I haben kann, zeigt sich im Fachdiskurs seit Anfang der 2000er Jahre

selektierende Übergänge

eine deutliche Schwerpunktsetzung auf dem Übergang zwischen Kita und Grundschule, während die selektierenden und zuweisenden Übergänge im gegliederten Schulsystem der Sekundarstufe I relativ wenig ausführlich betrachtet werden. Dagegen ist der berufliche Einstieg wieder von deutlichem Interesse, welches sich in einer breiten Angebotspalette von Berufsorientierungs- und Berufsübergangsprojekten vor allem für SchülerInnen in niedrig qualifizierender Schullaufbahn ausdrückt (Böhnisch et al. 2013). Der Diskurs zur Transition ist also auf beide Enden des staatlichen Bildungssystems gerichtet, und die Innovationen und Maßnahmen, die das Gelingen von Transitionen sichern sollen, stehen im Widerspruch zum relativ starren und nur sehr zögerlich innovativen System der Vermittlung und *Förderung* innerhalb der Lernsettings des Schulsystems und ihrer intersektional zu betrachtenden Bedingungen.

Dies soll hier exemplarisch für die Übergänge der Grundschule hinsichtlich Transitionen, Verschränkungen in Lernsettings und Qualitätsentwicklung zusammengefasst und anschließend am Übergang Schule – Beruf mit Blick auf problematische Übergänge fokussiert werden.

3.3.1 Transitionen von der Kita bis zur Sekundarstufe I

Chronosystem Die Grundschulzeit ist von zwei entscheidenden Transitionen gerahmt: Der erste Übergang führt in die Grundschule hinein und der zweite über die Auffächerungsvarianten der Sekundarstufe I wieder aus ihr hinaus. Im Verständnis von Bronfenbrenner (1996) können diese Lebensübergänge als Bestandteile des Chronosystems menschlicher Entwicklung beschrieben werden. Die sich entwickelnde Person erfährt innerhalb der Übergänge eine spürbare Veränderung in ihrer eigenen Rolle (z. B. Kindergartenkind, Grundschulkind, HauptschülerIn) und reagiert auf die damit verbundenen Verhaltenserwartungen.

System Als Phasen innerhalb der „Ökologie der menschlichen Entwicklung" (Bronfenbrenner 1981) ist (Grund-)Schule als Institution auf der Makrosystemebene beschreibbar, in der sich ethnische, kulturelle und schichtspezifische Unterscheidungen innerhalb einer Gesellschaft abbilden. Mit anderen Worten: Hier werden aus der Perspektive der RepräsentantInnen dieser Institution die Charakteristika zur Deutung der Differenzlinien institutionell hergestellt, die in der Interaktion auf der Ebene des Mesosystems kommuniziert werden, das die Wechselbeziehungen zwischen Kind und LehrerIn, Mutter, Vater, Geschwistern, FreundInnen etc. abbildet. Als Mikrosystem reagiert das Kind in Aktivitäten, Tätigkeiten und Rollen auf seine Wahrnehmungen innerhalb der Interaktionen des Mesosystems und der institutionellen Rahmungen des Makrosystems.

ökologische Entwicklungen Die so beschreibbaren ökologischen Entwicklungen von Kindern im Grundschulalter erfassen die fortschreitende gegenseitige Anpassung zwischen dem „sich entwickelnden Menschen und den wechselnden Eigenschaften seiner unmittelbaren Lebensbereiche" (Bronfenbrenner 1981, 37) – die sich wiederum über die zuvor erläuterten intersektional verschränkten Differenzlinien abbilden lassen.

Lebensführung Je nach Thematisierung und Kontextualisierung von beispielsweise genderrelevanten Inhalten und Inszenierungen werden sich also die sich in den vier Jahren zwischen den beiden Transitionen der Grundschule entwickelnden Mädchen und Jungen an die gegebenen Bedingungen im außerschulischen und im innerschulischen Rahmen anpassen. Dabei bringen sie je nach Herkunftsmilieu und Familienkontext eine insgesamt sehr große Bandbreite an verschiedenen Ausgangslagen, u.a. zu Aspekten ihrer Genderbezüge, mit, die eine Engführung auf die Differenzlinie Geschlecht quasi verbieten. So unterscheiden sich beispielsweise entlang der sogenannten Sinus-Milieus zehn Milieus der Lebensführung (www.sinus-institut.de), die aufgrund von demografischen Eigenschaften (z.B. Bildung, Beruf, Einkommen) und alltagsweltlichen Lebensauffassungen ganz verschiedenen Werten und Einstellungen folgen und absehbar auch eine weite Bandbreite in der Konstruktion von Vorstellungen zum sozialen Geschlecht und der Vielfalt seiner Ausdrucksweisen aufweisen – ohne dabei die Differenzlinie „ethnische Zugehörigkeit" explizit zu berücksichtigen.

Die Tatsache, dass wir in einer Migrationsgesellschaft leben (Mecheril et al. 2010), erfordert aber auch, die Vielfalt an Möglichkeiten der Lebensführung mit der Vielfalt der möglichen ethnischen Zugehörigkeiten oder Herkunftsvarianten zu verschränken, also quasi zu „multiplizieren". In der Folge wird jeder einzelne der Faktoren, also auch der Faktor „soziales Geschlecht" in seiner Tragweite immer weniger einflussreich: Es wird absehbar, wie viele Variationen zu Fragen der Genderreflexion nötig wären, um entlang dieser Differenzlinien nun zu einer vertretbaren Reduktion der Komplexität zu gelangen. Die einfache, gerne an Defiziten orientierte Unterscheidung in Zuschreibungen, wie Jungen und Mädchen „sind", ist demnach eine Verkürzung auf die Zugehörigkeit zu einem sozial konstruierten Geschlecht, das als soziale Kategorie

Migrationsgesellschaft

„in der Verbindung mit anderen sozialen Kategorien wie Ethnie oder Klasse spezifische Formen annehmen [kann], deren komplexe Ausformung jedoch noch keineswegs hinreichend geklärt ist" (Faulstich-Wieland 2013, 92).

Vor allem die pädagogische Praxis ist aber noch vielfach „in den Paradoxien der Geschlechterdifferenzen verfangen" (Faulstich-Wieland 2013, 92).

Wenn wir also die „kontextabhängige Ausformulierung von Geschlechterverhältnissen" (Faulstich-Wieland 2013, 92) ergründen wollen, müssen SchülerInnen z.B. gleichzeitig auch mit Blick auf zu bewältigende Übergänge/Transitionen betrachtet werden: Auf die Lernentwicklung innerhalb der Eingangsstufe folgen die dokumentierten Leistungen und antizipierten Prognosen aus der Zeit in der dritten und vierten Klasse. Sie fließen als Lern- und Verhaltensentwicklung in die je nach Bundesland als Empfehlung oder Vorgabe zu verwendenden Schullaufbahnempfehlungen bzw. -entscheidungen ein – die ihrerseits sehr eng mit Herkunftsmilieu und Stereotypen zu ethnischen Zugehörigkeiten verknüpft sind (Dirim/Mercheril 2010; Felbrich/Stanat 2011) und in der *Schuleingangsphase* zu vierfach erhöhten Klassenwiederholungsrisiken führen (Konsortium Bildungsberichterstattung 2006).

Innerhalb der Entwicklungsphase „späte Kindheit" (BMFSFJ 2013) haben SchülerInnen in der Regel zwei Jahre Zeit, zunächst die systemisch geforderte Anpassungsleistung an die strukturellen Vorgaben der Grundschule in all ihrer

Alltagstheorien

institutionellen Spezifik und Verfasstheit zu erbringen (*Diversity Management*), bevor sie weitere zwei Jahre auf Leistungsvermögen und Leistungsbereitschaft und hinsichtlich ihrer Anpassungsmöglichkeiten an die anschließende Beschulung „geprüft" werden. Die Grundschule folgt in dieser Zeit ihrem Auftrag der bestmöglichen Unterrichtung und Förderung ihrer SchülerInnen und stößt dabei an Grenzen, die auf den ersten Blick mit Zugehörigkeiten zur zweigeschlechtlich gedachten Gruppe der Jungen und der Mädchen assoziiert werden können, weil Zuordnungen zu Geschlechterstereotypen gängigen Alltagstheorien entsprechen, die sich aus „Denkgewohnheiten und Denkbegrenzungen, die in der jeweiligen Gesellschaft als angemessen gelten" (Rendtorff 2011, 49), speisen. Im Alltag sind also geschlechtstypisierende Deutungen, Arrangements und Lernsettinggestaltungen (z. B. via Unterrichtsmaterialien) absehbar schnell (und vielfach unbemerkt) zur Hand. Es kommt zu „gegenderten Positionszuweisungen" durch die Lehrkräfte (Budde et al. 2008, 89), die Überzeugungen sozialer Konstruktionen verfestigen und damit Einfluss auf den Verlauf von Bildungsbiografien nehmen: Kinder im Grundschulalter zeigen geschlechtstypisch unterschiedliches Verhalten, weil wir in einer Gesellschaft leben „in der deutliche Unterscheidungen nach Geschlecht durchaus üblich sind. [...] Wie sollte das im Sozialisationsprozess von Kindern ohne Niederschlag bleiben?" (Rendtorff 2011, 54). Die konzeptionelle Konsequenz für die inner- und außerschulische pädagogische Arbeit liegt zunächst einmal darin, trotz dieser Voraussetzung die größtmögliche Vielfalt an „Themen und Verhaltensweisen" (Rendtorff 2011, 54) zu ermöglichen, damit sich individuelle Interessen auch unabhängig von Geschlechterstereotypen entwickeln können.

Lernausgangslagen Aber: Die Ausrichtung an den vielfach unterschiedlichen Lernausgangslagen, die sich aus den lebensweltlichen und biografischen Zusammenhängen ergeben, erfordern vielmehr einen grundschulpädagogischen Habitus des Arrangements von Lernsettings, der ökonomisches, kulturelles und soziales Kapital (*Sozialisation*) derart erwerbbar macht, dass herkunftsbedingte soziale Benachteiligungen nach Möglichkeit keinen Einfluss mehr auf die Bildungschancen haben können.

soziale Konstruktion Mit Blick auf grundschulpädagogische Prozesse innerhalb der beiden Transitionen und ihrer biografisch hochwirksamen Reichweite (Kluczniok/Roßbach 2008) müsste also jegliches Arrangement entlang des Differenzparadigmas Geschlecht kritisch nach seiner verfestigenden und einschränkenden Funktionen hinterfragt werden. Jede soziale Konstruktion von Geschlecht muss als Prüfstein auch Fragen zur Klärung der sozioökonomischen und habituellen Ausgangslagen der Lernenden beinhalten, damit innerhalb von Schule ein kultureller und sozialer Kapitalerwerb möglich wird, der unabhängig vom Milieu des Aufwachsens zur Erweiterung individueller Entwicklungsspielräume führen kann und den Lernenden Erfahrungen ermöglicht, die u. a. Geschlechterstereotype entdramatisieren.

3.3.2 Lebensplanerische Entwürfe und Verunsicherungen am Übergang von der Schule in Erwerbstätigkeit

Der dritte zentrale Transitionspunkt im Bildungssystem markiert den Übergang aus der Schule hinaus und in die Lebensphase der Erwerbstätigkeit hinein.

Die Komplexität der Anforderungen, die sich in dieser Lebensphase an benachteiligte Jugendliche stellen und ihre *Handlungsfähigkeit* herausfordern, ist enorm. Da weniger die gesellschaftlich bedingten Ausschlusskriterien von ertragreichen Bildungsbiografien im Zentrum ihrer Reflexionen über den Verlauf ihrer Bildungsbiografie stehen, sondern sie sich an der Prämisse von Leistung als Ausdruck individueller Begabung, Intelligenz und Anstrengung messen, ist ihre Selbstwirksamkeitsüberzeugung eher gering. Sie haben vielmehr die individuelle Zuweisung eines gesellschaftlich mehr oder wenig anerkannten Platzes biografisch adaptiert und verbinden mit ihrer beruflichen Zukunft wenig oder viel Aussicht auf eine anerkannte Position in der Gesellschaft. Heranwachsende sind hierbei der schulischen Anforderung, die als Mittelschichtsinstitution die Mittelschichtcodes im Denken, Sprechen, Auftreten, Interagieren etc. verlangt, ausgesetzt und an die kulturellen und sozialen Kapitalsituationen ihrer Elternhäuser gebunden. Schulerfolg wird von ungleichen sozialen Verhältnissen bestimmt, weil ungleiche primäre und sekundäre Herkunftseffekte ungleiche Startbedingungen an den vorangegangenen Transitionen geschaffen haben und den Kampf um begehrte und knappe Ressourcen bzw. gesellschaftliche Positionen (z.B. Einkommen, Status, Berufsprestige, Macht) festsetzen.

Schulerfolg

Die biografischen Transitionsrisiken betreffen in erster Linie sozial, bildungs- oder marktbedingt benachteiligte Jugendliche (Wentzel 2006), die als *AdressatInnen* sozialpädagogischer Unterstützung z.B. im Sinne der *Jugendsozialarbeit/ Jugendberufshilfe* gelten, weil sie aus niedrig qualifizierenden Bildungsgängen in Erwerbsarbeit zu gelangen versuchen.

Transitionsrisiken

Während Unterrichtsinhalte als Bildungsthemen zunehmend an jugendlichen SchülerInnen „abprallen" (Nentwig-Gesemann et al. 2005, 70), führen Berufsfrühorientierungsprojekte wie Schülerfirmen (Nentwig-Gesemann et al. 2005) oder auf *Schulsozialarbeit* gestützte *Beratungs*modelle der beruflichen Planung (Spies 2006a) zu erstaunlichen, intrinsischen Motivationsschüben und bieten berufsbiografische und persönlichkeitsbildende Entwicklungsanreize, die im traditionellen Schulunterricht selten, aber für biografierelevante Entscheidungen unabdingbare Voraussetzung sind. Die Maßgaben des Arbeitsmarktes erfordern, dass Jugendliche sowohl mit einer extremen Fremdbestimmung hinsichtlich ihrer Wahlmöglichkeiten, aber auch mit Konstrukten wie dem der sogenannten „Ausbildungsreife" (kritisch dazu Rebmann/Tredop 2006) umzugehen lernen und Grundlagen für Kompetenzüberzeugungen, Eigenmotivation und Selbständigkeit entwickeln müssen. Diese müssen sie – im Angesicht der Defizitzuschreibungspraxis entlang der Differenzlinien Geschlecht, sozioökonomische Herkunft und Ethnie oder Gesundheit – bewahren, um aus niedrig qualifizierenden Bildungsgängen dem „Strudel der Marginalisierung" (Münchmeier 2005, 36) zu entkommen. Obwohl Verunsicherung (Wentzel 2006), Resignation (Prager/Wieland 2005) und

Motivation, Verunsicherung

Selbststigmatisierung (Pfahl 2006) die naheliegenderen Bewältigungsstrategien wären, sind Jugendliche immer wieder bereit, sich auch auf entlang der Differenzlinie Geschlecht und/oder Ethnie dramatisierende pädagogische Settings einzulassen (Spies 2012), um trotz offensichtlicher Ausgrenzungspraxen die gesellschaftliche Norm der Ausbildung zu erreichen.

pädagogische Handlungsoptionen

Sozialpädagogische Modelle der Berufsorientierung und Übergangsstrukturierung, die erstaunlichen Zuspruch finden (z.B. Schumann et al. 2006, 218; Spies 2006b), legen trotz arbeitsmarktabhängiger Schwierigkeiten ungenutzte Chancen offen, verdeutlichen aber gleichzeitig die blinden Flecke hinsichtlich intersektional zu reflektierender *Diversity*-Aspekte – denn die Bedarfslagen und pädagogischen Handlungsoptionen unterscheiden sich durchaus u.a. entlang der Differenzlinien Herkunft, ethnische Zugehörigkeit und Geschlecht (Spies 2006b). Frosh et al. (2002) betonen in ihrer Studie über männliche Jugendliche die grundsätzliche Notwendigkeit eines intersektionalen Ansatzes:

> „Developing an understanding [...] is made especially complex by the fact that masculinities are racialised and expressed through social class positions." (Frosh et al. 2002, 2)

Lernarrangements

Ganz gleich, ob die Modelle und Programme von außerschulischen Trägern angeboten werden oder zum Aufgabenbereich der *Schulsozialarbeit* gehören – sie erreichen die Jugendlichen besonders gut am Ort der Schule. SchülerInnen in niedrig qualifizierenden Bildungsgängen scheinen zur erfolgreichen Transitionsbewältigung auf handlungsorientierte Lernarrangements bzw. Erfahrungsräume und auf Vermittlungskontakte zu Ausbildungsbetrieben angewiesen zu sein (Spies 2008b). Allerdings kommen Zweifel auf, ob das betont handlungsorientierte *Lernen* in Betrieben ungeachtet z.B. der Differenzlinie Geschlecht tatsächlich so nachhaltig wirkt wie angenommen: Niehaus (2006) stellt negative Effekte einer Werkstatt-Schule-Kombination auf die Motivation junger Frauen fest.

Die vielfältige Praxis der Projekte zur Hilfe bei Schwierigkeiten am Übergang von der Schule in Erwerbstätigkeit zeigt insgesamt eine hohe Bereitschaft Jugendlicher, sich beraten zu lassen. Die von Thiersch (2014, 122) als „Verhältnisse" zusammengefassten Kontexte, auf die sich z.B. *Beratung* immer auch beziehen muss, lassen sich entlang der Differenzlinien Gender, Gesundheit, Hautfarbe, Ethnizität, Nationalität, Sozialstatus, Religion, Sprache, Besitz oder Herkunft erfassen und analysieren: Jede Differenzlinie hat einen dominierenden und einen dominierten Pol und ist je nach individuellem Fall mehr oder weniger intensiv mit weiteren Differenzlinien verwoben. Der beratungsfern scheinende Junge ist also nicht alleine entlang der Differenzlinie Geschlecht anzusprechen, sondern bringt außerdem u.a. seine sexuelle Orientierung, seine ethnische(n) Zugehörigkeit(en), seinen Sozialstatus, der den Sinus-Studien zufolge in insgesamt zehn verschiedenen Milieus angesiedelt sein kann, und seine religiöse Überzeugung mit in das Beratungssetting hinein.

Für die Konzeption von Beratungsangeboten und die Praxis des Beratungshandelns in der Transitionsphase bieten die Differenzlinien wichtige Anhaltspunkte, damit die Angebote auch die AdressatInnen ansprechen und diese sich zur Nutzung von Beratungsangeboten aufgefordert fühlen können. Unweigerlich erhöht die Berücksichtigung der Differenzlinien im Sinne eines diversitätsbewussten Angebots die Komplexität der Beratungsaufgaben, deren Qualität und Anspruch an AdressatInnenorientierung aber keine Alternative zulassen.

Wenn sozialpädagogische Beratungsangebote der *Schulsozialarbeit* sowohl Lernbedingungen als auch Lebenssituationen von SchülerInnen hilfreich und lebensweltorientiert, parteinehmend, aufklärend und befähigend oder motivierend sowie unterstützend verbessern wollen, muss die Transitionsberatung sich dieser intersektional ausgerichteten Optimierungsaufgabe der Diversitätsreflexion stellen. Sie muss als notwendiger nächster Schritt für die Gestaltung von Beratungssettings begriffen werden, da „vorschnell unterstellte Unterschiede" entlang der Differenzlinien „zu einer Verengung von Deutungs- und Handlungsmöglichkeiten in der Beratung führen" können (Schneider 2011, 62) und folglich die Qualität mindern. Transitionsberatung

Neben der Transition in den Beruf gehört vor allem für Mädchen und junge Frauen auch die Frage nach dem Zeitpunkt des Übergangs in Mutterschaft zu den biografischen Themen der späteren Adoleszenz, die entlang der Differenzlinien Geschlecht, sozioökonomischer Status und ethnische Zugehörigkeit verhandelt werden.

Trotz der Seltenheit der Fälle von minderjährigen Müttern (in 2012 = 0,6 % Anteil an den gesamten Geburten) und des eindeutigen Hilfeauftrags an die *Jugendhilfe*, die bei Bedarf gemäß § 19 SGB VIII Unterstützung hinsichtlich Wohnung, Ausbildung und Erziehung anbietet, bei der Bewältigung der altersgemäßen Entwicklungsaufgaben hilft und die „doppelte Kindeswohlsicherung" (Friese 2008) gewährleistet, haben wir im 21. Jahrhundert einen dramatisierenden Diskurs der „moral panic" (Cohen 2002) – der aber nach Differenzlinien variiert:

Minderjährigen Müttern der Gegenwart, die keinen oder einen niedrig qualifizierenden Bildungsabschluss haben, wird die aktive und erfolgreiche Bewältigung des Übergangs in Elternschaft qua Alter und Bildungsstand pauschal abgesprochen und die Transition vor allem unter Maßstäben einer berufsbezogenen Norm erschwert: Wenn sozial, bildungs-, und arbeitsmarktbenachteiligte Mädchen als Möglichkeit der Differenzlinie Geschlecht die Option früher Mutterschaft in die individuelle „Lebensplanung" mit einbeziehen und als sinnstiftende Alternative mit „symbolischem Überzeugungscharakter" gegenüber ihren deprimierend geringen Aussichten auf einen gelingenden Einstieg in die eigene Erwerbsbiografie kommunizieren, ernten sie Widerspruch und mit Verweis auf das *Kindeswohl* moralische Empörung (Spies 2008a) statt *Anerkennung* ihrer *Handlungsfähigkeit* (Spies 2011). minderjährige Mütter

Dabei lässt sich (national und international) empirisch belegen, dass eine ungeplante adoleszente Schwangerschaft für die jugendlichen Mütter keineswegs eine doppelte Herausforderung im belastenden Sinne darstellt, sondern vielmehr Anreiz ist, um bewusst und reflektiert Verantwortung zu übernehmen, Eigenständigkeit zu erreichen und Selbstbestimmung zu leben. Dies gilt – unabhängig davon, ob sie einen Migrationshintergrund haben oder nicht – ganz besonders, wenn sie persönliche Bezüge zu Freundinnen oder Familienangehörigen haben, die bereits ein Kind haben (Spies 2011). Dann verhilft das biografische Wider- Handlungsfähigkeit fahrnis der verhältnismäßig frühen Schwangerschaft zu einem Zugewinn an Handlungsfähigkeit und Autonomie, an der sie ihre Lebensqualität nunmehr mit anderen Maßstäben als jenen der Möglichkeiten jugendkultureller Teilhabe (des Ausgehens) messen, ohne auf diese „Normalität" gänzlich verzichten zu müssen. Die eigenen Handlungsmaximen der Verantwortung werden dabei zum Ausdruck von Unabhängigkeit und ermöglichter Abgrenzung gegenüber den Handlungsstrategien der Eltern – womit eine wesentliche Entwicklungsaufgabe erfüllt wäre. Zugleich wird Mutterschaft zu Antrieb und Merkmal eigener, stabiler und dauerhafter Netzwerkstrukturen (Stauber et al. 2011).

Unterstützungsbedarf In der Auseinandersetzung mit den Anforderungen, die der Übergang in die Mutterschaft mit sich bringt, beschäftigen sich Mädchen (auch ohne selbst schwanger zu sein) intensiv mit einem breiten Spektrum an Strategien, um für den möglichen „Ernstfall" gewappnet zu sein. Sie wägen Fragen der Partnerschaftsentwicklung ab und denken über Verzögerungsoptionen und einkalkulierte Risiken nach – wozu immer auch die Hoffnung auf das Gelingen des Berufsübergangs gehört. Dort, wo keine direkten Vorbilder vorhanden sind, thematisieren Mädchen zur Frage, wie Schwangerschaft und Mutterschaft in ihr gegenwärtiges Leben integrierbar wären, auch ihren absehbaren Hilfe- und Unterstützungsbedarf und wo sie ihn in ihrem sozialen Umfeld finden könnten (Spies 2011). Wenn junge Mütter zum engeren Bekanntenkreis gehören, fällt es leichter, sich die Anforderungen vor allem selbst zuzutrauen.

Zukunftsoption Für pädagogische Mädchenarbeit heißt das, Mutterschaft als eine sinnstiftende Zukunftsoption anzuerkennen und keineswegs als „Vermeidungsstrategie" oder gar als Ausdruck von Verantwortungslosigkeit zu verurteilen. Sofern junge Mütter als „abschreckende Beispiele" in Projekte eingebunden werden, die Themen der Elternschaft anbieten, gehen die Zugänge zu den *Adressatinnen* verloren (Spies 2008a). Wenn aber biografische Fragen ohne Tabuisierungszwänge und mit Blick auf die Möglichkeit der Elternschaft auch vor oder während der Berufsausbildung wertschätzend thematisiert werden können, ist ein großer Bedarf besonders von Mädchen in sozialen Benachteiligungslagen absehbar. Die dafür nötigen anerkennend handlungsorientierten Deutungen setzen voraus, dass der Übergang in die Elternschaft als das Ergebnis einer Auseinandersetzung mit Strukturen, normativen Vorgaben, kollektiven Lebensentwürfen und biografischen Erfahrungen sowie der Suche nach einer symbolischen Orientierung betrachtet wird (Stauber et al. 2011) und immer auch vor der Folie der Differenzlinien zu reflektieren ist.

3.4 Perspektiverweiterung: Anerkennung, Handlungsfähigkeit und Agency

Lebensvorstellungen Den Diskursen des Diversitätskonzeptes und der Transitionen sind die pädagogischen Positionen zur (Wieder-)Herstellung bzw. Wahrung von *Handlungsfähigkeit* gemein, die in den Fragen nach Anerkennung der jeweiligen biografischen

Leistungen, Möglichkeiten und Erfahrungsaufschichtungen enthalten sind: Wie werden die individuellen Lebensvorstellungen durch andere wahrgenommen? Werden sie akzeptiert oder diskreditiert? Werden z.B. Grenzen hinsichtlich der persönlichen Integrität durch PädagogInnen, Eltern, soziale Umwelt, FreundInnen und Bekannte anerkannt?

Die pädagogische Perspektive fragt hier nach dem Ort, wo Kinder und Jugendliche ihre Erfahrungen der Abhängigkeiten von anderen Personen, ihr Arrangement mit begrenzten Bildungsmöglichkeiten, schulischen Abwertungen und individuellen Lebenslagen thematisieren können. Engelfried et al. (2012) kommen in einer Studie zur Lebenssituation benachteiligter Mädchen zu dem Ergebnis, dass Mädchen lernen, mit Abwertungen, Nichtwahrnehmung und Nichtachtung umzugehen, indem sie sich aus dem öffentlichen Raum zurückziehen, wenn sie von PädagogInnen und anderen Fachkräften in ihren Anliegen nicht unterstützt werden (Engelfried et al. 2012). Die Folge von Nichtwürdigung und Nichtanerkennung von Mädchenrealitäten führt zu Verletzungen, mündet in „widersprüchlichen Erwartungen" (Bitzan/Daigler 2004, 26) und hat Einbußen in Selbstsicherheit, Konfliktfähigkeit und aktiver Handlungsfähigkeit zur Folge (Bitzan/Daigler 2004). Fehlende Selbstsicherheit versuchen Mädchen und junge Frauen über Selbstdefinition qua äußerlicher Attraktivität zu kompensieren (Walter 2012) – wenn sie nicht auf die „Wertschätzung eigener Fähigkeiten [...] wie [dem] Stolz auf schulische Leistungen" aufbauen können (Bitzan/Daigler 2004, 31) und ihnen die Anerkennung ihrer Lebensrealität und Erfahrungen (entlang der *Differenzlinien*) in schulischen Zusammenhängen nicht entgegengebracht wird.

Lebensrealität

Um anerkennende, identitätsfördernde Bedingungen zu schaffen, die der inneren und äußeren Freiheit des Individuums dienlich sind, ist nach Honneth (1992) Orientierung an individuellen Maßstäben nötig. Nur so ist die Voraussetzung dafür gegeben, sich an gesellschaftlichen Belangen zu beteiligen und Diskriminierungserfahrungen entlang der Differenzlinien zu bewältigen.

Diskriminierungserfahrungen

Als fachliche pädagogische Perspektive gründet Anerkennung also auf dem *Bildungs*verständnis und der *Lebenswelt*orientierung, aus deren Diskursen heraus sich die Akzeptanz der Voraussetzungen entwickelt, die das bedürftige und gleichberechtigte Individuum mit seinen besonderen Fähigkeiten und Fertigkeiten mitbringt: „Für die Anerkennungsbeziehung kann das nur heißen, dass in sie gewissermaßen ein Zwang zur Reziprozität eingebaut ist." (Honneth 1992, 64; vgl. auch Bitzan/Daigler 2004; Walter 2012) „Anerkennung von Verschiedenheit" und „Vieldeutigkeit" sind die sowohl sozialstrukturellen, institutionellen als auch sozialemotionalen Dimensionen, die im pädagogischen Alltag einerseits allgegenwärtig sind (Voigt-Kehlenbeck 2008, 55f.) und andererseits zum Paradox werden, weil unterschiedliche pädagogische Zugänge und Verständnisse von Anerkennung als differierende, aber zugleich „jeweils unverzichtbare" Blickwinkel „auf pädagogische Problemstellungen" (Balzer/Ricken 2010, 38) kursieren: Als „moralische Praxis" kann Anerkennung eine „ethische Problematik" markieren, als „kulturelle Praxis" die „Differenz- und Partizipationsproblematik" zu klären versuchen, als „paradoxe Praxis" die Konstitutions- und Machtproblematik thematisieren und als „Dimension von Praktiken" auf die „Adressierungsproblematik" aufmerksam machen (Balzer/Ricken 2010, 48ff.).

Anerkennungs-diskurs, Bewältigungsstrategien

Der Anerkennungsdiskurs bringt das komplexe Verhältnis von ethischen und machttheoretischen Fragen und deren kulturelle Codierungen in den Blick. Er folgt aber auch Fragen nach praktischen Zugängen zu Differenz-, Partizipations- und Adressierungsproblemen. Dies ist beispielsweise der Fall, wenn im Zusammenhang mit der Etablierung von Schutzräumen für Mädchen und Frauen (Frauenhäuser, Mädchenzufluchten) Orte der Unterstützung zur Wiedergewinnung von Selbstwirksamkeit und der Entwicklung von Bewältigungsstrategien als pädagogisches Setting konzipiert werden (Bitzan 2008; Graff 2005) oder in Folge der Sensibilisierung für Gewaltszenarien, denen vor allem Mädchen und Frauen ausgesetzt sind, in Anerkennung dieser Lebensrealität gesetzliche Grundlagen (z.B. Gewaltschutzgesetz) verändert werden.

Entscheidungsfreiheit

Während ein schulischer Anerkennungsdiskurs jenseits der Positionen zur Wertschätzung von Heterogenität und den ersten Ansätzen zum Verständnis des Diversitätskonzepts noch nicht erkennbar ausgearbeitet ist und Prengel (2013) in ihrer Studie eine Kultur der Beschämung und Verletzung feststellt, hat der Anerkennungsdiskurs in sozialpädagogischer Perspektive eine sich differenzierende Tradition auf der Grundlage der *Lebensweltorientierung* erarbeitet und mit dem Konzept der *Handlungsfähigkeit* konkretisiert: So fragen beispielsweise Stauber et al. (2011) nach den handlungstheoretischen Vergewisserungen für ihre Frage, „inwiefern junge Frauen und Männer eine aktive Rolle im sozialen Wandel spielen" (Stauber et al. 2011, 21). Sie gehen von der Annahme aus, dass „das Handeln junger Frauen und Männer nicht nur eine Reaktion auf, sondern auch ein Faktor dieses Wandels ist" (Stauber et al. 2011, 22). Unter Handlungsfähigkeit verstehen sie „die prinzipielle Fähigkeit menschlicher Subjekte [...] Entscheidungen zu treffen und autonom zu handeln" (Stauber et al. 2011, 23). Sie betonen, dass subjektive Interessen und psychische *Bedürfnisse* die Wurzeln der Motive des individuellen Handelns bilden, das sich in „konkreten sozialen Interaktion- und Erfahrungskontexten entwickelt" (Stauber et al. 2011, 23) und von konkreten Situationen, die die „Individuen für sich als relevant empfinden" (Stauber et al. 2011, 23) stimuliert wird. Die Entscheidungsfreiheit unterliegt dabei immer den Zwängen und Beschränkungen, „die mit sozialen Ungleichheiten und Differenzierungen einhergehen, etwa nach Geschlecht, Alter, sozialer Herkunft, Ethnizität etc." (Stauber et al. 2011, 23).

Hier wird Handlungsfähigkeit im Rückbezug auf biografische Gegebenheiten und vergangene Erfahrungen erworben und andererseits mit Bezug auf eine antizipierte Zukunft, „die nicht frei ist von strukturellen Begrenzungen, die aber dennoch offen und vor allem unsicher ist" (Stauber et al. 2011, 23), verstanden. Handlungsfähigkeit setzt sich also aus Verarbeitung der Vergangenheit, Reproduktion von Erfahrungen und deren Überschreitungen zusammen. Die (inter-)aktiv zu bewältigenden Entwicklungsaufgaben im Lebensverlauf können aber auch Unterstützungsbedarfe beinhalten, die zur Bewältigung der Anforderungen und z.T. Zumutungen gesellschaftlicher Normen die anerkennende und, soweit erforderlich, anwaltschaftliche Unterstützung durch das Bereitstellen von pädagogischen Angeboten und Hilfen nötig machen.

Lebensentscheidungen

So erfordert die pädagogische Perspektive der Handlungsfähigkeit auch nicht normenkonforme Lebensentscheidungen zu akzeptieren: Wenn beispielsweise frühe Elternschaft als Bereicherung des eigenen Lebens empfunden wird und biografisch dem Einstieg in Erwerbstätigkeit vorgeschaltet ist, ist das zunächst eine legitime Form der Lebensführung, die einerseits nach anerkennender Wertschätzung verlangt, aber andererseits ein Hilfesystem erfordert, das Schwierigkeiten auffangen und mindern kann, ohne defizitorientiert, entmündigend oder ausgrenzend zu agieren (Spies 2011), auch wenn zum jeweiligen Zeitpunkt gültige soziale Normen übertreten werden.

Mit dem Agency-Konzept greift der sozialpädagogische Diskurs in Erweiterung der Anerkennungsdebatten die Frage nach menschlich begründetem Handeln auf, welches darauf gerichtet ist, Verfügung über die eigenen Lebensverhältnisse zu erreichen. So richtet sich der Blick auf die Interaktion zwischen Individuum und Gesellschaft sowie auf deren soziale Struktur – die wiederum entlang der *Differenzlinien* und ihrer Verschränkungen und Hierarchisierungen zu verstehen ist. Emirbayer/Mische (1998) betonen die zeitliche Einbettung des Handelns von Individuen in Vergangenheit, Gegenwart und Zukunft: Das für das Handeln entscheidende menschliche Bewusstsein verändert sich fortwährend vom Alten zum Neuen, in der Betrachtung der Relationen sowie durch Wiederholungen (Emirbayer/Mische 1998).

Im Agency-Konzept wird Individuen also das Recht zugestanden, „Dingen und Angelegenheiten Bedeutungen zuzuschreiben, entsprechend Situationen zu definieren und danach zu handeln" (Hirschler/Homfeldt 2006, 50) und ihre Handlungsfähigkeit entsprechend der individuellen und sozialen Bedingungen für Einflussmöglichkeiten und Einflussmächtigkeit in gesellschaftliche Prozesse einzubringen. Pädagogische Konzepte und Settings haben also dafür geeignete Gestaltungsräume zur Verfügung zu stellen, in denen sich Individuen ausprobieren können, Entscheidungsprozesse gestalten und durchlaufen und folglich Selbstwertsteigerungen entwickeln können. Praxen der Anerkennung und Orte der Möglichkeiten für aktive gesellschaftliche Teilhabe werden dieser Argumentation folgend zur grundlegenden Voraussetzung für die *Förderung* von sozial benachteiligten Kindern und Jugendlichen, würden aber ohne die Reflexion der hierarchisch zueinander in Beziehung stehenden, intersektional verschränkten und bipolar ausgerichteten Differenzlinien weit hinter ihren Möglichkeiten zurückbleiben.

Gestaltungsräume

Das Modell der intersektional und hierarchisch verschränkten Differenzlinien bietet Anhaltspunkte, um das Lebensweltkonzept zu konkretisieren. Mit Hilfe dieses Zugangs können pädagogische Settings und ihre Kontexte auf diskriminierende und stereotypisierende Strukturen und Haltungen hin untersucht sowie deren Relationen zueinander sichtbar gemacht werden. Die Differenzlinien dienen als Reflexionsgrundlage für das Konzept der Diversität, das als Leitkategorie für pädagogische Konzepte die Breite der Möglichkeiten von Lebenszusammenhängen abbildet und anerkennt, statt über die Reproduktion von Defizitperspektiven bestehende Ausgrenzungsstrukturen fortzuschreiben. Die Konzentration auf einzelne Differenzlinien führt zu Verfremdungen und unangebrachten Dramatisierungen, während die intersektionale Betrachtung pädagogische Reflexivität und konzeptionelle Positionierung ermöglicht. Jede Transition innerhalb des Bildungssystems erfordert die Auseinandersetzung des

> Subjekts mit institutionellen Anforderungen und Normierungsprozessen sowie den Inszenierungen, Praxen und Inhalten, die sich auf Differenzlinien beziehen und die Konsequenzen von deren intersektionalen Verschränkungen kontextabhängig verstärken oder mindern können. Die solitäre Betonung einzelner Differenzlinien verschärft die mit Transitionen verbundenen Risiken und minimiert die Deutungs- und Handlungsmöglichkeiten, statt sie produktiv zu erweitern. Der Anerkennungsdiskurs, mit der Betonung von Handlungsfähigkeit und der Notwendigkeit zur Auseinandersetzung mit machtstrukturellen Bedingungsgefügen, ergänzt die intersektionalen Perspektiven um die Dimensionen der Eigenständigkeit des Subjekts und die Sinnhaftigkeit von Handlungen ebenso wie von Entscheidungen.

- Warum greifen Argumentationsstrategien zur Begründung von (Bildungs-)Benachteiligung zu kurz, die sich auf „Sprache und Kultur" beziehen?
- Warum muss der beschriebene Inklusionsdiskurs mit dem Diskurs der intersektional verschränkten Differenzlinien zusammen gedacht werden?
- Worin besteht der Zugewinn an Geschlechtergerechtigkeit, wenn pädagogisches Handeln vom Entdramatisierungsgedanken im Verständnis von Faulstich-Wieland getragen wird?
- Warum ist die Schule ein so entscheidender Ort für die Bearbeitung der sozialen Fragen der Gegenwart?
- Warum ist im intersektionalen Kontext der Frage der Ökonomie und ökonomischen Machtstrukturen nach Frühauf eine so hohe Bedeutung beizumessen?
- Warum stellt der Übergang von der Schule in den Beruf Jugendliche in niedrigqualifizierenden Bildungsgängen vor eine paradoxe biografische Bewältigungsanforderung?
- Welche Leistungsmöglichkeiten hat pädagogisches Handeln unter Berücksichtigung der intersektional verschränkten Differenzlinien zur Verbesserung der Situation von benachteiligten Jugendlichen am Übergang von der Schule in den Beruf?
- Diskutieren Sie mit Ihren KommilitonInnen, warum Fragen der Übergangsgestaltung (Schuleingangsphase, Schullaufbahnempfehlung) mit sowohl genderbezogener, dramatisierender Differenzierung als auch mit angemessener Entdramatisierung analysiert werden müssen!
- Welche Konsequenzen hat die Genderperspektive für Fragen der strukturellen Gestaltung von Lernsettings und welche Perspektiverweiterungen lassen sich durch einen intersektionalen Blick erreichen?
- Diskutieren Sie mit Ihren KommilitonInnen, warum das Diversity-Konzept als Weiterentwicklung der sozialpädagogischen Lebensweltorientierung betrachtet werden kann.
- Diskutieren Sie mit Ihren KommilitonInnen, welche professionelle pädagogische Haltung jenseits von subjektiven Theorien und epistemologischen Überzeugungen in der Grundschule erforderlich ist, damit einerseits Genderreflexion als schulisches Qualitätskriterium (Faulstich-Wieland 2006) greifen kann und andererseits der pädagogische Alltag an einem individuellen Förderparadigma ausgerichtet ist, das weder Mädchen noch Jungen aufgrund ihrer sozialen oder ethnischen Hintergründe noch wegen individueller Besonderheiten in ihrer Bildungsbiografie benachteiligt.
- Diskutieren Sie mit ihren KommilitonInnen Ihr Verständnis von Anerkennung und vergleichen Sie dieses mit dem von Honneth. Welche konkreten Möglichkeiten haben PädagogInnen im Alltag, SchülerInnen bzw. AdressatInnen Anerkennung beizumessen?

Balzer, N., Ricken, N. (2010): Anerkennung als pädagogisches Problem. Markierungen im erziehungswissenschaftlichen Diskurs. In: Schäfer, A., Thompsen, C. (Hrsg.): Anerkennung. Schöningh, Paderborn, 35–87
Böhnisch, L., Lenz, K., Schröer, W., Stauber, B., Walther, A. (Hrsg.) (2013): Handbuch Übergänge. Beltz Juventa, Weinheim/München
Böhnisch, L., Funk, H. (2002): Soziale Arbeit und Geschlecht. Juventa, Weinheim/München
Budde, J. (2014): Jungenpädagogik zwischen Tradierung und Veränderung. Empirische Analysen geschlechterpädagogischer Praxis. Budrich, Opladen
Budde, J. (2013): (Hrsg.): Unscharfe Einsätze: (Re-)Produktion von Heterogenität im schulischen Kontext. Springer VS, Wiesbaden
Budde, J., Scholand, B., Faulstich-Wieland, H. (2008): Geschlechtergerechtigkeit in der Schule. Juventa, Weinheim/München
Franken, S. (2015): Personal: Diversity Management. Springer, Wiesbaden
Frühauf, M. (2014): Intersektionalität für alle? Zur Verortung intersektionaler Perspektiven in der neuen Rede von Differenz und Ungleichheit. In: Langsdorff, N. von (Hrsg.): Jugendhilfe und Intersektionalität. Budrich, Opladen, 15–37
Gogolin, I., Krüger-Potratz, M. (2015): Einführung in die Interkulturelle Pädagogik. 3., überarb. Aufl. Budrich, Opladen
Honneth, A. (1992): Kampf um Anerkennung. Zur moralischen Grammatik sozialer Konflikte. Suhrkamp, Frankfurt/M.
Leiprecht, R. (2011): Diversitätsbewusste Soziale Arbeit. Wochenschau Verlag, Schwalbach/Ts.
Leiprecht, R., Kerber, A. (2013): Schule in der Einwanderungsgesellschaft. Debus Pädagogik, Schwalbach
Mecheril, P., Mar Castro Varela, M., Dirim, I., Kalpaka, A., Melter, C. (2010): Migrationspädagogik. Beltz, Weinheim
Wiltzius, M. (2011): Diversity Management an Grundschulen? Möglichkeiten und Grenzen einer Unternehmensstrategie im schulischen Umfeld. Waxmann, Münster
Winker, G., Degele, N. (2010): Intersektionalität. Zur Analyse sozialer Ungleichheit. transcript, Bielefeld

4 Disziplinäre Schnittstellen und pädagogische Handlungsfelder in der Bildungslandschaft

institutionelle Strukturen

Gesellschaftliche Rahmungen, wie schulische Ausbildung und Familienförderung, fordern unter den Bedingungen einer sich demografisch wandelnden Migrationsgesellschaft (Mecheril et al. 2010) Reformen innerhalb des Bildungs- und Hilfesystems, die sowohl die Lebensgestaltung der Menschen unterstützen (bzw. fördern) als auch den wirtschaftlichen Gegebenheiten Rechnung tragen. Unter der Maßgabe einer angenommenen größtmöglichen Autonomie des Subjekts innerhalb seines gesellschaftlichen Bezugssystems wird die Ineffektivität gegebener institutioneller Strukturen und der eingeengte Blick von Institutionen durch Spezialisierung immer deutlicher und fordert vermehrt kooperative Modelle der Zusammenarbeit sowie die Abstimmung und Aushandlung von zuvor divergenten Zielen. Innerhalb dieses Prozesses wird die Trennungslinie zwischen schulischem Bildungssystem und den am Hilfesystem orientierten sozialpädagogischen Bildungsstrukturen mehr und mehr brüchig. Neben *Vernetzungen* und *Kooperationen* auf administrativer Ebene (*Kommunale Bildungslandschaften*) werden die Funktionalitätsdefizite institutioneller Trennungen zwischen *Jugendhilfe* (*Kindertagesbetreuung*, *Kinder- und Jugendarbeit*, *Jugendsozialarbeit*, *Erziehungshilfen*) und Schule sichtbar und über Formatvarianten der *Ganztagsbildung* sowie strukturierter Übergangskonzepte auszugleichen versucht.

Schnittstellen

Das folgende Kapitel soll zunächst das Vernetzungskonstrukt der Bildungslandschaft erläutern, um darauf aufbauend – analog zum biografischen Verlauf – die Settings der frühen *Förderung* und *Elementarbildung* bis hin zur Einschulung und die seit etwa 2010 sich abzeichnenden Entwicklungen in *Grundschule* sowie an weiterführenden Schulen der Sekundarstufe I in den Blick nehmen. Dieser Abriss wird danach um die Schnittstelle zwischen Jugendhilfe und Schule am Handlungsfeld *Schulsozialarbeit* erweitert, bevor er in die Bereiche der Jugendhilfe übergeht. Dort werden *Jugendhilfeplanung*, *Bildungs*- und Hilfesettings der offenen und verbandlichen *Kinder- und Jugendarbeit* sowie der *Jugendsozialarbeit* und ihre Bezüge zur Bewältigung der Anforderung, die das Bildungssystem in Wechselwirkung zum Arbeitsmarkt stellt, erörtert sowie die *Hilfen zur Erziehung* und ihr Auftrag zur *Kindeswohl*sicherung zusammengefasst. Danach erfolgt ein kurzer Ausblick auf die Positionen der *Erwachsenenbildung* als pädagogisches Handlungsfeld.

4.1 (Kommunale) Bildungsverantwortung in der Bildungslandschaft

Mit den *Kommunalen Bildungslandschaften* hat sich ca. 2010 ein (plakativer) Begriff zur Erfassung von institutioneller Vielfalt und regionaler *Vernetzung* zu etablieren begonnen (Huber 2014; Minderop 2014). Dahinter steht ein Prozess, der einerseits eng mit der Entwicklung von Ganztagsschulen verknüpft ist und andererseits dazu auffordert, die institutionellen Rahmungen von Bildungsbiografien künftig aus systemischer Perspektive und im vernetzten Kontext zu betrachten. Damit rücken Bildungssystem und (Jugend-)Hilfesystem enger zusammen – auch wenn die rechtlichen Gegebenheiten (Sozialgesetzgebung und kultusministerielle Föderalismusstruktur) den vernetzten Strategien noch unproduktive Grenzen auferlegen und in der Praxis systemische Widersprüche und individuelles Engagement oft kollidieren. Der Trend aber scheint eindeutig zu Vernetzung und Strukturveränderungen zu führen und hat weitreichende Auswirkungen auf professionelle Selbstverständnisse und institutionelles Handeln. Bildungslandschaften sind „langfristige, professionell gestaltete, auf gemeinsames, planvolles Handeln abzielende, kommunalpolitisch gewollte Netzwerke zum Thema Bildung" (Bleckmann/Durdel 2009, 12), die formale Bildungsorte und informelle Lernwelten – in ihrer Relevanz für individuelle Bildungsprozesse – als zusammengehöriges Konstrukt innerhalb eines definierten lokalen Raums zu erfassen versuchen.

Bildungs- und Hilfesystem

Die Anforderungen an die beteiligten Institutionen sind hoch: Durch die gewollten Verbindungen und Vernetzungen entstehen neue Arbeitsformen, die erfordern, dass Spielräume ausgelotet und ausgehandelt werden. Beteiligte Partner (z. B. Jugendhilfe, Schule, Gesundheitssystem, Arbeitsverwaltung, Wirtschaft) sollen sich einerseits an eigenen Standards, Arbeitsformen, institutionellen Traditionen und Rahmungen sowie rechtlichen Grundlagen orientieren. Sie müssen sich aber andererseits zugleich auch auf die

> „Logik, und somit auch auf die Standards, Arbeitsformen, institutionelle[n] Settings und rechtliche[n] Grundlagen des jeweils anderen Funktionssystems einlassen […], um überhaupt eine gemeinsame Plattform zu finden und kooperieren zu können" (BMFSFJ 2013, 254).

Da bislang aber kaum rechtliche Orientierungen für die so entstehenden Schnittstellen vorhanden sind, erfordert dies von den beteiligten Institutionen, sich einerseits deutlich weniger als bislang abzugrenzen bzw. die Eigenständigkeit zu betonen und andererseits Vernetzungsspielräume gezielt zu suchen sowie sich in ein konstruktives Verhältnis zu den anderen Partnern innerhalb der Region zu setzen.

Vernetzungsspielräume

Diesem Ideal stehen in der Praxis aber eine Reihe von Barrieren entgegen: Die unterschiedlichen Funktionslogiken der beteiligten Institutionen, das professionelle Selbstverständnis der MitarbeiterInnen, die zentralen bzw. dezentralen Organisationsstrukturen, (tradierte) Ziele der Institutionen, Zugänge zur Qualitätssicherung, das jeweils zur Verfügung stehende methodische Instrumentarium, die Zugangsweisen des Klientels etc. widersprechen sich noch vielfach, statt sich zu ergänzen. Maykus (2009) geht davon aus, dass derzeit vorwiegend die strukturelle Seite – die „Neujustierung des Erziehungs- und Bildungssystems" – betont wird, während unklar bleibt, wie die „beruflichen Haltungen und Einstellungen der Akteure gefördert werden können" (Maykus 2009, 51). Er kritisiert außerdem, dass durch die Betonung der Innovation des Veränderungsprozesses die „Würdigung und Stabilisierung des Bewährten" (Maykus 2009, 50) vernachlässigt werde und verweist auf die Grenzen einer lebensweltorientierten *Schulentwicklung*, da Schule „auch bei einer Reformierung weiterhin vor allem die Funktion der Qualifikation" habe (Maykus 2009, 52).

Steuerungsmacht Wie eine Kommune das Konstrukt der „Bildungslandschaft" in ihr gesamtes institutionelles Bildungskonzept einbaut, welche Komponenten sie in der Bildungslandschaft platziert, welcher Institution sie welche Wertigkeit bzw. Eigenständigkeit zugesteht oder wie viel Steuerungsmacht sie beansprucht, kann sich sehr unterschiedlich gestalten. Während beispielsweise in manchen Kommunen *Schulsozialarbeit* als expliziter Bestandteil der „Bildungslandschaft" verstanden wird, lassen andere kommunale Konzepte dieses Handlungsfeld an der Schnittstelle zwischen Schule und Jugendhilfe gänzlich unberücksichtigt und setzen beispielsweise auf den Ausbau der additiven Ganztagsschule, deren Nachmittagsangebote von einem mit Schule kooperierenden Träger der Jugendhilfe bzw. anderen Institutionen und Personen übernommen werden.

Die kritische Auseinandersetzung mit den Möglichkeiten und Grenzen der Bildungslandschaft als Instrument der institutionellen Entwicklung und Vernetzung innerhalb regionaler Bezüge steht im Diskurs noch am Anfang, wird aber in der außerschulischen Auseinandersetzung wesentlich breiter geführt als im Fachdiskurs zur *Schulentwicklung* – obwohl Schulen und ihre Konzepte per se zentrale und im wahrsten Sinne des Wortes wegweisende Positionen innerhalb der regionalen/kommunalen Bildungslandschaft haben (müssten).

jugend- und bildungspolitisches Konzept Das jugend- und bildungspolitische Konzept der „Kommunalen Bildungslandschaft" geht auf den zwölften Kinder- und Jugendbericht (BMFSFJ 2005) zurück, wurde 2007 vom Deutschen Städtetag in der „Aachener Erklärung" zum kommunalen Anliegen erklärt und 2012 in der „Münchner Erklärung" konkretisiert. Diese (letztlich vor allem wirtschaftspolitisch motivierte) Aufmerksamkeit veranlasst immer mehr Kommunen, zuvor getrennte Ressorts im Bildungs-, Jugend-, Gesundheits- und Sozialbereich als interinstitutionelle Kooperationen zu konzipieren, die nicht länger in „Zuständigkeiten", sondern in gemeinsamen „Verantwortlichkeiten" agieren (sollen). Von systematisch abgestimmten Praxen des gezielten Zusammenwirkens und vom systemischen Denken der Zusammenhänge verspricht man sich einen Zuwachs an sozialer Gerechtigkeit und die Entschärfung herkunftsbedingter Bildungsbenachteiligung. Indem Zuständigkeiten und Ressourcen für *Bildung* regional gebündelt und vernetzt werden – so die Prämisse –, sollen Probleme leichter identifizierbar werden und förderliche Bedingungen für die je einzelne Bildungsbiografie zugänglich werden bzw. sich etablieren. Die fachlichen und professionellen Konsequenzen dieser Strukturveränderung sind allerdings noch offen. Es ist absehbar, dass die Entwicklung von Bildungslandschaften auch den künftigen Diskurs um Schulentwicklung in der Primar- und Sekundarstufe ebenso wie jenen der Kooperation von Schule und Jugendhilfe betreffen wird, denn auch die Forderung, SchülerInnen im Regelsystem zu belassen, also das *Inklusions*paradigma umzusetzen, ist Teil des Anliegens.

Das Konstrukt der Bildungslandschaft stellt (kommunale) *Jugendhilfeplanung* und *Schulentwicklung* vor neue, gemeinsame strukturelle und pädagogische Herausforderungen: Analog zu Ganztagsschuldiskurs und *Schulsozialarbeit* folgt die Idee der Bildungslandschaft der Einsicht, dass benachteiligende Verschränkungen von *Differenzlinien* hinsichtlich der individuellen Bildungschancen über strukturelle Maßnahmen zu entschärfen sind und dem lernenden, sich bildenden Subjekt unter Bezug auf seinen Sozialraum förderliche Bedingungen für die individuelle Bildungsbiografie (Bleckmann/Durdel 2009) vorgehalten werden müssen. So möchte man letztlich Fachkräftebedarfe und Wirtschaftsstandorte absichern und gesellschaftlichen Zusammenhalt stärken (Deutscher Städtetag 2012). Nach fünf Jahren Strategieerfahrung mit dem bildungspolitischen Leitbild der „Aachener Erklärung" lokalisiert der Deutsche Städtetag (2012) in seiner „Münchner Erklärung" die zentralen Hemmnisse im Entwicklungsprozess in den Strukturen des Schulsystems und fordert die aktive Mitgestaltung von Kommunen bei der inneren Schulentwicklung und weitgehende Handlungsfreiheit hinsichtlich der Schulorganisation, damit eine verbindliche, thematisch vernetzte und sozialräumlich orientierte Bildungsinfrastruktur in kommunaler Verantwortung aufgebaut werden kann.

Strukturprozess

Die kooperative Schulentwicklung im Sozialraum wird also als kommunaler Prozess mit weitreichenden Auswirkungen auf das staatliche Bildungssystem verstanden. Dabei ist auffällig, dass sich der kommunale Prozess durchaus in Teilen mit Anliegen schulischer Qualitätssicherungsprozesse deckt, die beispielsweise über entsprechende Orientierungsrahmen und Bildungspläne eine systemische Perspektive für die Konzeption von Bildungssettings auf Länderebene befördern (de Boer/Peters 2011). Das bedeutet aber, dass grundlegenden Strukturveränderungen rechtliche, strukturelle und finanzielle Klärungen vorausgehen, die nicht nur Bildungsmanagement und Bildungsmonitoring betreffen, sondern auch einer *Jugendhilfeplanung* bedürfen, die die Anforderungen der kommunalen Bildungslandschaft in den Planungsprozess aufnimmt. Damit wäre aber eine integrierte Jugendhilfe- und Schulentwicklungsplanung unabdingbar, die auch die personelle und finanzielle Absicherung klärt (Schalkhaußer/Thomas 2011).

Qualitätssicherung, Planungsprozesse

Für *Schulentwicklung* und professionelle Praxisreflexion ergibt sich weiterer Klärungsbedarf: Da zur Bildungslandschaft auch die frühkindliche *Bildung* gehört, sind sämtliche Konzepte der *Transition*sforschung und -praxis zum Übergang vom Kindergarten bzw. vom Vorschulalter in die Grundschule sowie der entsprechende Jugendhilfekontext in seiner Verantwortlichkeit gemäß SGB VIII betroffen. Neben institutionellen Kooperationspraxen und Übergangsmodellen stehen u.a. auch Professionalisierungsfragen und Planungskonzepte frühkindlicher Bildung zur Debatte (Deutscher Städtetag 2012).

An die interinstitutionell zu verantwortende *Transition* von der Kindertagesstätte in die Grundschule schließt sich die *Schuleingangsphase* an. Die Bildungslandschaft erfordert künftige pädagogische und didaktische Settings, die in Konzeption und Umsetzung auch sozialökologisch (Bronfenbrenner 1996) und im Sinne der *Lebensweltorientierung* zu betrachten sind und die die Verschränkung *in-*

Segregationsabbau

tersektionaler Differenzlinien anerkennungstheoretisch fundiert in ihren Konzepten berücksichtigen: Inwiefern sind Bildungs- und Betreuungsangebote beispielsweise sozialräumlich (Schulsprengel) abgestimmt und welche offenen oder verdeckten Segregationseffekte lassen sich finden? Schließlich soll an Stelle der Segregation nunmehr ein nachhaltig förderndes Bildungssystem aufgebaut werden, das ressourcenorientiert allen Kindern und Jugendlichen deutlich mehr Annäherung an das Ideal der Chancengleichheit gewährleistet und Nachteile ausgleichen soll – die jedoch bisher eher verstärkt wurden, wie die OECD-Studien belegen.

Wenn innerhalb der Bildungslandschaft nun die Netzwerkstrukturen (Hollenstein/Nieslony 2013) eine tragende Rolle spielen, heißt das in der Konsequenz auch, das schulische Bildungssystem am Übergang in die Lebensphase der Erwerbstätigkeit deutlich enger als dies bislang der Fall ist, mit den Maßnahmen und Angeboten der *Jugendberufshilfe* bzw. der *Jugendsozialarbeit* zu vernetzen und so die Prozessdynamik der *Übergänge* in die Schule hinein und wieder aus ihr hinaus nachhaltig zu verändern.

Organisationsentwicklungsprozesse

Sofern sich *Schulentwicklung* auf die Bildungslandschaft bezieht und in systemischem Verständnis über die eigenen institutionellen Grenzen und Gepflogenheiten hinausreichen will bzw. soll, erhält *Jugendhilfe* in kommunaler und freier Trägerschaft in der Konsequenz einen aktiven Part für Prozesse der Schulentwicklung, die dann auch Gegenstand von *Jugendhilfeplanungs*konzepten werden kann. In der von Rolff (2010) betonten Trias der Schulentwicklung (Organisations-, Unterrichts- und Personalentwicklung) sind vor allem die Organisationsebene und deren professionelle Koppelungen angesprochen, die sich langfristig auch in tertiären Netzwerken im Sozialraum (Hollenstein/Nieslony 2013) abbilden müss(t)en. Vor allem die am Sozialraum orientierte Ganztagsschulentwicklung macht dies deutlich und erfordert von allen Beteiligten ganz im Sinne der Bildungslandschaft eine Netzwerkkoordination, die sich in den professionellen Handlungsprofilen niederschlägt: Die Schulleitung muss Managementkompetenzen ausbilden. Die inner- und außerschulischen Vernetzungsanforderungen können Ressourcen binden, die im handlungspraktischen (schul-)pädagogischen Alltag fehlen, wenn beispielsweise *Schulsozialarbeit* bei der Umsetzung von Koppelungsstrategien zur vollbeschäftigten Netzwerkkoordination würde (Hollenstein/Nieslony 2013).

biografische Risiken

Die Diskussion um *Kommunale Bildungslandschaften* mag hilfreich sein, um die interdisziplinäre Perspektive auf die Umsetzung des Inklusionsparadigmas im Blick zu halten und eine an *Diversity-* und Segregationsabbau sowie lebensweltlichen Zugängen orientierte Pädagogik zu entwickeln: Als Leitlinie und strukturelle Rahmung bietet sie die Chance, tragfähige Kontextualisierungen von Konzepten multiprofessioneller Diagnostik und Förderplanung für Kinder und Jugendliche unter dem Verständnis für individuelle und strukturelle Risiken in Bildungsbiografien (z. B. emotionale und materielle Armut, Zugang zu (außer-)schulischen Lern- und Erfahrungsräumen, Gestaltungs- und Entscheidungsspielraum) (Chassé et al. 2010) zu etablieren und Anschlussfähigkeit als Maßstab zu setzen. Dafür sind ausgleichende Binnendifferenzierungen und Stabilisierungsmaßnahmen für individuell kritische Phasen (Ricking 2013) sowie für die Risiken entlang der bildungsbiografischen *Transitionen* von der *Elementarbildung* bis in die *Erwach-*

senenbildung zu konzipieren. Es ist absehbar, dass kooperative Schulentwicklung in diesem Sinne ein langfristiger Strategieprozess ist.

4.2 Settings der frühen Förderung und Elementarbildung in der Bildungslandschaft

Im Kontext der *Vernetzung* von *Hilfe*system und *Bildung*sangeboten entwickeln immer mehr Kommunen Modelle einer präventiven und niedrigschwelligen Angebotspalette für Familien mit jüngeren Kindern. Dabei werden Ansätze der Besuche nach der Geburt (z. B. unter dem Titel Familienbesucherin), Familienpatenschaften für Kinder, deren Eltern von chronischen Erkrankungen betroffen sind, familienstützende Dienste für niedrigschwellige Beratungen, *Familienbildung*sangebote im Sinne des § 16 SGB VIII (z. B. Elterntrainings, Familienhandbücher) und Angebote der Leseförderung ebenso wie Früherkennungsuntersuchungen und informelle Treffpunkte im institutionellen Setting (z. B. „Elterncafés" in Grundschule und Kita) zusammengeführt und dokumentieren die Verknüpfung von *Hilfe*, *Bildung* und Gesundheit. Um Zugangsbarrieren abzubauen, Schwellen zu senken und auch schwer erreichbare Zielgruppen ansprechen zu können, setzen sich in der Praxis mehr und mehr Konzepte durch, die die Angebote der frühen Hilfen mit Familienbildung und diese eng an die Institutionen der *Kindertagesbetreuung* und an die *Grundschule* anbinden (z. B. Strukturkonzept Familienbildung in der Stadtgemeinde Bremen) oder über *Schulsozialarbeit* an Grundschulen formalisieren (Spies 2013a).

Niederschwelligkeit

Sowohl die inhaltliche Verschränkung der Themen und Anliegen wie auch die institutionelle Koordinierung von Gesundheitsdiensten, Beratungsangeboten und Bildungsinstitutionen repräsentieren einerseits die Idee der Bildungslandschaft, weil sie die Verbesserung der Lebens- und Bildungssituation von Kindern und deren Familien im Blick haben. Sie richten sich an den *Bedürfnissen* ebenso wie an deren Erziehungskompetenzen aus und wollen Ressourcen stärken. Andererseits repräsentieren die vernetzten Angebote auch ein zunehmendes Maß an öffentlicher Kontrolle und Normierung, die strukturell und inhaltlich gleichfalls gesellschaftliche Machtverhältnisse abbildet, mit deren Reichweite und Impetus sich alle Beteiligten kritisch auseinandersetzen und dabei u. a. Aspekte von *Diversity* und *Inklusion* reflektieren müssen.

Lebens- und Bildungssituation

4.2.1 Familienbildung als Rahmen für das System der Frühen Hilfen in der Bildungslandschaft

Im Achten Sozialgesetzbuch ist mit den §§ 16–21 der öffentlichen „Förderung der Erziehung in der Familie" ein rechtlicher Rahmen gegeben, der mit seinen allgemeinen Grundlagen dafür sorgen soll, dass Angebote vorgehalten werden, die

Erziehungsverantwortung

> *„dazu beitragen, dass Mütter, Väter und andere Erziehungsberechtigte ihre Erziehungsverantwortung besser wahrnehmen können. Sie sollen auch Wege aufzeigen, wie Konfliktsituationen in der Familie gewaltfrei gelöst werden können"* (§ 16 Abs. 1 SGB VIII).

Unter dieser Prämisse haben sich vor allem in jüngerer Vergangenheit eine Reihe von unterschiedlichen Angeboten der Familienbildung entwickelt, die

> *„auf Bedürfnisse und Interessen sowie auf Erfahrungen von Familien in unterschiedlichen Lebenslagen und Erziehungssituationen eingehen, die Familie zur Mitarbeit in Erziehungseinrichtungen und in Formen der Selbst- und Nachbarschaftshilfe besser befähigen sowie junge Menschen auf Ehe, Partnerschaft und das Zusammenleben mit Kindern vorbereiten"* (§ 16 Abs. 2 SGB VIII).

belastende Familiensituationen Neben der präventiven Unterstützung in Fragen der Erziehung ist dem Gesetzgeber aber auch die Erholung „insbesondere in belastenden Familiensituationen, die bei Bedarf die erzieherische Betreuung der Kinder einschließen" wichtig (§ 16 Abs. 2 SGB VIII). Es sind Angebote vorzuhalten, die besonders junge Eltern in ihren Findungsprozessen und Erziehungsaufgaben unterstützen (Chamakalayil 2010). Nach Textor (2008) sollen Angebote der Familienbildung

- „zu einer erfolgreichen Familienerziehung beitragen,
- eine bedürfnisorientierte Gestaltung des Familienlebens erleichtern,
- ein möglichst problemloses Durchlaufen des Lebens- und Familienlebens ermöglichen sowie
- zur Nutzung von Chancen für die gemeinsame positive Weiterentwicklung und ein partnerschaftliches Miteinander anhalten" (Textor 2008, 151).

Erfahrungshorizonte Die Angebote der Familienbildung richten sich an erwachsene Familienmitglieder und waren lange Zeit eher auf Mittelschichtsbedürfnisse zugeschnitten (Textor 2008). Im 14. Kinder- und Jugendbericht wird den Angeboten vorgeworfen, dass sie die unterschiedlichen Bedürfnisse verschiedener Gruppen von Eltern entsprechend der Breite der möglichen Erfahrungs- und Wertehorizonte oder der Vorbehalte gegenüber außerfamilialer Kinderbetreuung nicht hinreichend berücksichtigen: Die Herausforderung, Barrieren abzubauen und bisher unterrepräsentierte Gruppen gezielt anzusprechen, verdeutlicht auch „die Ambivalenz mancher Angebote […], die zwischen Förderung und Kontrolle der Eltern angesiedelt sind" (BMFSFJ 2013, 247).

Familienzentren Die Variationsbreite reicht von Familien- oder Eltern-Kind-Zentren bis hinein in die privatwirtschaftlichen Praxen der Krankengymnastik, die als Teil des Gesundheitssystems z. B. PEKiP-Gruppen (Prager Eltern Kind Programm) anbieten. Während Familienbildungsstätten ihr Angebot vornehmlich in Kursform oder als Begegnungsangebot bereithalten, sind Familienzentren oftmals an Einrichtungen des Bildungs- und Betreuungssystems angeschlossen und bieten niederschwellige *Beratung* oder Begegnungen zwischen den TeilnehmerInnen sowie spezifische thematische Angebote zu Erziehungsfragen im direkten Anschluss an eine Kindertagesstätte oder eine Grundschule. Steht in dem einen Fall die Bildung der Eltern mit Blick auf die Familie im Vordergrund, geht man im zweiten Fall von der Bildung und Förderung der Kinder aus und bezieht über die Angebote der Familienbildung und -beratung nun auch die Eltern in das Setting ein.

Daneben etablieren sich Mütterzentren mit Beratungs-, Informations- und Begegnungsangeboten, Mehrgenerationenkonzepte und kommunale Familienbüros oder auch Spezialformen, wie beispielsweise familienstützende Dienste, die – z.B. im Auftrag des Allgemeinen Sozialen Dienstes (ASD) – niederschwellig angelegt, bei Bedarf auch anonym, kurzfristig und unbürokratisch individuell in Erziehungsbelangen unterstützen und nur bei entsprechender Problemlage in das etablierte Hilfesystem weitervermitteln (Spies 2013a).

Information und Begegnung

Jedes dieser meist kommunal konzipierten Modelle und Verfahren bedingt zugleich, dass neue *Kooperationen* eingegangen werden müssen, dass sich die *Bildungslandschaft* formt und präsentiert sowie dass die Anliegen, über *Bildungs*zugänge und *Hilfe*angebote die soziale und familiäre Situation von Kindern in ihren Familien zu verbessern, kommuniziert werden. Als dringlichste Zielgruppe gelten Familien aus „bildungsfernen Schichten und benachteiligte Bevölkerungsgruppen" (BMFSFJ 2013, 300). Für sie soll ein „attraktives, erreichbares und bezahlbares Angebot" bereitgehalten werden, das der Sachverständigenkommission zufolge aber noch „methodisch didaktisch zu modifizieren" ist (BMFSFJ 2013, 300). Hinsichtlich seiner Wirksamkeit und der breiten konzeptionellen Streuung muss es noch systematisch evaluiert werden, ebenso wie mit Blick auf das Zusammenspiel von frühem Schutzauftrag und Förderanliegen sowie der Vermischung von Förderung und Kontrolle. Die familienfreundlichen Bedingungen einer förderlichen sozialen Infrastruktur in der *Kommunalen Bildungslandschaft* erfordern geprüfte und „sinnvolle Netzwerkstrukturen der ansonsten arbeitsteilig agierenden Institutionen (Ärzte, Jugendamt, Einrichtungen der Kindertagesbetreuung etc.)", die Doppelstrukturen vermeiden (BMFSFJ 2013, 413). Denn

kommunale Modelle

> „[o]hne enge Kooperation mit Schulen, dem Gesundheitswesen, den Eingliederungshilfen nach dem SGB XII oder den Maßnahmeträgern der Ausbildungs- und Arbeitsförderung lässt sich eine fachlich effektive Kinder- und Jugendhilfe immer schwieriger gestalten. Dabei lassen sich teilweise Verschmelzungen von einst klar getrennt agierenden Bereichen feststellen, was fachliche Gewinne für die Professionellen und effektivere Hilfe für die Adressaten mit sich bringt" (BMFSFJ 2013, 295).

4.2.2 Familienhebammen als interdisziplinärer Baustein des Gesundheitswesens im System der Frühen Hilfen

Für Familienhebammen als familienorientierte Dienstleistung im System der frühen Hilfen stehen Kinder im Alter von bis zu einem Jahr und deren Eltern im Mittelpunkt und markieren die kommunale Schnittstelle zwischen *Jugendhilfe*, Gesundheitswesen und Bildungsgrundlagen. Die Anfänge der Arbeit von Familienhebammen – staatlich examinierte Hebammen mit Zusatzqualifikation – reichen in Deutschland schon bis in die 1980er Jahre zurück, konnten sich aber erst seit Beginn der 2000er Jahre bundesweit etablieren (Halves/Nieting 2009).

familienorientierte Dienstleistung

Die Modellvarianten unterscheiden sich untereinander auch durch die disziplinäre Ausrichtung des Konzepts, das beispielsweise in der niedersächsischen Stadt

Gesundheit und Prävention

Delmenhorst durch eine sozialpädagogische Koordinationsstelle strukturiert wird (Spies 2013a), die andere Konzeptionen so nicht unbedingt vorgehen: Eine Sozialpädagogin hat die Koordinierungs- und Vernetzungsverantwortung und steht den Familienhebammen auch zur fachlichen und psychosozialen *Beratung* und Betreuung der zu Unterstützenden zur Verfügung. Sie fungiert als Schnittstelle zwischen gesundheitsdienstlicher Geburtshilfe und präventiver Sozialarbeit. Strukturell wird die systematische Klärung der *Frühen Hilfen* unter anderem auch vom „Nationalen Zentrum Frühe Hilfen" aufgearbeitet, das als Kooperationsprojekt des Deutschen Jugendinstituts und der Bundeszentrale für gesundheitliche Aufklärung forscht und fortbildet. So soll die Praxis unterstützt werden, familiäre Belastungen früher zu erkennen und bedarfsgerechte Unterstützungsangebote bereitzustellen. Zugleich soll die Vernetzung von Hilfen des Gesundheitswesens und der *Kinder- und Jugendhilfe* Kinder aus Risikogruppen früher erreichen und besser vor Gefährdungen schützen. Dafür müssen sich im Sinne der Bildungslandschaft Gesundheits- und Jugendhilfebereiche trotz unterschiedlicher Funktionslogiken (Homfeldt 2010) annähern und miteinander kooperieren.

Gefährdungskonstellationen Die Notwendigkeit früh ansetzender *Prävention* und Intervention mit Blick auf Kinder und Familien ist sowohl in nationalen als auch internationalen Studien belegt (u. a. Kindler et al. 2006; Carpenter 2005): Deutliche Effekte der sozialen und ökonomischen Risikofaktoren wirken sich auf die langfristige kognitive und sozioemotionale Entwicklung von Kindern aus (NICHD 2006). Bislang liegen zwar nur wenige Befunde aus Evaluationsstudien zur Familienhebammenarbeit und deren Beitrag zur Vernetzung medizinischer und sozialer Dienste im Sinne des *Kinderschutzes* in Deutschland vor (Halves/Nieting 2009), aber die Sachverständigenkommission des 13. Kinder- und Jugendberichts empfiehlt ihren Einsatz ausdrücklich bei der Arbeit mit Familien in Belastungssituationen und verweist auf die Zusatzqualifikation der Hebammen, die sie auf soziale, psychosoziale und gesundheitsbezogene *Beratung* und Betreuung von Risikogruppen vorbereitet. Familienhebammen werden gemeinsam mit weiteren Angeboten von Beratung und Unterstützung in Gefährdungskonstellationen eingesetzt, die nicht dem Anwendungsbereich des § 8a SGB VIII zugeordnet sind. Sie werden bei erzieherischem Bedarf herangezogen, wenn „Eltern die Erziehung der Kinder – aus welchen Gründen auch immer – nicht mehr in angemessener Weise gewährleisten können" und „unter bestimmten Bedingungen" eine Problemverschärfung zu erwarten sein könnte (BMFSFJ 2009, 189).

kommunale Infrastruktur Familienhebammen finden Akzeptanz, weil Eltern die gesundheitsfördernden Aspekte ihrer Arbeit schätzen und die psychosoziale Unterstützung gern annehmen (Makowsky/Schücking 2010). Auch im 14. Kinder- und Jugendbericht (BMFSFJ 2013) betont die Sachverständigenkommission, dass Familienhebammen im Programm der *Frühen Hilfen* auch aus Perspektive der Gesundheitsämter eine besonders wichtige Rolle zukommt. Hier etabliert sich also ein interdisziplinäres Angebot, das (zusammen mit den Besuchsdiensten für Familien mit Neugeborenen) die Kinder- und Jugendhilfe und das Gesundheitswesen system-, institutionen- und methodenübergreifend vernetzt. Dieser Baustein der neuen kommunalen Infrastruktur für Familien

„zwischen einem generalistischen primärpräventiven Angebot für alle Familien mit Neugeborenen und Kleinkindern [...] und einem sekundärpräventiven Ansatz für Risikogruppen [...] [sorgt] für ein ‚soziales Frühwarnsystem' [...]und einen verbesserten Kinderschutz" (BMFSFJ 2013, 301).

Mit Verweis auf Renner/Sann (2010) betont die Kommission, dass die „Wirksamkeit der Intervention abhängig von einer sicheren Bindungsrepräsentation der Beraterinnen und Berater zu sein [scheint]" (BMFSFJ 2013, 302).

Konzepte wie die der Familienhebammen unterstützen also Kinder und Eltern beim Aufbau einer sicheren Bindung – und tragen so zur Resilienzförderung von Kindern bei (Opp/Fingerle 2008). Sichere Bindungen können Entwicklungsstörungen und Auffälligkeiten im Verhalten mindern bzw. in manchen Fällen sogar vorbeugen und bilden zugleich eine wichtige Grundlage für erfolgreiches *Lernen* (Fingerle 2008). Die Hauptzielgruppe dieser frühen *Hilfe* sind minderjährige Schwangere, Mütter und Väter, Schwangere/Mütter mit Mehrfachbelastungen und/oder besonderen sozialen Schwierigkeiten, Alleinerziehende, Schwangere/ junge Mütter mit Behinderungen, sowie Mütter von Neugeborenen mit Handicaps. Der konzeptionelle Schwerpunkt liegt in der Unterstützung in schwierigen Lebenslagen – damit mögliche Belastungen, die die Gesamtentwicklung des Kindes/der Kinder beeinträchtigen können, von Beginn an minimiert und bindungsbedingte Risiken späterer Entwicklungsstörungen und Verhaltensauffälligkeiten abgebaut werden. Das Angebot der individuellen Betreuung im häuslichen Umfeld ist kostenlos und freiwillig. Bei Bedarf werden die Eltern auch bei der Inanspruchnahme ggf. notwendiger weiterer Hilfen (z.B. Erziehungsberatung, Suchtberatung, Schuldnerberatung) unterstützt. Auch wird zur Teilnahme an Angeboten aus dem Kontext der *Familienbildung* mit anderen Schwangeren, Müttern und Eltern angeregt, um soziale Vernetzungsstrukturen aufbauen zu können.

Resilienzförderung

Der Aufgabenbereich der Familienhebammen umfasst u.a. medizinische und pflegerische *Beratung* und Betreuung, Unterstützung beim Aufbau der Mutter-Kind-Bindung, Begleitung der kindlichen Entwicklung, Unfallprävention, Ernährungsberatung und die Aufklärung über Gesundheitsrisiken für Kind und Mutter. Zudem werden lebenspraktische Fähigkeiten in Hinblick auf die Versorgung des Kindes und die Organisation des Haushalts vermittelt sowie Fragen zur Elternrolle und -verantwortung erörtert.

Die sozialpädagogische Rahmung, die auch die psychosozialen Beratungsbedarfe bedient und koordinierende Vernetzungsarbeit innerhalb der Kommune leisten kann, sowie für kollegiale Beratung und Supervision zur Verfügung steht, stützt das Konzept des Gesundheitswesens. Inhaltlich gehören vor allem familiäre Überforderungssituationen, psychische Erkrankungen und herkunftsbedingte soziale Probleme, ebenso wie Erkrankungen/Behinderungen des Säuglings oder finanzielle Schwierigkeiten zu den Anlässen, in denen die Unterstützung durch Familienhebammen angeboten und angenommen wird. Entsprechend der Problematiken ist die Vernetzung mit spezialisierten Fachberatungsstellen und Einrichtungen nötig, die schließlich auch für den weiteren Unterstützungsbedarf der Familie bzw. den biografischen Verlauf des Kindes und seiner *Förderung* relevant sein können. Der frühzeitige Betreuungsbeginn ermöglicht, dass sich die

psychosoziale Beratungsbedarfe

Schwangere in materieller, sozialer und emotionaler Hinsicht auf die neue Situation mit dem Kind besser vorbereiten kann, wodurch *Prävention* gestärkt wird (Zierau/Gonzáles-Campanini 2005). Erstaunlicherweise sind die Programme stark auf die Schwangere bzw. Mutter ausgerichtet und werden trotz des Eigenanspruchs der Eltern- und Familienförderung kaum auf die Partnerschaft bezogen (Funk/Stecklina 2011).

Aber: Sämtliche aufsuchende Formen der Elternarbeit bieten nicht nur die Möglichkeit, Eltern mit besonderem Unterstützungsbedarf frühzeitig zu erreichen, die andernfalls keine frühe *Hilfe* in Anspruch nehmen würden (Jordan 2010). Vielmehr

„beinhalten [sie] in jedem Fall einen Kontrollaspekt, da eine dritte Person Einblicke in das Familienleben erhält, die mit subjektiven Bewertungen des dort Erlebten und Erfahrenen einhergehen" (Sann/Schäfer 2008, 26).

Hausbesuche Dieses sensible Spannungsfeld wird auch von der Sachverständigenkommission des 14. Kinder- und Jugendberichts betont, wenn auf die Brisanz hingewiesen wird, die Konzepte mit Hausbesuchen beinhalten und *Frühe Hilfen* mit Kinderschutzanliegen verknüpfen: Die Sachverständigenkommission betont, dass die enge Verbindung von frühzeitiger und niedrigschwelliger Information und Unterstützung mit dem Schutzauftrag des „staatlichen Wächteramtes für ‚Risikogruppen'" die Gefahr beinhaltet, „als eine vorverlagerte Kinderschutzmaßnahme angesehen zu werden", die „Familien aus bestimmten Milieus, aus bestimmten Regionen oder in besonderen Lebenslagen" unter Generalverdacht stellt (BMFSFJ 2013, 300). Zugleich führt dies vom eigentlichen Ziel weg, Angebote für alle Familien mit Kindern zwischen null und drei Jahren zu installieren und institutionell über die Angebote der *Kindertagesbetreuung* zu untermauern.

4.2.3 Elementarbildung für Kinder bis zum sechsten Lebensjahr – Kindertagesbetreuung in Krippe, Kindergarten und in der Tagespflege

Zentrale sozialpolitische fachliche Positionierungen zu Kindergarten und Tagespflege beziehen sich u.a. auf die Frühpädagogik, institutionelle Abgrenzungen, die bildungspolitische Steuerung, die Professionalisierung, die Arbeit in multiprofessionellen Teams, Bildungspläne. Die grundlegenden Annahmen hierzu werden nachfolgend dargelegt.

Frühpädagogik Im deutschsprachigen Diskurs wird die Zeit der Elementarbildung entweder allgemein auf die Lebensspanne der null- bis sechsjährigen Kinder bezogen oder aber mit Rekurs auf die „Gruppenbetreuung von Kindern im Alter von drei bis acht Jahren" (Meyer/Walter-Laager 2012, 16) begrenzt – womit im letzten Fall einerseits eine Abgrenzung von als frühpädagogisch verstandener Krippenarbeit und andererseits die Einbeziehung der *Transition* in der *Schuleingangsphase* begrifflich abgebildet werden sollen. Im Verständnis der Elementar- und Primarstufe setzt sich hier das schulvorbereitende Paradigma fort, indem u.a. die ErzieherInnen zu „Lehrpersonen" erklärt werden (Meyer/Walter-Laager 2012, 20).

Die Trennung in Früh-, Elementar und Primarpädagogik hält dabei die institutionelle Abgrenzung zwischen den – auch nach pragmatischen Gesichtspunkten – geregelten Altersgrenzen der Krippen, Kita- und Grundschulpädagogik aufrecht, indem sie die institutionelle Separation an entwicklungspsychologisch begründeten Differenzierungsbedarfen festmacht. Dabei bleibt aber offen, inwieweit diese fraglos relevanten Differenzierungen nicht nur konzeptionell und professionell, sondern unbedingt auch über institutionelle Strukturen abgebildet werden müssen – statt ein gemeinsames Verständnis für die Entwicklungsprozesse der Kindheit und deren allmählichen Übergänge zu vertreten. **institutionelle Abgrenzung**

Derzeit nehmen Tageseltern, Kinderkrippen und Kindergärten – als Angebote zur „Förderung von Kindern in Tageseinrichtungen" (§§ 22–26 SGB VIII), also die *Kindertagesbetreuung* innerhalb der *Bildungslandschaft* – die Aufgaben der Betreuung von Kindern zwischen null und sechs Jahren wahr. Die Kindertagespflege richtet sich als elementarpädagogisches „Ganzes" auch an Kinder im Grundschulalter, die entweder im Hort oder von Tageseltern betreut werden. Stets lautet der Auftrag, für förderliche Entwicklungsbedingungen der anvertrauten Kinder zu sorgen. Rechtssystematisch sind sie der *Jugendhilfe* zugeordnet, was in den §§ 22–25 des SGB VIII hinsichtlich ihres Auftrags und ihrer Leistungen beschrieben ist. **Betreuung**

Organisationssystematisch bildet sich diese Zugehörigkeit jedoch nicht immer ab: Einige Bundesländer in Deutschland durchbrechen die Systematik der Jugendhilfe und verlagern die Kindertagesbetreuung in die kultusministerielle Zuständigkeit. Diese bildungspolitische Steuerungsmaßnahme kann auch als ein Zeichen für ein sich wandelndes Verständnis von (früh-)kindlichen *Bildung*sprozessen und deren Verantwortung gedeutet werden – wenngleich dabei die Gefahr besteht, dass im Zuge der Steuerungsverfahren Errungenschaften der Jugendhilfe verloren gehen oder die Orientierung an schulischen Maximen die künftigen Rahmungen der pädagogischen Arbeit in der Kindertagespflege bestimmen sollen. **bildungspolitische Steuerungsmaßnahmen**

Stamm (2010) nimmt deshalb eine Unterscheidung zwischen dem schulvorbereitenden und dem sozialorientierten Paradigma der frühkindlichen Bildung vor: **frühkindliche Bildung**

„Das eine Paradigma fokussiert auf schulvorbereitende Wissens- und Kompetenzbereiche wie Sprachförderung (literacy) und Zahlenverständnis (numeracy). [...] Das andere Paradigma betont die Entwicklung des Kindes als ein in verschiedenen Domänen lernendes Individuum." (Stamm 2010, 31)

Während das schulvorbereitende Paradigma kognitive Bildung als Ressource (Erzeugung von Humankapital, Wettbewerbsfähigkeit) versteht, betont das sozialorientierte Paradigma „den Wert des Spiels und sämtlicher vom Kind selbst ausgehenden kulturell geprägten Aktivitäten" (Stamm 2010, 31). Für den internationalen Vergleich konstatiert Stamm, unabhängig vom jeweils vorherrschenden Paradigma frühkindlicher Bildung, ein durchgängiges Problem bei der Gestaltung der *Transition* vor und während der *Schuleingangsphase*, weil die Versuche der Kombination von *Sozialisation*s- und *Bildung*sfunktionen Schwierigkeiten bereiten.

bildungs- und sozialpolitische Steuerung

Gesteuert wird ein solches Ansinnen z.B. über die Abteilung „Frühkindliche Bildung" des niedersächsischen Kultusministeriums. Auch in Thüringen (Ministerium für Wissenschaft, Bildung und Kultur) und in Brandenburg (Ministerium für Jugend, Bildung und Sport) wird die Kindertagesbetreuung von der Kultusbehörde verwaltet. Andere Bundesländer wie beispielsweise Nordrhein-Westfalen (Ministerium für Familie, Kinder, Jugend, Kultur und Sport), Rheinland-Pfalz (Ministerium für Integration, Familie, Kinder, Jugend und Frauen), Hessen (Sozialministerium), Bayern (Familienministerium) oder Sachsen (Ministerium für Gesundheit und Soziales) haben diese Auslagerung aus dem Kontext der Jugendhilfe (noch?) nicht vorgenommen – nehmen aber den Bildungsauftrag für die pädagogische und betreuerische Arbeit mit Kindern zwischen Geburt und Schuleintritt ebenso wahr, wie dies die Länder mit der Anbindung an die Kultusbehörde auf der legislativen Ebene vermutlich ausdrücken wollen.

Die Neuerungen sind von verschiedenen politischen Anliegen beeinflusst und in Absicht und Wirkung keinesfalls solitär oder gar trennscharf zu differenzieren (und längst noch nicht in ihrer Breite und gegenseitigen Beeinflussung empirisch durchdrungen). Die angestrebte Korrelation z.B. der Ermöglichung von Berufstätigkeit und Abminderung von herkunftsbedingten sozialen Benachteiligungen ist aber keineswegs neu, sondern seitens der Jugendhilfe seit den 1990er Jahren ausdrücklich gewollt: § 22 des SGB VIII formuliert die rechtliche Rahmung, dass Tageseinrichtungen für Kinder und Kindertagespflege die Entwicklung zur eigenverantwortlichen und gemeinschaftsfähigen Persönlichkeit fördern. Sie sollen die *Erziehung* und *Bildung* in der Familie unterstützen und ergänzen sowie Eltern dabei unterstützen, Erwerbstätigkeit und Kindererziehung besser miteinander zu vereinbaren. In der gleichen Rechtsgrundlage findet sich auch der Auftrag zur partnerschaftlichen Zusammenarbeit mit Schule, damit Risiken am Übergang in die Grundschule gemindert werden, „um den Kindern einen guten Übergang in die Schule zu sichern und um die Arbeit mit Schulkindern in Horten und altersgemischten Gruppen zu unterstützen" (SGB VIII § 22a).

multi-professionelle Teamstrukturen

Mit anderen Worten: Die Kindertagesbetreuung ist seit 1990 zur kooperativen Gestaltung der *Transition* in die Grundschule und zur Zusammenarbeit mit Schulen (SGB VIII § 81) rechtsverbindlich verpflichtet. Aber für Schule ist eine kooperative Grundhaltung gegenüber außerschulischen Bildungsanbietern bislang (noch) kein ausdrückliches „Muss". Erst die neuen multiprofessionellen Teamstrukturen, staatliche Steuerungsmaßnahmen wie beispielsweise das Modell des niedersächsischen „Brückenjahres" u.Ä. verändern allmählich den schulischen Blick auf die Notwendigkeit vernetzter Bildungsverantwortung.

Professionalisierungsbedarf

Im Rahmen der Möglichkeiten von *Schulentwicklung* und eigenständiger Verantwortung von Kooperationsbeziehungen ist die Einsicht in die systemische Gestaltungsaufgabe und die dafür erforderlichen habituellen Veränderungen von der Offenheit der Einzelschule abhängig. Sie muss im Vorfeld der konzeptionellen Zusammenarbeit zunächst zur Einsicht kommen, dass kooperative Konzepte – jenseits des Delegationsprinzips (de Boer/Spies 2014) – den systemischen Blick auf die Organisation Grundschule und auf eine ausdrücklich über die Unterrichtsgestaltung hinausgehende aktive Zusammenarbeit erfordern und jeden Baustein der Trias zur Schulentwicklung (Personal-, Organisations- und Unterrichtsentwicklung; Rolff 2010) gleichwertig gewichten, um nachhaltige Effekte im Sinne einer Systemreform zu erzielen. Hier beginnen vor allem für die Schulen die Herausforderungen in der Auseinandersetzung mit ihrem Professionalisierungsbedarf zur Optimierung von Transitionssettings.

In einem Bildungssystem, das seine Strukturen selbst im systemischen Blick reflektiert und auf riskante Brüche in der Bildungsbiografie verzichtet – statt zwischen Krippe, Kita, Grundschule und weiterführenden Schulen eine ganze Reihe an (dann wieder gezielt zu entschärfenden) Transitionsschwellen und Hürden einzubauen und ab der vierten Klasse zur Selektion via Schulform zu zwingen – würde sich das Nachdenken über die Frage der Dauer von *Elementar-* und *Primarbildung* und ihrer Zuordnung zu Altersgruppen erübrigen. Zugleich würde dies ein Mehr an Vielfalt und *Diversität* auch hinsichtlich der kindlichen Entwicklung zur selbstverständlichen Gegebenheit für die Konzeption pädagogischer Settings ermöglichen und die unproduktiven institutionellen Grenzen abbauen helfen, ohne dass fachdisziplinäre Expertise „verwischen" müsste.

Konzeption pädagogischer Settings

Bis dahin nehmen Kinderkrippen und -gärten innerhalb der Bildungslandschaft einerseits die Aufgaben der Betreuung von Kindern zwischen null und sechs Jahren wahr, haben dabei die Sicherung von förderlichen Entwicklungsbedingungen für Kinder im Vorschulalter zum Ziel und sind an der engen Zusammenarbeit mit kommunalen Diensten und den Angeboten der Familienbildung orientiert. Andererseits folgen sie einem Bildungsauftrag, der sich je nach Region und Bundesland an gesonderten Bildungsplänen orientiert und als Grundlage für künftige bildungsbiografische Verläufe im schulischen System verstanden wird. Letztlich sind Einrichtungen der Tagespflege für Kinder, die noch nicht der Schulpflicht unterliegen, ein wichtiger Bestandteil der frühen *Förderung*, die in der jüngeren Vergangenheit zunehmend an Beachtung gewonnen und rasante Entwicklungen zu verzeichnen hat.

Bildungspläne

Die Kommission des 14. Kinder- und Jugendberichts warnt ausdrücklich vor einer

> „Curricularisierung von Krippe und Kindertagesbetreuungseinrichtung, [die] eine Verplanung von Kindheit, die die frühkindliche Bildung stark auf die Produktion von Humankapital und ihre Verwertbarkeit für die Schule fokussiert" (BMFSFJ 2013, 315).

Die Zuständigkeitsverschiebung in die Kultusministerien könnte, so kann die Kritik im 14. Kinder- und Jugendbericht interpretiert werden, „funktionalistische[n] Sichtweisen und Praxen, die das Kind auf ein defizitäres Bildungsobjekt und die Kindertagesbetreuung zur Vor-Schule verkürzen", Vorschub leisten (BMFSFJ 2013, 315).

Letztlich zeigen vor allem die systematischen „Brüche" der Zuordnung, dass in der jüngeren Vergangenheit eine fachlich und systematisch veranlasste Bewegung in die Organisationsstrukturen der Institutionen gekommen ist, die den systemisch bedingten Bruch in der Bildungsbiografie von Kindern, die von der Kindertagesbetreuung in die Grundschule wechseln (*Transition*), mit unterschiedlichen institutionellen, strukturellen und inhaltlichen Maßnahmen abfangen will.

Die Debatten um Bildungspläne und Professionalisierung sind eng an das Thema *Qualitätsentwicklung* gebunden. In dieser werden Fragen der Qualität von Erziehung, Betreuung und Bildung sowie von Bildungssystemen verhandelt.

Anschluss-möglichkeiten

Je nachdem, in welchem Bundesland ein Kind aufwächst, sind seine Anschlussmöglichkeiten an die Angebote der Elementarbildung für unter Sechsjährige sehr unterschiedlich. Der 14. Kinder- und Jugendbericht konstatiert zugleich, dass sich Unterschiede „nicht nur auf der Länderebene, sondern auch auf der Ebene der Kreise und Jugendämter ausmachen lassen" (BMFSFJ 2013, 112).

Betreuungszeiten

Nicht nur die Bildungspläne und die methodischen Ansätze innerhalb der Einrichtungen, sondern auch die Traditionen der Zugangsmöglichkeiten, Anzahl der Krippen- und Kindergartenplätze sowie die Rahmungen für die Tagespflege durch Tagesmütter und -väter oder die Betreuungsschlüssel variieren stark und stehen derzeit auch hinsichtlich ihrer pädagogischen Qualität unter Beobachtung. Während beispielsweise in Rheinland-Pfalz schon in den späten 1960er Jahren ein Kindergartenplatz in einem öffentlich geförderten Kindergarten in kirchlicher Trägerschaft im ländlichen Raum die Möglichkeit der Vor- und Nachmittagsbetreuung (Mittagessen zu Hause) beinhaltete, gilt für niedersächsische Kinder im Einzugsbereich einer vergleichbaren Einrichtung noch bis Ende der 2000er Jahre ihr Recht auf einen Kindergartenplatz als gewährleistet, wenn die Betreuung entweder am Vormittag (8–12 Uhr) oder am Nachmittag (12–16 Uhr) stattfindet – obwohl eine große Nachfrage nach Ganztagsplätzen über lange Wartelisten dokumentiert ist und elterliche Erwerbstätigkeit (vor allem für Alleinerziehende) mit diesen Betreuungszeiten kaum zu vereinbaren ist. Dabei fällt auf, dass die Einrichtungen in kommunaler Trägerschaft noch weniger bedarfsgerecht anbieten (können) als jene in freier oder kirchlicher Trägerschaft, weil die sozial- und bildungspolitischen EntscheidungsträgerInnen der jeweiligen Kommunen nicht die entsprechenden Weichen stellen. Sie setzen beispielsweise deutlicher auf den Ausbau der öffentlich geförderten privatwirtschaftlichen Tagespflege bei Tagesmüttern oder -vätern statt auf eine institutionell gesicherte Infrastruktur. Damit ist zugleich eine breite Varianz hinsichtlich der Qualität pädagogischer Arbeit in der frühen und mittleren Kindheit als gegeben zu betrachten, denn zwischen den Anforderungen der Bildungspläne für die Kita und den Anforderungen, die Tagesmütter oder -väter erfüllen können, ist sowohl methodisch als auch diagnostisch eine Tendenz zu erheblichen Qualitätsunterschieden zu erwarten, die noch empirisch nachvollzogen werden muss.

frühpädagogische Bildungsförderung

Der Kindergarten zeichnet sich einerseits durch seine methodische Breite aus, die sich beispielsweise entlang des Situationsansatzes (Heller 2010; Bumann 2008), der Reggiopädagogik (Lingenauber 2013; Schäfer/von der Beek 2013), der Montessoripädagogik (Hansen-Schaberg 2012; Ludwig et al. 2005) oder der Waldpädagogik (Büchele 2014; Schneider 1982) und ihrer Kombinationsmöglichkeiten als Grundlage des *pädagogischen Handelns* in der jeweiligen Einrichtung differenzieren lassen. Mit Blick auf die Ansprüche frühpädagogischer Bildungsförderung betont Stamm (2010), dass es darauf ankomme,

„das Kind selbst und sein Verhalten bedingungslos in den Mittelpunkt zu stellen und es dabei als stark und kompetent, als aktiv, sozial und dynamisch zu betrachten" (Stamm 2010, 136).

Sie unterscheidet nach metakognitiven Ansätzen, die ein Bewusstsein für *Lernprozesse* erzeugen und Kompetenzen der Selbststeuerung vermitteln wollen, sowie nach Ansätzen, die das Spiel als Förderstrategie betrachten und jenen, die die Möglichkeiten neuer Medien (Computer) nutzen. Zugleich fordert sie, dass frühkindliche Bildungsförderung eine kindgerechte, d. h. eine auf die jeweiligen Entwicklungsbesonderheiten und *Bedürfnisse* abgestimmte „entwicklungsangemessene Mischung von Bildung und Betreuung, von Stimulation und Förderung, von Arbeit und Spiel" sein sollte (Stamm 2010, 146).

Die Aufgaben der vorgehaltenen Angebote für Kinder vor Eintritt in die Grundschule – diese beziehen sich auf Kindertagesstätten in kommunaler, gemeinnütziger wie auch privatwirtschaftlicher Trägerschaft, aber auch öffentlich geförderte Kindertagespflege im Tageselternmodell –, haben sich im Zuge der Diskussion um Bildungsbenachteiligung erheblich erweitert – mit dem Ergebnis, dass nunmehr die bereits im SGB VIII formulierten Aufgaben und Aufträge ausdrücklich betont und eingefordert werden, von Bildungsplänen und Orientierungshandreichungen im Sinne politischer Erwartungen flankiert werden und in einer breiten Akzeptanz der Einrichtungen sowie in einem internationalen Diskurs um frühkindliche Bildungsförderung ihre Entsprechung finden. **Tageseltern**

Der in den 1990er Jahren eingeführte Rechtsanspruch auf einen Kindergartenplatz für Kinder ab dem dritten Lebensjahr und seine Ausweitung auf den Krippenplatzanspruch für Kinder unter drei Jahren im Jahre 2013 sowie die Lückendeckung durch Tageselternkonzepte sorgen insgesamt für eine immer breitere Akzeptanz öffentlicher Erziehungsangebote, die Träger von Einrichtungen zu konzeptionellen und personellen Qualitätskonzepten veranlasst und in dieser Dynamik auch die bestehenden Ausbildungswege in Frage stellt. Die Sachverständigenkommission des 14. Kinder- und Jugendberichts stellt dazu fest, dass sich fundamentale

„Verschiebungen und Neujustierungen im Verhältnis des Aufwachsens in privater und öffentlicher Verantwortung, also die zunehmende Bedeutung öffentlich verantworteter Orte des Aufwachsens in der frühen und mittleren Kindheit" (BMFSFJ 2013, 307)

beobachten lassen, die von der verhältnismäßig zögerlichen Entwicklung (SteG 2014) ganztägiger Schulkonzepte für die späte Kindheit ergänzt werden.

Die fachlichen Anforderungen an die professionellen Kompetenzen steigen dabei z.B. hinsichtlich der Umsetzung von Bildungsrahmenplänen für Null- bis Zehnjährige (sic!), aber auch für Sprachstandserhebungen und Sprachförderprogramme, mathematisch-naturwissenschaftliche Förderansätze oder die *Schuleingangsphase*. Dies führt zu einer engen Kooperation mit Lehrkräften der Grundschulen in der *Transitions*phase, ohne dass allerdings schon von einer systematischen Zusammenarbeit gesprochen werden kann (SteG 2014). **Bildungsrahmenpläne**

Die gezielte Auseinandersetzung mit Bildungs- und Entwicklungsaufgaben der frühen und mittleren Kindheit, die Gestaltung von lernanregenden Settings, die Entwicklungsdokumentation, aber auch Elternberatung und Kooperationskonzepte erfordern veränderte Ausbildungskonzepte, die nunmehr dem schulvorbereitenden Paradigma folgen sollen, aber auch nach kritischen Fragen verlangen: **Entwicklungsdokumentation**

"Ähnlich wie offene Unterrichtskonzepte stellen frühpädagogische Selbstbildungsansätze womöglich besonders für solche Kinder eine Erschwernis dar, die mit wenig vorstrukturierten Angeboten nicht gut umzugehen, freie Angebote für sich nicht optimal zu nutzen und demzufolge nicht in ‚kulturelles Kapital' (Bourdieu) umzumünzen verstehen. Und das beträfe vor allem Kinder, die aus individuellen oder sozialen Gründen eher ungünstige Bedingungen des Aufwachsens und Lernens haben." (Grell 2010, 164, zit. nach BMFSFJ 2013, 307)

Benachteiligungen Die ursprüngliche Trias von *Bildung*, *Erziehung* und Betreuung wird vom ausdifferenzierenden Angebot der Kindertagesbetreuung repräsentiert und soll zum einen im Sinne sozial- und integrationspolitischer Anliegen der ausgleichenden *Förderung* in Fällen von Benachteiligungen dienen, zum anderen die kognitive und soziale Vorbereitung auf das staatliche Bildungswesen gewährleisten und bildet damit – bildungsökonomisch motiviert – die wirtschaftlichen Interessen des Arbeitsmarktes und seiner bevölkerungspolitischen Reichweiten ab (BMFSFJ 2013).

Organisationsentwicklung Die Qualität der Einrichtungen und Angebote wird aber derzeit im Wesentlichen nach dem Beitrag beurteilt, den sie für die Stimulation des *Lernens*, die Vorbereitung auf den Schuleintritt und den Ausgleich von herkunftsbedingten Benachteiligungen leisten und inwiefern sie den Maßgaben des *Inklusions*paradigmas folgen. Konzepte der Qualitätsmessung und Evaluation beziehen sich Stamm (2010) zufolge auf Orientierungs- und Strukturqualität, die in Wechselwirkung zueinander stehen und die Organisationsqualität bestimmen, von der wiederum die Prozessqualität der Förderung und Betreuung abhängt. Darüber hinaus ergänzt der Index-of-Inclusion (Seifert 2013) als Evaluationsmaßstab die sich etablierenden Methoden und Verfahren der Organisationsentwicklung in der Kindertagesbetreuung, für die derartige Managementverfahren der Steuerung seit Mitte der 1990er Jahre mehr und mehr zum Alltag gehören und (wie für viele weitere Bereiche der *Jugendhilfe*) wichtige Entwicklungsimpulse geben.

schulische Anschlussfähigkeit Die Sachverständigenkommission des 14. Kinder- und Jugendberichts (BMFSFJ 2013) betont, dass die großen Erwartungen, die derzeit mit frühkindlichen Bildungssettings verbunden sind, unbedingt relativiert betrachtet werden müssen, da noch keine Belege für die These der Korrelation zwischen elementarpädagogischer Arbeit und schulischer Anschlussfähigkeit vorliegen. Bis dahin bleibt festzuhalten, dass die familiäre Ausstattung (soziale Lage, materielle Bedingungen, familiäre Kontexte) auch in Fällen elterlicher Erwerbslosigkeit die Kinder ausdrücklich von der Teilnahme an den Angeboten der Elementarbildung ausgrenzt. Jedoch muss davon ausgegangen werden, dass die individuellen Ausstattungen sehr eng mit Umweltbedingungen in Relation stehen und die Persönlichkeitsentwicklung maßgeblich bestimmen, aber die Ansprüche an die „Möglichkeiten und Grenzen der Frühförderung" nur auf eine sehr „bescheidene empirische Basis" (BMFSFJ 2013, 104) bezogen werden können.

Es ist also noch offen, inwieweit kognitiv, sprachlich und kulturell anregungsarme Umgebungen (familiäre Mangelsituationen) institutionell kompensiert werden können. Der Befund, dass „Armutskontexte und Zuwendungseinbußen" die Möglichkeiten der Persönlichkeitsentwicklung einschränken und ausgeprägte schulische Ängste befördern können (BMFSFJ 2013), relativiert die These der elementarpädagogischen Reichweite, da

> *„Unterschiede bzw. selektive Zugänge zu pädagogischen Qualitäten in außerfamilialen Betreuungssettings nur sehr wenig erforscht sind [...]. Hinzu kommt, dass selbst eine gute pädagogische Qualität in der Kindertagesbetreuung nicht ihre volle Wirkungskraft entfalten kann, wenn nicht auch Familien entsprechende Bildungs- und Betreuungsqualitäten bieten"* (BMFSFJ 2013, 117).

Ein erster Vorschlag zur Prüfung von Qualitätsstandards liegt mit den Eckpunkten Befähigung und Wohlbefinden zur Prüfung von Erziehungs- und Bildungskonzepten der Elementarpädagogik vor: „Ersteres eher als gezielt eingesetzte Einflussnahme auf Kinder und letzteres eng verbunden mit Entwicklung und Lernen." (BMFSFJ 2013, 129) Diese Orientierung an den *Bedürfnissen* von Kindern gilt es als Maßstab zu nehmen und die damit verbundenen Tätigkeiten so gestalt- und erlernbar zu machen, dass jegliche pädagogische Handlung im institutionellen (Kindertagesstätte) wie im privaten (Tageseltern) Setting daran gemessen werden kann.

Befähigung und Wohlbefinden

In der Zusammenschau der entsprechenden Empirie und Analysen zur Qualifikation als Grundlage für Qualität kommen Baader et al. (2012) zu dem Befund, dass der Qualifikationsbedarf von Fachkräften vor allem hinsichtlich angemessener Konzepte eines intersektionalen Blicks bedarf.

4.3 Die Schule – Das pädagogische Handlungsfeld der Weichenstellung für gesellschaftliche Teilhabechancen

Die gesellschaftlichen Teilhabechancen im Rahmen eines selbstbestimmten Erwachsenenlebens werden zu großen Teilen vom Verlauf der schulischen Bildungsbiografie mitbestimmt. Schulischer Zertifikatserwerb ist die Voraussetzung für Zugänge zum Arbeitsmarkt und zu weiterführenden Qualifikationswegen. Erfolg oder Misserfolg schulischen *Lernens* können nachhaltigen Einfluss auf Selbstbild und -vertrauen haben und Handlungsoptionen im weiteren biografischen Verlauf bestimmen, wie u.a. die biografischen Studien von Pfahl (2011) und Riedo (2000) eindrücklich belegen.

Bildungsbiografie

Unbestritten hat Schule eine zentrale Funktion innerhalb der Gesellschaft und steht dabei in der Pflicht, jene Aufgaben zu erfüllen, die „bestimmte Instanzen – Politik, insbesondere die zuständigen Ministerien, Wissenschaft, besonders die Pädagogik, aber auch Öffentlichkeit, Interessensverbände usw. – von der Schule *verlangen*, was sie ihr ‚aufgeben'" (Klika/Schubert 2013, 215f., Hervorhebung im Original). Aus der pädagogischen Perspektive werden die Aufgaben von Schule mit Blick auf die bestmögliche Entwicklung des Individuums erörtert. Erst ergänzt durch die soziologische Analyse der Funktion zeichnet sich ein Bild der „Wirklichkeit der Ansprüche", welches zeigt, dass Schule, auch wenn „viele mit Schule verbundene Ansprüche einer nüchternen Analyse nicht standhalten" (Klika/Schubert 2013, 216f.), dennoch unverzichtbar ist.

Allgemeinbildung Die Seite der Ansprüche wird – hier berufen sich die AutorInnen auf Klafki – von den drei Aspekten der Zielsetzung „Allgemeinbildung" bestimmt: Zunächst ist von der allgemeinen Chancengleichheit als grundlegendem Anspruch auszugehen, der dafür sorgen soll, dass alle SchülerInnen unabhängig von Herkunft und antizipierter Zukunft pädagogisch unterstützte Entfaltung der gesamten Vielfalt aller individuellen Möglichkeiten zur demokratischen, gesellschaftlichen Teilhabe in eigenständiger und selbstverantwortlicher Lebensführung als autonome Subjekte erhalten. Dabei verfolgt der Anspruch der Allgemeinbildung zweitens nicht nur eine kognitive Dimension, sondern auch „moralische und politische Verantwortlichkeiten, Entscheidungs- und Handlungsfähigkeiten und Fragen der Ästhetik" (Klika/Schubert 2013, 216f.). Drittens hat sich die Allgemeinbildung des Mediums allgemeiner Antwortversuche auf „Schlüsselprobleme der Gegenwart und der Zukunft" zu bedienen. Sie kann nicht „qua Verordnung oder qua pädagogische Aktivitäten ein für allemal" (Klika/Schubert 2013, 218f.) festgelegt werden, sondern ist als dritter Teil der Aufgabe immer wieder unter Berücksichtigung individueller und gesellschaftlicher Veränderungen neu zu bestimmen:

„Dieses Allgemeinbildungskonzept ist konsequent bildungstheoretisch gedacht, da es nicht von der gegebenen Institution Schule, ihrer Organisationsstruktur, ihrem Fächerkanon usw. ausgeht, sondern von den Bildungsaufgaben." (Klika/Schubert 2013, 219f., Hervorhebung im Original)

Damit schließt die Aufgabe von Schule an die Darlegungen zum *Bildungs*begriff als Schlüsselbegriff im pädagogischen Diskurs an und soll im Folgenden um eine vertiefende Auseinandersetzung mit den Funktionen von Schule aus pädagogischer Perspektive ergänzt werden.

Funktion von Schule In Anlehnung an Fend erläutern Klika und Schubert (2013) dessen vielfach rezipiertes Modell der dreifachen Funktion von Schule. Fend unterscheidet zwischen Qualifikationsfunktion, Selektions- und Allokationsfunktion sowie der Integrationsfunktion. Während die Qualifikationsfunktion auf ökonomische gesellschaftliche Interessen abzielt und neben funktionalen fachlichen Qualifikationen auch extrafunktionale Qualifikationen im Sinne von Arbeitstugenden wie beispielsweise Leistungsbereitschaft und Zuverlässigkeit oder Ausdauer beinhaltet, ist die Selektions- und Allokationsfunktion der Ausdruck dafür, dass „vermittels Schule jedem und jeder ein Status zugewiesen" (Klika/Schubert 2013, 219f.) wird. Da aber alle im Sinne des Allgemeinbildungsauftrags unabhängig von ihren Ausgangslagen die gleichen Chancen haben sollen, müssen herkunftsbedingte Nachteile

„ – nimmt man den Gedanken der Chancengleichheit ernst – durch besondere Fördermaßnahmen ausgeglichen werden, da für eine gerechte Zuweisung von sozialen Positionen nur das berücksichtigt werden darf, das vom jeweiligen Individuum individuell verantwortet werden kann" (Klika/Schubert 2013, 221).

Als dritte Funktion wird seit der Analyse von Fend die Integrationsfunktion von Schule erörtert, die sich sowohl auf das gesellschaftliche und politische System bezieht als auch u. a. auf das „Konkurrenzprinzip, die Gewöhnung an Fremdbestimmung" (Klika/Schubert 2013, 221) – womit Klika und Schubert zufolge eher eine Intention denn eine Funktion beschrieben ist. Auch hinsichtlich der Selektions- und Allokationsfunktion differenzieren sie, da es nicht die Schule ist, die den sozialen Status zuweist, sondern die SchülerInnen selbst, die unter Rückgriff auf ihre Lernerfahrungen und Erfahrungen ihres sozialen Hintergrundes sich ihren sozialen Status auch selbst zuweisen.

sozialer Status

Auch hinsichtlich der vorberuflichen und beruflichen Qualifikation wird die Rolle der Schule überschätzt, während ihre Funktion für die *„Befähigung zur selbständigen Lebensführung* innerhalb der gegebenen gesellschaftlichen Ordnung" (Klika/Schubert 2013, 222f., Hervorhebung im Original) unterschätzt wird:

„Es gehört daher zu den zentralen Aufgaben und Funktionen der Schule, auf solche Eigenverantwortlichkeit, Kritikfähigkeit und Selbständigkeit vorzubereiten und in Ergänzung der häuslichen Erziehung und ggf. sie korrigierend die dazu erforderlichen Kenntnisse, Fähigkeiten und Fertigkeiten zu vermitteln." (Klika/Schubert 2013, 223)

Mit dieser Kritik an bestehenden Analyseschemata markieren Klika und Schubert zugleich die gemeinsame Schnittstelle zwischen schul- und sozialpädagogischem Selbstverständnis: Sie verweisen auf die Funktion sozialpädagogischen Handelns, das seine Aufgabe dort erhält, wo die Eigenverantwortlichkeit des Individuums Unterstützung braucht, wo es zu scheitern droht oder es bereits an der Aufgabe gescheitert ist, eigenverantwortlich für sich und sein Leben zu sorgen und Unterstützung für die Widererlangung einer selbstständigen Lebensführung benötigt.

Eigenverantwortlichkeit

Zur weiteren Analyse und Erläuterung der disziplinären Schnittstellen pädagogischer Handlungsfelder soll nun zunächst Schule als ein in Entwicklung befindliches System skizziert werden. Anschließend werden am Diskurs um ganztägige Bildungskonzepte und Formate die konkreten Schnittstellenprobleme des Schulsystems erörtert. Schließlich werden anhand des sozialpädagogischen Handlungsfeldes der *Schulsozialarbeit* die Möglichkeiten und Grenzen des Beitrags von Sozialer Arbeit im schulischen Setting erläutert.

Schnittstellenprobleme

Im Folgenden wird – im Sinne einer biografischen Perspektive – zunächst die Grundschule mit ihrem Anspruch auf die Vertiefung der im Kindergarten begonnenen Elementarbildung als primäre Instanz für schulisches Lernen betrachtet.

Die Skizze des Ganztagsschuldiskurses in Primar- und Sekundarstufe geht sowohl auf die Spezifika ganztägiger Primarstufenmodelle als auch auf jene von ganztägig konzipierten Schulen der Sekundarstufe I ein. Die breite Gliederung des deutschen Schulwesens erfordert es, eher in der Übersicht zu bleiben, auf die Gemeinsamkeiten innerhalb des staatlichen Schulwesens zu schauen und Spezifika der Primarstufe oder der Sekundarstufe I nur dort explizit auszuführen, wo die Argumentation dies verlangt. Wenngleich die Schulen der Sekundarstufe I in ihren je nach Landesrecht gültigen Formaten der Haupt-, Real-, Ober-, Sekundar- oder Gesamtschule und der des Gymnasiums vielfältige Anlässe zur schul-

staatliches Schulwesen

formbezogenen Analyse geben können, soll hier der besseren Übersicht halber auf eine Vertiefung dieser Systematik verzichtet werden und lediglich, soweit es nötig scheint, – in Orientierung an den SchülerInnen als *AdressatInnen* schulpädagogischer Angebote – zwischen SchülerInnen im Grundschulalter und SchülerInnen der Sekundarstufe I unterschieden werden.

4.3.1 Die Primarstufe zwischen schulischer Eigenverantwortlichkeit, individueller Förderung und traditionellen Ansprüchen

soziokulturelle Entwicklungsnorm

Der Übergang vom Kindergarten in die Grundschule bzw. die Einschulung der etwa sechsjährigen Kinder folgt einer soziokulturellen Entwicklungsnorm, die derzeit im Wandel begriffen ist. Während Baacke (1999) betont, dass es

> „keine durchschlagenden Gründe [gibt], die berechtigen, gerade das Erreichen des sechsten Lebensjahres als Einschnitt für den Übergang von der familiären und außerfamiliären Erziehung in die Schule zu markieren" (Baacke 1999, 129f.),

geht seit Anfang der 2010er Jahre der Trend zur früheren Einschulung bzw. in einzelnen Modellprojekten auch zu einem flexiblen Verfahren mit mehreren Aufnahmedaten pro Jahr (§ 20 Abs. 2 Satz 2 des Hessischen Schulgesetzes).

Lernausgangslagen

In der Primarstufe (Grundschule) wird einerseits auf die zuvor erworbenen Lernausgangslagen aufgebaut und andererseits das Fundament für das anschließende Lernen an weiterführenden Schulen gelegt. Da die Voraussetzungen, mit denen Kinder in die Grundschule eintreten aber je nach sozialen Hintergründen und *Lebenswelt*bedingungen sehr unterschiedlich sein können, versucht man zwar, die Konzepte der Primarbildung grundsätzlich so anzulegen, dass die gesamte Bandbreite der Voraussetzungen berücksichtigt werden können. Diese können – trotz vielfältiger Programmatiken und Versuche auf der Mikroebene des Unterrichts – aber letztlich noch keine nennenswerten Erfolge (Veränderung in der Zuweisung von Chancen) vorweisen.

Migrationsgesellschaft

Nach wie vor sind soziale Ungleichheit und die Bedingungen der Migrationsgesellschaft so abgebildet – und seit Mitte der 1970er Jahre immer wieder empirisch belegt (u. a. Diefenbach 2007; Konsortium Bildungsberichterstattung 2006; Autorengruppe Bildungsberichterstattung 2008) –, dass von systematischen und systembedingten Bildungsbenachteiligungen vor allem für SchülerInnen aus sozial benachteiligten Familien und Familien mit einer Migrationsgeschichte ausgegangen werden muss. Nach Durchlaufen der Grundschule sind letztere auch bei höherem sozialem Status – also ohne Verschränkung der Differenzlinie mit Armut und sozialer Benachteiligung – nach wie vor an Haupt- und Sonderschulen überrepräsentiert und in höher qualifizierenden Schulformen unterrepräsentiert (Autorengruppe Bildungsberichterstattung 2008).

OECD-Studien Einschulung

Auch die OECD-Studien belegen vor allem die Schlechterstellungen von SchülerInnen mit Migrationsgeschichte oder einem niedrigen sozioökonomischen Status. Auch wenn die Grundschule augenscheinlich zunächst für alle Kinder gleiche Bildungschancen bereitzuhalten scheint, zeigen vor allem die Rückstellung von der Einschulung gegenüber den vorzeitigen Einschulungen, dass Eltern mit einem starken sozioökonomischen Status die Quote der vorzeitigen Einschulungen dominieren. Dagegen sind Kinder aus Familien mit zuvor genannten Merkmalen am häufigsten von Rückstellungen betroffen, deren Entscheidungsgrundlage die Befunde der Schuleingangsuntersuchungen sind.

Die Auswirkungen dieser Exklusion reichen bis zum Ende der Grundschulzeit und darüber hinaus, wo beispielsweise die mathematischen Kompetenzen der zuvor zurückgestellten Kinder einen Rückstand von bis zu einem Jahr aufweisen können (BMFSFJ 2013) und zur Grundlage der weiteren Selektion am Übergang zur Sekundarstufe I werden. Die Rückstellung hat demnach das beabsichtigte Ziel der Anschlusssicherung verfehlt und keinen förderlichen Effekt gehabt. Es handelt sich also in der Konsequenz um Praxen institutioneller Diskriminierung bzw. Aufrechterhaltung von hegemonialen Ansprüchen, die durch die Konzentration auf Perspektiven der individuellen Einzelfallförderung auf der Unterrichtsebene verdeckt werden. Sie untermauern hierdurch zugleich die Fortsetzung der strukturellen Benachteiligungen – solange die Veränderungen sich auf die Binnendifferenzierung des Unterrichts konzentrieren und nicht mit gleicher (oder vielleicht sogar intensiverer) Relevanz Veränderungen auf den Ebenen Personalentwicklung und Organisationstruktur verfolgt werden.

Einzelfallförderung

Aber auch die elterliche Schulwahl hat Bedeutung für Segregationsprozesse an Grundschulen: Fincke/Lange (2012) kommen zu dem Ergebnis, dass es einerseits zu einem „aktiv betriebenen Schulwechsel" seitens „vor allem bildungsnahe[r] Eltern" kommt, „um ihrem Nachwuchs ein förderliches Lernumfeld zu bieten" und andererseits Kinder mit Migrationshintergrund „häufiger und früher" in Schulen mit hohem Zuwandereranteil lernen, was negative Auswirkungen „für ihren Kompetenzerwerb" habe:

> *„Die in weiterführenden Schulen institutionalisierte Trennung nach Leistung wird somit bereits an Grundschulen mittels wohnräumlicher Segregation und elterlicher Schulwahlentscheidung eingeleitet."* (Fincke/Lange 2012, 2)

Der Anfangsunterricht soll den „Übergang vom intuitiven zum schulischen Lernen" (Hacker 2011) markieren und wird im Fachdiskurs als erziehend und sozialisierend, mit Einfluss auf Persönlichkeitsentwicklung sowie alters- und entwicklungsabhängig erörtert. Er soll an vorschulische Bildungsanregungen anknüpfen und Grundlagen für das weitere schulische Lernen legen (u.a. Hellmich 2010). Darüber hinaus sollen erste Zugänge zu Schriftspracherwerb eröffnet, das mathematische Grundverständnis aufgebaut und Sachkompetenz angeregt, Interessen geweckt und kognitive Leistungsbereitschaft entwickelt werden. Hacker (2011) weist unter anderem auf die Diskrepanz zwischen idealtypischen Ansprüchen und den davon noch weit entfernten Umsetzungsergebnissen in der schulischen Praxis hin. Diehm (2008b) betont ausdrücklich, dass veränderte Einschulungsbedingungen nicht davon entbinden können,

Anfangsunterricht

> *„die Grundschule samt ihrer Pädagogik als ein System zu beobachten, das auch strukturbedingt Selektionsergebnisse produziert, die nicht im Einklang mit den geläufigen Reformsemantiken stehen bzw. durch diese nicht sogleich zu entschärfen sind" (Diehm 2008b, 573).*

Schuleingangsstufe Neben verschiedenen *Transition*smodellen der Zusammenarbeit, die jeweils eine Brücke zwischen Kindergarten und Grundschule bilden wollen, versucht die schulische Praxis derzeit vor allem mit Hilfe der altersgemischten Schuleingangsstufe der selektiven Einschulungspraxis auf der Unterrichtsebene entgegenzusteuern (Hacker 2011). Ziel ist u. a., jedem Kind das angemessene Lerntempo zu erlauben. Darum wird der Lernstoff der ersten und zweiten Klasse so aufbereitet, dass er innerhalb von zwei oder drei Jahren erworben werden kann, bevor ab der dritten Klasse in der Regel jegliche Lernleistung und ebenso das Arbeits- und Sozialverhalten in die Datensammlung zur Schullaufbahnberatung bzw. -empfehlung einfließt und den weiteren Weg in der Sekundarstufe I absteckt.

Sowohl die Praxen zur Gestaltung der *Schuleingangsphase*, im Sinne eines strukturierten und pädagogisch motivierten Übergangskonzepts bzw. des Anfangsunterrichts, als auch jene für die weiteren Klassenstufen sind aber insgesamt derart vielfältig, dass keineswegs von einheitlichen schulischen Grundlegungen für Bildungssettings in der Primarstufe ausgegangen werden kann.

Unterrichtskonzepte Die Praxis der Übergangsgestaltung von der Elementar- zur Primarpädagogik kann je Einzelschule ganz unterschiedlich ausfallen, auch wenn insgesamt das Ziel der individuellen *Förderung* und *Lernprozess*begleitung unter Wertschätzung von Vielfalt formuliert wird. So können die Bedingungen des Lernens in der Grundschule sogar innerhalb einer Kommune so verschieden sein, dass es geradezu zur bildungsbiografischen Schicksalsfrage werden kann, welcher Schule mit welchem Unterrichtskonzept das einzelne Kind zugewiesen wird.

föderalistische Struktur Auch die Palette der innovativen Möglichkeiten der staatlichen Grundschule reicht einerseits bis hin zur Flexibilisierung der Einschulungszeitpunkte (z. B. Hessen), dem jahrgangsgemischten Unterricht der Klassen eins bis vier oder zum grundsätzlichen Verzicht auf Benotung bis zum Ende der vierten Klasse. Daneben finden sich aber auch Konzepte des Primarunterrichts, die einzelne reformpädagogische Elemente aufgreifen, vielleicht auch Selbstbestimmung und demokratische Grundlagen betonen und z. T. Eltern intensiv beteiligen. Dem gegenüber werden aber auch nach wie vor traditionelle Unterrichtskonzepte die u. a. an i. d. R. wenig demokratischen, stark selektierenden und exkludierenden strukturellen Traditionen festhalten, (manchmal zweifelhafte) didaktische Varianten erproben oder auch (empirisch ungeprüften) Trends und Programmatiken des Bildungsmarktes folgen. Diese institutionelle Vielfalt ist nicht nur auf die föderalistische Struktur des Schulwesens zurückzuführen, sondern auch der größeren Konzept- und Handlungsfreiheit, die durch die zunehmende Eigenverantwortlichkeit der Einzelschule für ihren Schulentwicklungsprozess möglich ist, geschuldet.

4.3.2 Neue Bildungskonzepte im alten System – Erwartungen und Anforderungen an ganztägige Schulformate in Primar- und Sekundarstufe I

Die Zeit des Schulbesuchs stellt innerhalb einer Bildungsbiografie vielfältige Anforderungen an die *AdressatInnen* der Bildungsangebote sowie an die erwachsenen AkteurInnen (Lehrkräfte, Schulleitung, Eltern, *Schulsozialarbeit*) und scheint trotz langjähriger ausführlicher Problemanalyse eine bemerkenswerte Beharrung im Althergebrachten zu haben.

Seit Ende der 1990er Jahre wird die Zeit der schulischen Allgemeinbildung auch unter Betrachtung des Bildungsauftrags der *Jugendhilfe* diskutiert. Sie spielt in Form von Hortkonzepten und additiven Einbindungen der offenen Kinder- und Jugendarbeit in ganztägige Schulformate ebenso eine wichtige Rolle wie dort, wo der tradierten Halbtags(grund)schule – in weniger systematischen *Vernetzungen* durch die pädagogische Arbeit der *Kindertagespflege* (Hort und Tageseltern) oder die Angebote der offenen und verbandlichen *Kinder- und Jugendarbeit* vom kommunalen Jugendhilfeträger – ein ergänzendes Bildungskonzept zur Seite gestellt wird. **Vernetzung**

Während ganztägige Schulformate in der Sekundarstufe I schon länger im Rahmen der Gesamtschulen praktiziert werden (Börner et al. 2012; 2013), ist die Verbreitung von Ganztagsgrundschulen eine relativ neue Entwicklung, die schulische Förderung mit interessenbezogener Angebotsgestaltung zur Erweiterung der Handlungsoptionen ihrer SchülerInnen zu koppeln versucht. Die Ansprüche sind groß: Man verspricht sich von ganztägigen Schulen die Lösung von Betreuungsproblemen vor allem für Kinder in der späten Kindheit sowie für jüngere Jugendliche, die aufgrund der Berufstätigkeit ihrer Eltern nunmehr in ihrer schulischen und persönlichen Entwicklung durch die Angebote der Förderung und Freizeitgestaltung des Ganztags eine unterstützende Struktur erhalten und im schulischen Rahmen eine größere Vielfalt von Entwicklungsoptionen und Interessen verfolgen können. Auch die Hoffnungen des „heimlichen Lehrplans" sind immens und reichen von genereller Förderung der Entwicklung oder Armutsprävention bis hin zum bürgerschaftlichen Engagement. **Angebotsgestaltung, Betreuung**

Von ganztägigen Schulformaten erwartet man auch schulaffine Einstellungen; diese sollen vor allem die „erweiterten Handlungsmöglichkeiten im Rahmen von Ganztagsbildung" (Rademacher 2008, 239) bedienen mit dem Ziel der Verankerung von Betreuungs- und Förderressourcen mit problemlösenden Effekten (Wagner et al. 2008).

Es stellt sich die Frage, worin diese Hoffnungen gründen und ob, bzw. inwiefern, ganztägige Schulformate und Bildungskonzepte diesen Ansprüchen tatsächlich genügen können. Stamm (2008b) und andere AutorInnen verweisen letztlich auf eine Lösung, die sich eher durch Forschungs- und Erkenntnislücken auszeichnet, da die wissenschaftliche Diskussion zu Dropoutprozessen in deutschsprachigen Forschungskontexten 2008 als „nahezu inexistent" (Stamm 2008a, 301) zu bezeichnen war. **Dropoutprozesse**

Die gemeinsam von DJI, DIPF und IFS getragene „Studie zur Entwicklung von Ganztagsschulen" (StEG 2014) bildet zwar den Status Quo ab, wird aber erst mit **strukturelle Gestaltung** den Befunden der vertiefenden Folgestudie tatsächlich Stellung beziehen können und belastbare Aussagen über Wirkungen von Ganztagsschulen treffen können. Bislang wird vor allem der Betreuungsaspekt dieser „zeitlich definierten Schule, die sich zunächst ‚nur' von der Halbtagschule durch den verfügbaren Zeitfonds unterscheidet" (Prüß 2007, 84) betont. So kommt z. B. der Wissenschaftliche Beirat für Familienfragen (2006) in seinem Gutachten zu dem Schluss, dass „die Einführung der Ganztagsschule die Familien stärkt und die Qualität des Aufwachsens von Kindern und Jugendlichen verbessert" (Wissenschaftlicher Beirat für Familienfragen 2006, 94). Diesbezüglich gilt es jedoch, eine Reihe von Voraussetzungen zu erfüllen, um die „bestmögliche Förderung von Kindern und Jugendlichen" (Wissenschaftlicher Beirat für Familienfragen 2006, 94) sicherzustellen, denn der zeitlich ausgedehnte Rahmen alleine kann und wird – besonders unter Berücksichtigung der Dropoutthematik – kaum ein Anlass zur Hoffnung sein: Warum sollten all jene, die unentschuldigt dem halbtägigen Unterricht fernbleiben und/ oder den zunächst eingeschlagenen Bildungsweg vorzeitig und/oder ohne Abschlusszertifikat verlassen, durch ein Mehr dessen, was sie meiden, gehalten werden? Wenn die Ganztagsschule Dropoutprozesse verhindern will und soll, wäre das entscheidende Kriterium also, dass sie „der großen Variabilität kindlichen Erlebens und Verhaltens und der Vielfalt der Erfahrungsräume und Lebenslagen von Kindern" tatsächlich „angemessen Rechnung tragen" kann (Wissenschaftlicher Beirat für Familienfragen 2006, 94). Insofern muss es z. B. eines der Hauptanliegen sein, Dropoutrisiken auch in der *strukturellen* Gestaltung zu berücksichtigen.

Bildungsformate Auf der Ebene der Organisationsstruktur versteht die Bildungspolitik den Ausbau der Ganztagsschule als Maßnahme zur Chancenverbesserung benachteiligter SchülerInnen. Die seit Jahren andauernde Entwicklungs- und Erprobungsphase hat auf institutioneller Seite eine entsprechende Vielfalt produziert: Ganztägige Bildungsformate reichen von additiven, offenen Kooperationsstrukturen, die im Rahmen kommunaler Entwicklungsprozesse auch gemeinsame Konzepte von Schule und Jugendhilfe ermöglichen, bis hin zu gebundenen Formaten, wo Angebote von *Schulsozialarbeit* innerhalb rhythmisierter Tagesstruktur platziert sind.

Schulentwicklung Seit der Minimaldefinition der KMK von 2004 (mindestens drei minimal siebenstündige Tagesgestaltungen pro Woche mit Mittagessen und nachmittäglichen Angeboten) ist nicht zu erwarten, dass diese Organisationsvielfalt in absehbarer Zeit abnehmen wird. Immer aber steht das Ganztagsangebot unter Aufsicht und Verantwortung der Schulleitung, die also zentrale Kooperationspartnerin ist, wenn Schulsozialarbeit das Ganztagsangebot koordiniert. Da die Angebote entsprechend der KMK-Vorgabe immer konzeptionell mit dem Vormittagsunterricht verbunden sein müssen, liegen *Schulentwicklung*sentscheidungen (Formatvarianten, konzeptionelle Umsetzung, Nutzung von Handlungsspielräumen) stets bei der Einzelschule und/oder beim Schulträger (Kiper 2013). Die konzeptionelle und inhaltliche Gestaltung des Ganztags kann zwar teilweise an die Jugendhilfe delegiert, aber keinesfalls in ihre Verantwortung verlagert werden.

Lernklima Wie Stamm (2008a; 2007) ausführt, liegt eine maßgebliche Ursache für „schulinitiierte" Dropoutprozesse in organisatorisch bedingten Schulstrukturen, die ein wenig förderliches Lernklima mit sich bringen und insofern die zuvor genannten Gruppen besonders gefährden. Ein Blick auf den Ganztagschul- und Ganztagsbildungsdiskurs des 21. Jahrhunderts zeigt, dass der zeitliche Rahmen des Ganztags grundsätzlich eine Vielzahl von Chancen und Möglichkeiten birgt, die sehr wohl Anlass zur Hoffnung für junge Menschen böten, die sich von ihrer jeweiligen Schulform distanzieren – denn Schulen

> *„sind mindestens so ausgeprägt am Abgangsverhalten beteiligt wie die Schülerinnen und Schüler selbst. Positiv gewendet bedeutet dies, dass Schulen, welche ihre Haltefähigkeit unter Beweis stellen, auch unter schwierigen Bedingungen in der Lage sind, ihre heranwachsenden jungen Menschen zu Abschlüssen zu führen. Schulen spielen dabei eine ebenso bedeutsame Rolle wie individuelle Schüler- und Familienmerkmale"* (Stamm 2007, 352).

Die These, dass additive Formen ganztägiger Schulen insgesamt weniger geeignet zu sein scheinen, die für Schuleffektivität identifizierten Faktoren „Schulprozesse" und „Schulstrukturen" (Stamm 2007, 341) zu entschärfen, ist durch die StEG-Studie widerlegt: Eines ihrer Zwischenergebnisse besagt, dass es keine empirische Basis für die These vom gebundenen (und rhythmisierten) Ganztag als pädagogisch optimale Formatalternative gibt: **Rhythmisierung**

> *„Im Gegenteil: Es lassen sich keine Zusammenhänge zwischen dem Grad der Verbindlichkeit und der Qualität sowie den individuellen Wirkungen der Ganztagsschule belegen."* (Fischer 2012, 8)

Weiter belegen die StEG-Auswertungen, dass der sozialen Selektivität der Schule mittels Ganztagskonzeption zwar tatsächlich entgegengewirkt werden kann, aber Schulklima und Angebotsqualität über Wirkungen des Ganztags entscheiden: Nicht das Format, sondern die einzelne Schule ist für Wirkung und Reichweite verantwortlich (Fischer 2012). **Angebotsqualität**

4.3.3 Ganztagsbildung

Jegliches Schulformat und seine Ausstattung entwickeln sich stets auch in Abhängigkeit zu kommunalen Ressourcen und politischen Haltungen. So haben ganztägige Schulformate lange Zeit mit wenig Einfluss auf großflächige schulische Entwicklungen zu einer kaum beachteten Koexistenz mit der Halbtagsschule geführt. Erst im Zuge der OECD-Studien und wirtschaftlich wie demografisch veranlasster familienpolitischer Überlegungen (z.B. Expertisen des Wissenschaftlichen Beirats Familienfragen 2006) Anfang der 2000er Jahre begann die fachliche und bildungspolitische Auseinandersetzung mit notwenigen *Vernetzungen* zwischen Primarstufe und elementaren Bildungsangeboten (Kita-/Hortanbindungen und Integrationen) im außerschulischen Kontext sowie zwischen Schulen der Sekundarstufe I und den Angeboten der offenen und verbandlichen Jugendarbeit. War zuvor der Ganztagschulverband seit seiner Gründung 1955 die pädagogisch und bildungspolitisch motivierte Interessenvertretung, die Verbreitung und Etablierung von ganztägigen Schulformaten systematisch und programmatisch repräsentierte und Forschungen anregen wollte, wird im Zuge der OECD-Studien **Halbtagsschule** seit Anfang der 2000er Jahre und der Koppelung des Förderdiskurses mit den Belangen des Arbeitsmarktes die Ganztagsschule als Alternative zur tradierten Halbtagsschule ein bildungspolitisches Thema mit mehreren Diskurssträngen.

Schulentwicklungs-forschung, Bildungsverständnis

Während schulpädagogische Forschung bereits im Kontext der *Schulentwicklungs*forschung der 1990er Jahre eine – wenn auch punktuelle – intensive theoretische und praktische Auseinandersetzung mit ganztägigen Schulformaten begonnen hat (Holtappels 1995), schaltet sich seit der Veröffentlichung der ersten PISA-Ergebnisse auch der sozialpädagogische Diskurs in die Auseinandersetzung zu Fragen ganztägiger Bildungsformate ein. So wurde im Anschluss an den Zwölften Kinder- und Jugendbericht (BMFSFJ 2005) ein eigenes Bildungsverständnis formuliert, das sich auf ganztägige Angebote und Strukturen richtet, die deutlich über bis dahin bestehende, schulisch übliche Formate hinausreichen. Zugleich geht der sozialpädagogische Diskurs davon aus, dass institutionelle Eigenheiten und ihre „bildungsrelevanten Strukturprinzipien" beibehalten (Coelen/Otto 2011, 498) werden. Vor dem Hintergrund des Begriffs der „Ganztagsbildung" sollen

> *„disparate Felder zusammengedacht, getrennte Organisationen zusammengeführt, Schülerinnen und Schüler als Kinder und Jugendliche bzw. Adressatinnen und Adressaten unterschiedlicher Bildungssphären wahrgenommen, differente Theorieansätze und empirische Zugänge in ihrem jeweiligen Ergebnisbezug geklärt, bildungspolitische und konzeptionelle Entwürfe in ihrer Reichweite erkannt [werden]"* (Coelen/Otto 2011, 498f)

und die *Lern*- und *Sozialisation*sprozesse von Kindern und Jugendlichen zum Ausgangspunkt für institutionelle Rahmungen von Strukturmaßnahmen des Bildungswesens und des Hilfesystems werden. Dabei scheint die größte Herausforderung darin zu liegen, einerseits Strukturprinzipien beizubehalten und andererseits Institutionen und Organisationsprozesse zusammenzuführen.

Kooperations-gestaltungen

Diesem Verständnis zufolge müssen äußere Strukturen verändert werden, während die Gestaltung der Binnenstrukturen den zugehörigen teildisziplinären pädagogischen Bezugspunkten überlassen bleibt – allerdings ohne dass geklärt ist, wo und welche Trennschärfeprobleme oder Schnittmengen zu erwarten sind. Es ist ein Konzept, das einerseits über das schulische Setting hinausgehen will und sich auf gesellschaftstheoretische Ansätze (z.B. Sozialraumorientierung, Kommunitarismus) bezieht, aber andererseits Schule als Bezugspunkt nehmen muss und im Hinblick auf konkrete Kooperationsgestaltungen eher einen normativen, orientierenden Charakter hat.

Auch mit dem Ansatz ganztägiger Bildungsformate stehen kommunale Bildungsplanungen ebenso wie wissenschaftlich-theoretische Rahmungen vor der Aufgabe, ein „integriertes Bildungskonzept" zu entwerfen und „schulische und außerschulische Bildungspotenziale bei der Gestaltung von Bildungsprozessen neu aufeinander zu beziehen" (Hartnuß/Maykus 2013, 126f.). Indem „die üblich gewordene Arbeitsteilung und Spezialisierung der pädagogischen Institutionen" neu definiert wird, sollen traditionelle Verständnisse und Zuweisungen überwunden und das *pädagogische Handeln* der AkteurInnen verzahnt werden (Hartnuß/Maykus 2013, 126f.). Dabei bleibt allerdings die Frage offen, wie geeignete Angebote und Strukturen zur Anregung von nunmehr ganzheitlich zu denkenden *Bildung*sprozessen tatsächlich kooperativ, also gemeinsam verantwortet, getragen werden können.

Schon zehn Jahre vor der Auseinandersetzung der Jugendhilfe mit Fragen ganztägiger Bildung (BMFSFJ 2005) resümiert Holtappels (1995) auf der Grundlage der bis dahin erzielten Forschungsergebnisse im Rahmen der Schulentwicklungsforschung die wichtigsten Ebenen, auf denen Schulqualität (als Synonym für Lernerfolge und Bildungsprozessgestaltungsmaßnahmen) im ganztägigen Rahmen optimiert werden kann. Er verweist auf die jeweils sozialpolitisch begründeten Erfordernisse des Betreuungsbedarfs und der sozialisationsrelevanten Erfahrungsangebote, betont aber auch den Mangel an „erziehungswissenschaftlicher Fundierung ganztagsschulischer Bildung und Erziehung" (Holtappels 1995, 12). Ausgehend von „Lebens- und Lernproblemen" (Holtappels 1995, 13) hält er zunächst die Veränderung schulischer Zeitstrukturvorgaben und schulischer Umfeldbeziehungen, also die konzeptionelle Umstrukturierung der Schulorganisation, für nötig. Im zweiten Schritt leitet er aus der Heterogenität der SchülerInnenschaft die notwendige Veränderung zur individualisierten Lernförderung ab, die individuelle Belastungen, Probleme und vor allem Entwicklungsmöglichkeiten berücksichtigen soll.

Sozialisation

Als dritte Konsequenz fordert Holtappels, gegenwartsbezogene und zukunftsorientierte Schlüsselfragen als Maßstab für curricular-didaktische Entwicklungen anzulegen sowie über differenzierte Lernformen und Lerngelegenheiten abzubilden.

Zur Umsetzung seiner Schlüsse entwickelt Holtappels ein Modell der lerngerechten Rhythmisierung. Damit ist ein Raumkonzept zur Gestaltung und Nutzung von Lernumgebungen verbunden, das auch den Sozialraum außerhalb der Schule einbezieht. Es beinhaltet eine lebensweltliche Öffnung von Schule ebenso wie die inhaltich-thematische und methodische Öffnung und sieht institutionelle wie auch personelle Kooperationspartnerschaften vor. Holtappels Entwurf von Ganztagsschule ist hierdurch immer auch sozialpädagogisch fundiert:

lebensweltliche Öffnung von Schule

„In erzieherisch qualifizierten und damit konsequent sozialpädagogisch orientierten Ganztagsschulen treffen wir auf eine notwendigerweise veränderte personale Rollenstruktur." (Holtappels 1995, 23)

An Stelle fachlicher Abgrenzungen und Spezialisierungen sollen ganzheitliche Orientierungen und „eine andere Akzentsetzung der Ganztagsschule zugunsten von Erziehungsaufgaben und der Gestaltung des Schullebens" (Holtappels 1995, 23) treten. Allerdings sind es diesem Verständnis zufolge die LehrerInnen, die für die Gestaltung des Angebots jenseits der unterrichtlichen Vermittlung von Lernstoff verantwortlich sind, und so ihrer Erziehungsaufgabe nachkommen. Unterstützung erhalten sie von sozialpädagogischen Fachkräften, die sich „in ihrem Arbeitsverhältnis aufeinander zu entwickeln" (Holtappels 1995, 24) und den organisatorischen und erzieherischen Aufgaben gemeinsam verpflichtet sein sollen. Die Abgrenzung der komplexen Anforderungen erfordert als Qualifikationsprofile die fachdidaktischen Kompetenzen sowie das sozialerzieherische Handlungsrepertoire und führt die interdisziplinäre Kooperations- und Teamarbeit in den

Erziehungsaufgaben

diagnostischen und beraterischen Tätigkeiten und Fördermaßnahmen zusammen, die von einem entsprechenden Schulprogramm sowie den dazugehörigen Qualitätssicherungsmaßnahmen flankiert werden.

Zwanzig Jahre später variiert die Praxis ganztägiger Bildungs- und Schulformate noch immer zwischen einfacher *Kooperation* zwischen Schule und Hort über Halbtagsschulen mit additivem oder integriertem Betreuungsangebot, ganztägig geführter Schule mit offenen, additiven und kooperativen Angeboten bis hin zu gebundenen Formen, die innerhalb eines rhythmisierenden Tagesablaufs Unterrichtszeiten mit nicht-unterrichtenden Zeiten verknüpfen und für alle SchülerInnen die obligatorische Teilnahme vorsehen, wobei auch Mischformen der gebundenen und der additiven Formate praktiziert werden.

4.4 Schnittstellen in der Bildungslandschaft – Das Handlungsfeld Schulsozialarbeit

Zusammenarbeit — *Schulsozialarbeit* markiert als Schnittstelle der Kooperation zwischen Schule und Jugendhilfe all jene Varianten der Zusammenarbeit (z. B. schulbezogene Jugendsozialarbeit, schulbezogene Jugendhilfe, Soziale Arbeit in/an Schulen, Jugendsozialarbeit an Schulen, schulbegleitende Sozialarbeit, schulbezogene Jugendarbeit, Schuljugendarbeit), die die sozialpädagogische Fachlichkeit und Expertise im System Schule erforderlich machen (Spies/Pötter 2011).

Handlungskompetenz — Schulsozialarbeit ist also zunächst ein höchst heterogenes Tätigkeitsfeld Sozialer Arbeit, das auf Kinder und Jugendliche in der Schule bezogen, aber nicht auf Schule begrenzt ist und von Jugendhilfe allein oder gemeinsam mit der Schule verantwortet wird. Sie kann sowohl einen Teilbereich von Jugendhilfe als auch mehrere ihrer Angebotsformen am Ort der Schule bereithalten und stützt sich immer auf eigenständige sozialpädagogische Handlungskompetenz (Spies/Pötter 2011). Als Schnittstelle in der Bildungslandschaft ist das Handlungsfeld nach wie vor in einem Entwicklungsprozess begriffen, der sich immer wieder auch mit der Selbstverständnis- und Profilklärung in eigener Sache befassen muss: Neben unklaren Rechtspositionen und unterschiedlichen Trägermodellen (Speck 2006) sind auch die über die jeweilige Begriffswahl ausgedrückten Schwerpunktsetzungen Ausdruck der Heterogenität, die diesem Teilgebiet der Jugendhilfe als Strukturprinzip (Spies/Pötter 2011) zugrunde liegt. Als weiteres gemeinsames Prinzip der Aufgaben von Schulsozialarbeitsformaten innerhalb der Bildungslandschaft kann gelten, dass diese pädagogische Tätigkeit stets zur Minimierung der biografischen Risiken beitragen soll, die mit der selektiven Struktur des Bildungssystems verknüpft sind. Zugleich ist

> *„Schulsozialarbeit nicht bereits all das, was von entsprechend ausgebildeten sozialpädagogischen Fachkräften angeboten wird. Diese Angebote werden erst dann zur Schulsozialarbeit, wenn sie im Kontext und unter reflexiver Berücksichtigung der strukturellen Bedingungen, die Schule kennzeichnen, erfolgen"* (Spies/Pötter 2011, 20).

Das heißt, dass Soziale Arbeit im Kontext von Schule einerseits auf die Öffnung von Schule angewiesen ist und andererseits über die *Kooperation*sstrukturen auch zu deren Öffnung in den Sozialraum beiträgt, wenn sie *Vernetzung* befördert und Lernmöglichkeiten auf den nicht über Unterricht formalisierten Ebenen ihrer Arbeitsfelder erweitert. **Arbeitsfelder**

Schulsozialarbeit ist also dort, wo sie vorgehalten wird, ein integrierter Teil des Bildungs- und Erziehungssystems, welches „keineswegs als Gegensatz zur Schule zu denken und zu konzipieren" ist (Spies/Pötter 2011, 21). Sie muss dreierlei leisten: Die *lebenswelt*lichen Bedingungen der Kinder und Jugendlichen hinsichtlich gesellschaftlicher *Inklusion*s- und Exklusionsmechanismen reflektieren und dabei im Kontext von Schule unter Zielsetzung der Jugendhilfe agieren und dafür sorgen, dass zwischen diesen unterschiedlichen Lebenssphären keine Blockaden entstehen. Damit richtet Schulsozialarbeit ihre Praxis am Konzept der Anschlussfähigkeit aus und orientiert sich an der Handlungsmaxime, die lebensweltlichen Bedingungen und Ressourcen der SchülerInnen am Ort der Schule mit gesellschaftlichen Anforderungen und Strukturen zu verknüpfen, Lernbarrieren abzubauen und strukturelle Verwerfungen wie Benachteiligung und Diskriminierung auch strukturell (und nicht individuell) zu lösen (Spies/Pötter 2011). **Anschlussfähigkeit**

Das heißt zunächst, dass sich Schulsozialarbeit – auch wenn sie von ihrem Selbstverständnis her für grundsätzlich alle Kinder und Jugendlichen ihrer Schule zuständig ist – besonders für jene Kinder und Jugendlichen engagieren muss, die unterstützende und hilfreiche Angebote für die aktive Ausgestaltung ihrer Bildungsbiografien benötigen, weil sie entlang einer oder mehrerer *Differenzlinien* sozialstrukturell benachteiligt sind. Damit sind nun jene Ausgrenzungsprozesse im Blick, die die aktive Teilhabe an gesellschaftlichen Zusammenhängen behindern und die des sozialpädagogischen *Lebenswelt*verständnisses bedürfen, damit den Exklusionspraxen von Schule begegnet werden kann. Dafür ist das „Verweisungswissen" (Müller 1997, 41) als Ressource von Schulsozialarbeit ebenso nötig wie die konkreten Angebote zur individuellen Hilfe und Orientierung oder jene des sozialen Lernens als voraussetzungsvolle Settings, die je nach sozialem Hintergrund anwaltschaftliche Unterstützung im Sinne des Konzepts der Anschlussfähigkeit (Spies/Pötter 2011) zum Ausgleich von Benachteiligungen erfordern. **Anwaltschaftlichkeit**

Unter Berücksichtigung der Bedingungen, die den Rahmen für *Schulentwicklung* stellen, ist noch nicht hinreichend geklärt, unter welchen Voraussetzungen innerhalb der Organisations-, Personal- und (unter Einschränkung) auch der Unterrichtsentwicklung Schulsozialarbeit mit dem Konzept der Anschlussfähigkeit tatsächlich zur Kompensation sozialer Benachteiligung und struktureller Diskriminierung beitragen kann. Außerdem ist offen, inwiefern Schulsozialarbeit am Fortbestand struktureller und institutioneller Diskriminierungspraxen (Bauer/Bolay 2013; Chamakalayil/Spies 2015) beteiligt ist.

Das Konzept der Anschlussfähigkeit entspricht den Absichten des Konstrukts von der *Bildungslandschaft*, innerhalb derer Schulsozialarbeit nicht nur *Lebenswelten* von Kindern und Jugendlichen und die gesellschaftlichen Strukturen und Anforderungen am Ort Schule miteinander verknüpft, sondern auch auf kommende Strukturen vorbereiten muss, da Chancen und Möglichkeiten der Zukunft innerhalb schulischer Repräsentationen von gesellschaftlichen Strukturen verteilt werden:

> *„Es geht dabei nicht um eine einseitige Anpassung des Verhaltens der Kinder und Jugendlichen an das Bildungs- und Erziehungssystem, sondern um einen wechselseitigen Ausgleich, der auch ganz dezidiert die Anpassungsnotwendigkeiten des (Bildungs-)Systems an die unterschiedlichen und sich wandelnden Lebenswelten erkennt und herstellt."* (Spies/Pötter 2011, 28)

Kooperationsbeziehungen Die zielgerichtete Zusammenarbeit wird oft als „auf gleicher Augenhöhe" von Schule und Jugendhilfe beschworen, obwohl das unter ungleich großen Partnern, wie Schule und Schulsozialarbeit es sind, nicht möglich ist. Da Schule in der strukturellen ebenso wie in der fachlichen Kooperationsbeziehung immer die größere Partnerin sein wird, sind es ihre Verfahrensabläufe und Strukturen, denen sich Schulsozialarbeit in der Zusammenarbeit einerseits anpassen muss und von denen sie sich andererseits abgrenzen muss, um ihre Selbstständigkeit auf der Grundlage von Fachlichkeit zu wahren (Spies/Pötter 2011).

Bei hinreichend institutioneller Einbindung und Absicherung zeigt sich in der Regel, dass Schulsozialarbeit auch unter schwierigen Arbeitsbedingungen tragfähige und *inklusion*sförderliche Netze für SchülerInnen aufbauen und nachhaltige *Partizipation*sformen entwickeln kann sowie dass sie das anschließende Aufgabenspektrum verschiedener Handlungsfelder und beteiligter Institutionen sinnvoll in ihrer Arbeit berücksichtigt (Verweisungswissen).

Ziele und Auftrag von Schulsozialarbeit liegen in der Schnittmenge zwischen dem Auftrag der *Jugendhilfe* und dem Auftrag der Schule:

> *„Schulsozialarbeit bietet Kindern und Jugendlichen, die in der Schule von negativen Folgen der Selektion bedroht sind oder diese bereits zu spüren bekommen, Hilfen an. Sie hilft den Kindern und Jugendlichen bei der Bearbeitung von Selektionserfahrungen und hinterfragt die Gründe für Selektion."* (Spies/Pötter 2011, 152)

Diese Reflexionsleistung beinhaltet auch, die im eigenen Handeln enthaltenen oder noch verborgenen Ausgrenzungsansätze aufzudecken und durch Veränderung das Handlungsfeld weiterzuentwickeln (Chamakalayil/Spies 2015).

Handlungslogiken Schulsozialarbeit muss – unabhängig von Schulform, Schulformat, Trägerschaft oder der Situation im jeweiligen Bundesland – die unterschiedlichen Handlungslogiken und Deutungshoheiten im Praxisfeld der Schulsozialarbeit berücksichtigen und Angebote konzipieren, die – gerade für Fälle riskanter Bildungsbiografien – zu ertragreichen nicht-formalen *Lern*settings werden. Wenn sie also all jene SchülerInnen anspricht, die den Zugang zur Angebotspalette für sich nutzen möchten, dann ist das zugleich ein entstigmatisierender Zugang zu jenen, deren individuelle Entwicklung durch biografische Risiken von Ausgrenzung bedroht oder betroffen ist (Abb. 3).

Gruppenangebote Angesichts der vielfältigen Varianten riskanter biografischer Verläufe ist die Angebotspalette von Schulsozialarbeit breit und repräsentiert quasi einen Querschnitt durch die (meisten) Handlungsfelder der *Jugendhilfe*. Die Grafik zeigt die Bandbreite der Arbeitsfelder in drei Arbeitsbereichen: „Soziales Lernen" bezeichnet offene Formen im Sinne der Kinder- und Jugendarbeit, z. B. wenn Spiel- und

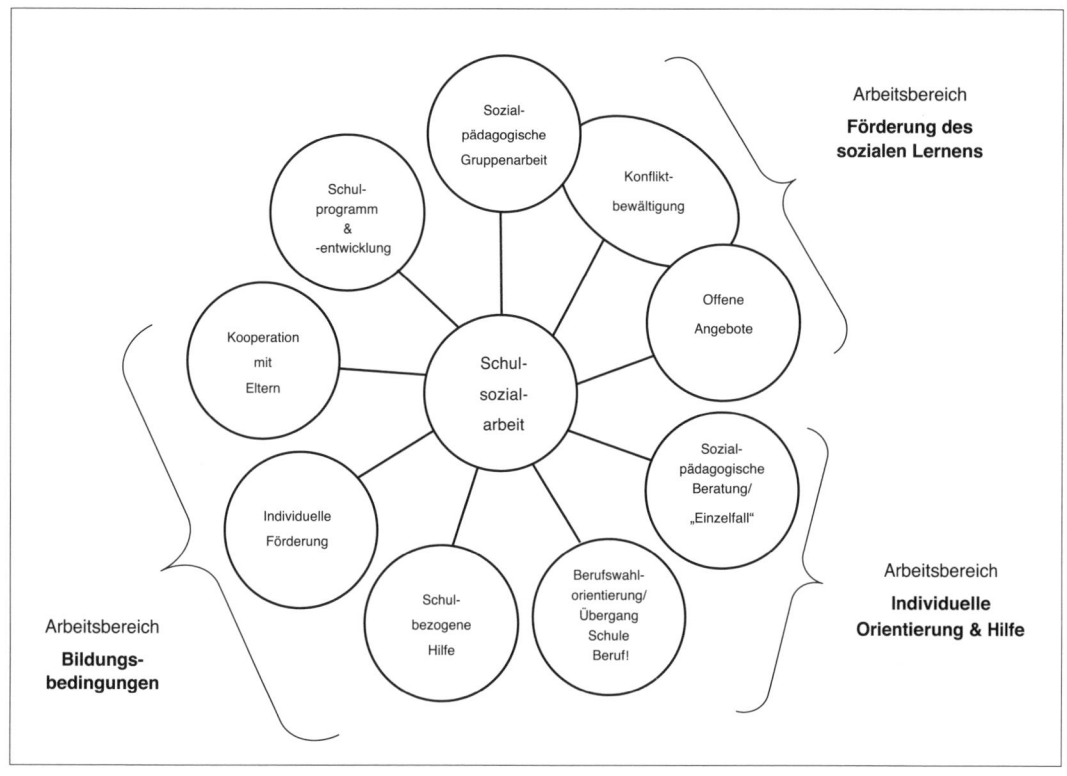

Abb. 3: Aufgabenfelder der Schulsozialarbeit (nach Spies/Pötter 2011, 93)

Freizeitangebote für Pausen, die Ferien und den Ganztag konzipiert werden oder regelmäßige Gruppen mit thematischem Bezug (z.B. Mädchengruppe, Jungengruppe, Fußballgruppe, Fotogruppe, Band) zum Angebot gehören. Dort werden im Kontext schulischen *Lernen*s zugleich Beiträge zur Vermittlung von Konfliktbewältigungsstrategien geleistet, die aber immer im Kontext des schulischen Vermittlungsauftrags hinsichtlich des sozialen Lernens betrachtet werden müssen.

Im Arbeitsbereich „Individuelle Hilfe und Orientierung" sind jene sozialpädagogischen Handlungsfelder abgebildet, die Einzelfallhilfe in Form von individuellen *Beratung*sangeboten und Berufsorientierungsunterstützung vorhalten, Kontakte über die offenen Angebote knüpfen und dank des für das Handlungsfeld Schulsozialarbeit so spezifischen Verweisungswissens nach außen auch zu außerschulischen Beratungs- und Förderangeboten vermitteln und individuelle Bildungsbiografien stützen.

individuelle Hilfe

Der Arbeitsbereich von Schulsozialarbeit, der explizit die schulischen Bildungsbedingungen optimieren will, bietet schulbezogene Hilfen, individuelle *Förderung* mit schulischem Bezug und baut auf die *Kooperation* mit Eltern und deren Beteiligung am *Bildung*sprozess ihrer Kinder. Hier ist die enge Verzahnung mit Schule unabdingbar, denn sowohl die schulbezogene Hilfe als auch die Kooperation mit Eltern ist immer auch Aufgabe der Schule und kann nicht komplett von Schulsozialarbeit übernommen oder an sie delegiert werden.

schulbezogene Hilfen

Berufsorientierung Gleiches gilt auch für die Aufgabenfelder Berufswahl/Berufsübergang und Schul(programm)entwicklung, die vollständig in Verantwortung der Schule stehen. Sie werden nur zum Teil in den Aufgabenbereich von Schulsozialarbeit übertragen, wobei sie aber stets im Verantwortungsbereich der Einzelschule bleiben, die in beiden Fällen qua Rechtslage verantwortlich ist. Auch wenn seit Beginn der 2000er Jahre eine Tradition an Berufsübergangsprojekten basierend auf Konzeptionen von Schulsozialarbeit und deren Anlehnung an *Jugendsozialarbeit* besteht und für entsprechende Projekte eindeutige Erfolge belegt sind (Pötter 2014; Spies 2008b), steht und fällt dieses schulische Aufgabenfeld mit der Delegation an Schulsozialarbeit und kann keinesfalls von ihr beansprucht werden.

Schulprogramm-entwicklung Noch enger ist der Rahmen der Beteiligung an *Schulentwicklung* gesteckt: Zwar wird die Schulsozialarbeit mit der aktiven und passiven Klärung ihrer Position innerhalb der Personalstruktur unweigerlich Einfluss auf die Organisationsentwicklung nehmen, denn ihre zum Teil programmatisch unterfütterten Aufträge und Angebote (z.B. Einzelfallhilfe, Berufsorientierung, Dropoutprävention) sowie deren Platzierung und Ausstattung ergänzen die pädagogischen Maßnahmen innerhalb des Schulalltags um die sozialpädagogische Fachlichkeit, konzipieren Förderstrukturen und öffnen die Einzelschule zum Sozialraum (Gemeinwesen) hin. Sie tragen damit insgesamt und im Detail zur Organisationsentwicklung bei und haben in der Regel direkte Rückwirkungen auf die Kinder und Jugendlichen. Jegliche Beteiligung oder Ausgrenzung von Schulsozialarbeit aus Schulprogrammentwicklungen, ihre Mitwirkung in Steuergruppen, ihr Einfluss auf Erziehungsklima und Teamentwicklung einer Schule, ihre Beteiligung an Evaluationsverfahren und vor allem ihre Kooperationsaufgaben und -maßnahmen sind Bestandteil von Organisationsentwicklung und stehen in direkter Wechselwirkung zu Personal- und Unterrichtsentwicklungen. Sie ist dabei aber immer auch vom Handeln weiterer AkteurInnen und vom Grad der Verlässlichkeit und der Zielorientierung sowie der vorhandenen Organisationsstrukturen abhängig. Nur innerhalb dieses Rahmens kann Schulsozialarbeit Schulentwicklungsprozesse anstoßen oder mitgestalten – aber keineswegs für dessen hochkomplexe Managementaufgaben verantwortlich gemacht werden (Spies 2014).

Entwicklungs-aufgaben Wenngleich die Entwicklungsaufgaben für alle Kinder und Jugendlichen grundsätzlich gleich sind, stellen sie aber – je nach den Bedingungen und Handlungsspielräumen in deren *Lebenswelt* – unterschiedliche Anforderungen und erfordern variierende Unterstützung zur erfolgreichen Bewältigung (Braun 2008; Braun/Wetzel 2006). Dafür nutzt die Schulsozialarbeit im Wesentlichen in der Sozialen Arbeit entwickelte Settings in einer ihren Arbeitsbereichen entsprechenden Programmatik und Erweiterung. Der Handlungsrahmen Schule muss dabei von seiner ursprünglichen Intention und Anlage her bekannt sein, damit einerseits klar ist, auf welche Handlungsmaximen und fachlichen Standards das Angebot aufbaut, und wo er andererseits speziell für die jeweiligen Handlungskontexte der Schulsozialarbeit und ihrer Programmatik erweitert, begrenzt oder umkonzipiert werden muss. Außerdem muss ein Aufgabenfeld, das rein formal bereits durch eine schulische Auftragsdefinition curricular und/oder organisationsbezogen abgedeckt ist, wie dies z.B. für die Berufswahlorientierung gilt, in seinen Kontextbedingungen so geklärt sein, dass die fachliche Expertise der Schulsozialarbeit auf ihre unterstützende und ergänzende Funktion konzentriert bleibt.

Die Position von Schulsozialarbeit innerhalb der *Bildungslandschaft* markiert zugleich Verbindungen und Abgrenzungen zwischen formellen und nicht-formellen Bildungsorten und die Stärkung der *Partizipation* von SchülerInnen. Der Kooperations- und Vernetzungsanspruch der Bildungslandschaft entspricht dem „Kerngeschäft Kooperation" (Spies/Pötter 2011, 29), das Schulsozialarbeit in Theorie und Praxis auf unterschiedlichen Ebenen verkörpert. So ist sie innerhalb einer Schule immer Teil und (im Rahmen ihrer Möglichkeiten) oft genug auch Antrieb für eine konzeptionell aufeinander bezogene und verlässlich miteinander verknüpfte Bildungsinfrastruktur, wie sie mit der Idee von der Bildungslandschaft innerhalb der gegebenen institutionellen Bedingungen und sozialräumlichen Gegebenheiten verfolgt wird (Deutscher Verein für öffentliche und private Fürsorge 2009). **Bildungsorte**

Aber: Es besteht die Gefahr, dass das hochkomplexe Konstrukt der Bildungslandschaft Anforderungen an Schulsozialarbeit impliziert, die unter den gegebenen Bedingungen in der Praxis gar nicht erfüllt werden können und insofern das Handlungsfeld eher gefährden denn stärken können. Bislang sind die Erwartungen ungeklärt und die Zuständigkeiten und Anforderungen an die beteiligten AkteurInnen diffus. Jegliche Entwicklungspotenziale unter der Prämisse „Bildungslandschaft" sind also unter dem Vorbehalt der Prüfung von Überforderung und Indienstnahme – wie Speck (2013) die politischen Positionierungen zur Schulsozialarbeit analysiert – zunächst mit der gebotenen Vorsicht zu betrachten und hinsichtlich der nachhaltigen Implementation zu untersuchen. **Entwicklungspotenziale**

4.5 Jugendhilfe – Das pädagogische Handlungsfeld zur Sicherung von gesellschaftlichen Teilhabechancen

4.5.1 Jugendhilfe muss geplant werden

Neben den Aufgaben der Förderung von Kindern in Tageseinrichtungen (§§ 22–26 SGB VIII), also der *Kindertagesbetreuung*, und den Entwicklungen im Kontext der *Frühen Hilfen* zur *Kindeswohl*sicherung umfasst die Kinder- und Jugendhilfe ein umfangreiches Spektrum an Aufgaben und Leistungen (§§ 11–41 des SGB VIII, Tab. 1). **Förderung und Hilfe**

Darüber hinaus gibt es noch eine Reihe weiterer Aufgaben, die in den §§ 42–60 SGB VIII erläutert werden: *Inobhutnahmen* sowie die Mitwirkung bei Vormundschafts-, Familien- und Jugendgerichten. **Schutz**

Die meisten Leistungen des SGB VIII sind beratende Tätigkeiten, die Freiwilligkeitscharakter besitzen (Angebotscharakter). Kinder, Jugendliche und junge Erwachsene haben jedoch ein Recht auf Inanspruchnahme von Unterstützungsleistungen, d.h., diese Leistungen sind einklagbar und müssen deshalb durch die Jugendämter vorgehalten werden. Das Ziel der gesamten Jugendhilfeleistungen lässt sich als Entwicklungsförderung von Heranwachsenden sowie der Unterstützung von Familien in ihren *Erziehungs*aufgaben zusammenfassen. Der Kinder- **Freiwilligkeit**

Tab. 1: Aufgaben und Leistungen der Kinder- und Jugendhilfe

§§11–15 SGB VIII	§§11–21 SGB VIII	§§22–26 SGB VIII	§§27–41 SGB VIII
1. Jugendarbeit 2. Jugendsozialarbeit 3. erzieherischer Kinder- und Jugendschutz	Förderung der Erziehung in der Familie	Förderung von Kindern in Tageseinrichtungen und Tagespflege	1. Hilfen zur Erziehung 2. Eingliederungshilfe für seelisch behinderte Kinder und Jugendliche 3. Hilfe für junge Volljährige

und Jugendhilfe kommt – in Ergänzung zur Familie und neben Schule oder Ausbildung – die Aufgabe zu, Heranwachsende in ihrer individuellen und sozialen Entwicklung zu unterstützen sowie sozialen Benachteiligungen und Entwicklungskrisen entgegenzuwirken.

Planungsprozess

Für die sehr umfangreichen und differenten Aufgaben der Kinder- und Jugendhilfe bedarf es zugleich eines umfassenden Planungsprozesses, der durch die *Jugendhilfeplanung* abgesichert wird. Die Verantwortung für die Jugendhilfeplanung obliegt den Trägern der öffentlichen Jugendhilfe. Die Kommune ist laut § 80 Abs. 1 SGB VIII verpflichtet, auf der Grundlage einer Bestandserhebung der vorhandenen Einrichtungen und Dienste sowie unter Einbeziehung ihrer *AdressatInnen* und der *Partizipation* von Kindern, Jugendlichen, jungen Erwachsenen und den Personensorgeberechtigten die Bedarfe zu erheben und dementsprechend rechtzeitig und ausreichend zu planen. Im Planungsprozess sind unbedingt auch unvorhergesehene Bedarfe, die kurzfristig entstehen können, einzukalkulieren. Dabei ist zu berücksichtigen, dass die zu planenden Einrichtungen und Dienste so konzipiert sind, dass die sozialen und Familienkontakte der HilfeadressatInnen aufrechterhalten werden können, wenn diese Hilfeleistungen in Anspruch nehmen. Die Angebotspalette der Jugendhilfeleistungen soll so abwechslungsreich und aufeinander abgestimmt sein, dass „junge Menschen und Familien in gefährdeten Lebens- und Wohnbereichen besonders gefördert werden" (§ 80 Abs. 2 SGB VIII). Daneben ist die Sicherung der Vereinbarkeit von Familie und Beruf, also die hinreichende Bereitstellung von Angeboten der *Kindertagesbetreuung* ein umfangreiches Aufgabenfeld der Jugendhilfeplanung.

Träger der Jugendhilfe können sowohl öffentliche als auch freie Träger sein (Bieker 2011). Nach Bieker ist der Begriff „Träger der Sozialen Arbeit" ein

> *„Oberbegriff für Organisationen [...], die sich mit Sozialer Arbeit ideell fördernd, konzeptionell-entwickelnd, planend und vor allem ausführend und finanzierend befassen"* (Bieker 2011, 13).

Träger der Jugendhilfe

Unterschieden wird einerseits auf der Funktionsebene zwischen Kostenträger (öffentliche Träger) und Leistungserbringer (öffentliche Träger, freie Träger), andererseits auf der Organisationsebene zwischen öffentlichen und freien Trägern (Abb. 4).

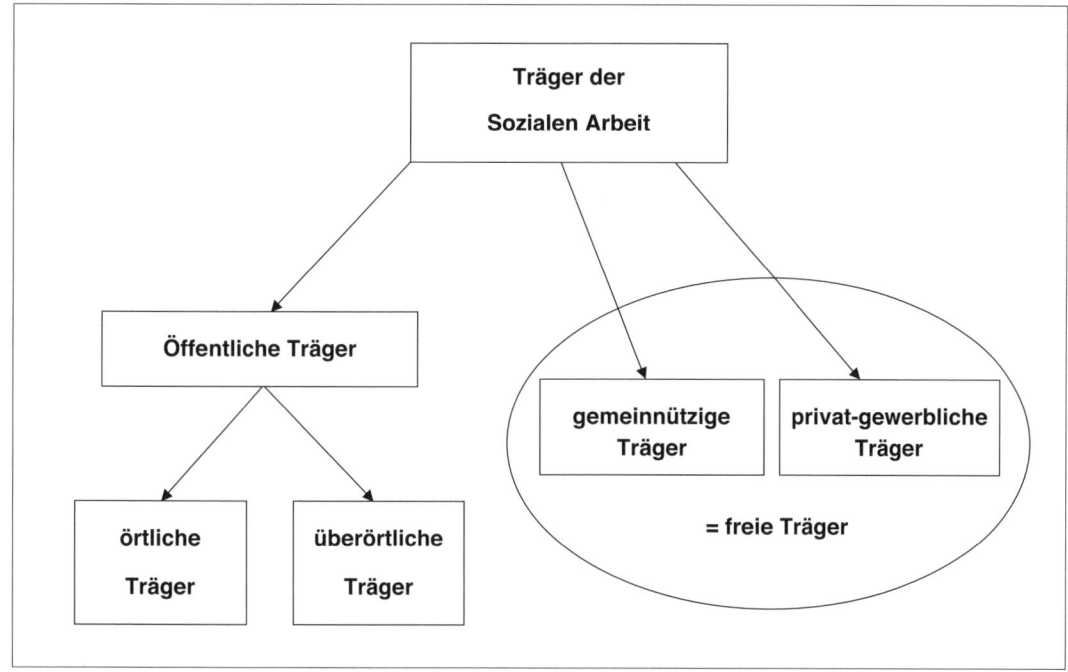

Abb. 4: Träger der Sozialen Arbeit

Die öffentliche Jugendhilfe ist verpflichtet, die anerkannten Träger der freien Jugendhilfe möglichst frühzeitig in sämtliche Planungsprozesse einzubeziehen (Subsidiaritätsprinzip). Dies erfolgt u. a. über den Jugendhilfeausschuss und dessen Unterausschüsse. Die mit diesem Gremium vorstrukturierte Vernetzung der Träger sichert die Kommunikation und Abstimmung der verschiedenen fachlichen Planungen und ist Teil der kommunalen Entwicklungsplanung, in deren Rahmen der Jugendhilfeplanung Mitwirkungsrechte eingeräumt werden sollen.

Da die Jugendhilfeangebote und ihre Struktur einem ständigen Wandlungs- und Entwicklungsprozess unterworfen sind, ergeben sich auch immer wieder Lücken im Prozess der Jugendhilfeplanung: So kritisieren beispielsweise Hollenstein und Nieslony (2012), dass die Berücksichtigung der *Schulsozialarbeit* in der Jugendhilfeplanung weitgehend fehlt und nicht den Entwicklungen im Handlungsfeld entspricht. Hier müssten die Kommunen dafür sorgen, dass die bereits existierenden schulbezogenen Jugendhilfeangebote erhoben werden, indem z. B. ihre räumlichen Gegebenheiten, Ausstattungen, Zielgruppe(n), Inanspruchnahmen, Erreichbarkeiten und Qualitätssicherungsmaßnahmen dokumentiert werden, damit Lücken im Angebot und Zukunftsaufgaben ermittelt werden können. Auf der Basis einer solchen Analyse könnten der Jugendhilfeausschuss und seine Unterausschüsse dann Empfehlungen zur Weiterentwicklung und mittelfristigen thematischen Schwerpunktsetzung formulieren. Die Erhebung der statistischen Daten im Rahmen der Jugendhilfeplanung erfolgt i.d.R. unter Einbeziehung unterschiedlicher Akteursgruppen: TrägervertreterInnen, MitarbeiterInnen in den Einrichtungen, NutzerInnen (Kinder, Jugendliche, junge Erwachsene, Personensorgeberechtigte) sowie Nicht-NutzerInnen der Angebote. So werden im Zuge von Befragungen in Schulen auch diejenigen möglichen *AdressatInnen* zu den Angeboten befragt, die sie nicht in Anspruch nehmen, um deren Bedürfnisse in künftigen Planungen besser berücksichtigen zu können.

Planungsprozess, Jugendamt

Die Beteiligung der unterschiedlichen Gruppen am Planungsprozess kann z. B. über die repräsentative, die stellvertretende oder die kooperative Beteiligung erfolgen, aber auch über die Initiierung von Gestaltungsprozessen (z.B. im Gemeinwesen), Befragung, Bürgerversammlungen etc. (Gladisch/Strack 1996). Das Vernetzungs- und Kooperationsgebot ist zwar im SGB VIII (§ 78; § 81) festgelegt, in der Praxis jedoch nicht immer leicht umsetzbar. Jugendamtsintern wird Vernetzung und Kooperation über Steuerungsinstrumente wie Jugendhilfeplanung und als Aufgabe des Jugendhilfecontrollings betrieben und reicht im Auftrag von der wirtschaftlichen Jugendhilfe bis zur organisatorischen Einrichtung von Fachgruppen. Extern bezieht sich der Vernetzungs- und Kooperationsauftrag auf die freien Träger der Jugendhilfe, auf Schule(n), Gesundheits- und Sozialdienste, kommunale Einrichtungen, Planungsverantwortliche, die Zivilgesellschaft, Kirchen etc. Durch Vernetzung und Kooperation wird also nicht nur ein kontinuierlicher Austausch möglich, sondern ebenso Transparenz hinsichtlich der Ergebnisse der jeweiligen Jugendhilfeplanung, damit die kontinuierliche Weiterentwicklung und Qualitätssicherung abgesichert wird. Die Grenzen der Reichweite von Innovation und Bedarfsdeckung durch systematische Jugendhilfeplanung zeigen sich vor allem dort, wo die finanziellen Rahmenbedingungen begrenzt sind, geografische Gegebenheiten (flächenmäßig große Landkreise) eine flächendeckende Jugendhilfe verhindern, oder aber auch die Kommune ihre Jugendhilfeplanung „stiefmütterlich" behandelt (Kozicki 2005, 541) und kein politisches Interesse an deren innovativen Möglichkeiten hat (Schröer et al. 2002).

4.5.2 Jugendarbeit und Jugendverbandsarbeit

offene Angebote

Unter dem Stichwort der Jugendarbeit sind im SGB VIII die Angebote der Kinder- und Jugendhilfe verortet, die jungen Menschen – und damit sind sowohl Kinder als auch Jugendliche und junge Erwachsene gemeint – die *Bildungs*angebote in offener oder verbandlich organisierter Form vorhalten. Die offenen Angebote für Kinder und Jugendliche, die von öffentlichen oder freien Trägern, meist auf den Sozialraum bezogen, vorgehalten werden, sind für alle zugänglich. Begründet wird dies im Postulat der Freiwilligkeit. Die Konzeption der Spiel- und Gruppenangebote in den Einrichtungen der Offenen Kinder- und Jugendarbeit richten sich an den Bedürfnissen, Wünschen und Interessen der NutzerInnen aus, die Gelegenheiten der *Partizipation* ergreifen und sich daran erproben können.

Jugendverbände

Die Jugendverbandsarbeit hält ihre Angebote dagegen vorwiegend und nahezu ausschließlich für die eigenen Mitglieder vor, die sich aufgrund ihrer zuvor geklärten Interessen für die langfristige Teilnahme an den Angeboten entscheiden. Sei es die Zugehörigkeit zu einer Kirchengemeinde und die regelmäßige Teilnahme an den dortigen Angeboten, die Mitgliedschaft im Sportverein oder das Engagement in den Jugendfeuerwehren oder der Jugendabteilung des THW: Die verbandsbezogenen Angebote beziehen sich immer auf den Kontext der jeweiligen Organisation und ihrer Jugendabteilung, die verbandsintern einem konzeptionellen Grundriss der Nachwuchsförderung im Sinne der Verbandsinteressen folgt.

Die Offene Kinder- und Jugendarbeit findet vor allem in Einrichtungen wie Jugendtreffs, Jugendclubs, Jugendhäusern und Jugendzentren statt, während gemeinwesenorientierte Angebote in Stadtteilen, Wohnvierteln und Siedlungen zur Verbesserung der *Lebenswelt* der Kinder und Familien beitragen sollen. Die Aufgaben der Jugendarbeit werden von öffentlichen und von freien Trägern wahrgenommen. Wenn ein freier Träger seine Bereitschaft zur Bereitstellung von Kinder- und Jugendarbeitsangeboten gegenüber der Kommune signalisiert, prüft die Kommune zunächst die Anerkennung und die Eignung des Trägers und seines Konzepts zur Übernahme der Aufgabe. Sofern keine fachlich begründeten Bedenken bestehen und entsprechende räumliche Gegebenheiten vorhanden sind, ist die Kommune gemäß dem Subsidiaritätsprinzip verpflichtet, dem freien Träger den gewünschten Auftrag zu erteilen und die Angebote auch finanziell und/oder mit räumlichen Ressourcen zu fördern. Erst wenn sich kein geeigneter freier Träger findet, kommt der Kommune die Aufgabe zur Bereitstellung von Angeboten zu.

Subsidiaritätsprinzip

Zur Zielgruppe der Jugendarbeit gehören grundsätzlich alle Kinder und Jugendlichen unter 27 Jahren und nicht nur Kinder und Jugendliche in schwierigen Lebenslagen bzw. mit besonderen Problematiken. Die Angebote richten sich zumeist in erster Linie an Kinder und Jugendliche im Alter zwischen sechs und 18 Jahren bzw. werden speziell für diese Altersspanne ausgewiesen bzw. gefördert. Jugendarbeit basiert, wie dies im § 11 SGB VIII festgehalten ist, auf den vier Grundprinzipien Offenheit, Freiwilligkeit, Selbstverantwortung und Mitbestimmung. Jugendarbeit will also einen Beitrag zum individuellen *Bildung*sprozess leisten und ist an den jugendlichen Bedarfslagen, Interessen und Lebenslagen orientiert. Die rechtliche Grundlage nennt als Schwerpunkte der Jugendarbeit:

Zielgruppen

1. „außerschulische Jugendbildung mit allgemeiner, politischer, sozialer, gesundheitlicher, kultureller, naturkundlicher und technischer Bildung,
2. Jugendarbeit in Sport, Spiel und Geselligkeit,
3. arbeitswelt-, schul- und familienbezogene Jugendarbeit,
4. internationale Jugendarbeit,
5. Kinder- und Jugenderholung,
6. Jugendberatung" (§ 11 Abs. 3 SGB VIII).

Die Jugend(verbands)arbeit hat ebenfalls das Ziel, zur Persönlichkeitsentwicklung Heranwachsender und junger Erwachsener beizutragen und soll gleichfalls auf der Grundlage der aktiven Beteiligung der Heranwachsenden, an deren Bedarfen, Interessen und Wünschen anknüpfen. Ihr *Partizipation*sauftrag wird über die Anregungen zur eigenverantwortlichen Gestaltung einzelner Maßnahmen umgesetzt und kann beispielsweise bis zur Übergabe eines konfessionellen Jugendklubs in weitgehender Eigenregie, zur Gruppenleitung im Rahmen der Pfadfinder oder zur Trainerposition im Jugendfußball/-handball etc. reichen. So sollen die Heranwachsenden und jungen Erwachsenen zum selbstbestimmten Handeln, zur Wahrnehmung von (gesellschaftlicher) Mitverantwortung und sozialem Engagement und zur Gestaltung von alltäglichen Aushandlungsprozessen befähigt werden.

Methoden, Verlässlichkeit Die Methoden der Jugend(verbands)arbeit beziehen sich insbesondere auf Einzel-, Gruppen- und Projektarbeit, wobei diese ziel- und handlungsorientiert sind und gleichfalls die Mitwirkung der Heranwachsenden im Blick haben sollen. Jugendarbeit zeichnet sich besonders durch (pädagogische) Beziehungsarbeit aus, die vor allem in individuellen *Beratungs*situationen zum Tragen kommt und die ihre Vertrauensgrundlage in der alltäglichen Begegnung hat. Das in der alltäglichen Begegnung des pädagogischen Settings sich entwickelnde bzw. zu erwartende Vertrauensverhältnis zwischen Jugend-/SozialarbeiterIn (Professionelle) und den einzelnen Heranwachsenden unterscheidet sich grundsätzlich von der Beziehungsstruktur zwischen LehrerIn und SchülerIn. Während letztere distanzierter und aufgrund von schulischen Beurteilungszwängen auch deutlich hierarchischer strukturiert ist, soll die persönliche Beziehung zwischen Jugend-/SozialarbeiterIn und den Heranwachsenden von Verbindlichkeit und Verlässlichkeit getragen sein und die Basis für Begleitung und Unterstützung der Heranwachsenden bilden, die sich bei Bedarf auch auf das Verweisungswissen der Professionellen verlassen können.

Bewältigung Indem Jugendarbeit Anregungen zur Unterstützung und Förderung von *Bildungs*prozessen gibt und Raum für persönliche Erfahrungen, für Erfolge und Misserfolge bietet, fördert sie die Entwicklung von Handlungskompetenzen, sozialen Kompetenzen und Bewältigungshandeln. Das Jugendhaus bzw. der Ort der Jugendverbandsarbeit sind also Lernorte für *Handlungsfähigkeit*, *Partizipation* und Eigenverantwortung und tragen mit ihrem Angebotsspektrum (jugendkulturelle Angebote und Events, Maßnahmen der außerschulischen Jugendbildung, offene Sportangebote, Veranstaltungen in Kinderferienprogrammen) zur kulturellen, gesundheitlichen, sozialen und politischen Bildung von Kindern und Jugendlichen bei. Die so vorgehaltenen Angebots- und Gelegenheitsstrukturen (z.B. Anbieten eines sozialen Lernfeldes) zeichnen sich durch Prozess- und Ergebnisoffenheit aus (Strukturen des Sich-Ausprobierens, des Scheiterns, des Abbrechens).

4.5.3 Jugendsozialarbeit und Jugendberufshilfe

berufliche Ausbildung Mit der *Jugendsozialarbeit* wird eine Leistung der öffentlichen Jugendhilfe vorgehalten, die sich gemäß § 13 Abs. 1 SGB VIII speziell an junge Menschen mit individuellen Beeinträchtigungen bzw. in sozialen Benachteiligungslebenslagen richtet und bei der Überwindung dieser Schwierigkeiten unterstützen will. Die Jugendhilfe geht also von einem erhöhten Maße an Unterstützungsbedarf der benannten Gruppen junger Menschen aus, der durch sozialpädagogische Angebote abgesichert werden soll, indem „ihre schulische und berufliche Ausbildung, Eingliederung in die Arbeitswelt und ihre soziale Integration" (§ 13 Abs. 1 SGB VIII) gezielt gefördert werden. Zwar kann auch die Jugendsozialarbeit oder ihre Ergänzung *Jugendberufshilfe* keineswegs die Einstiegsschwierigkeiten, die sich aus der zum jeweiligen Zeitpunkt bestehenden Situation am Arbeitsmarkt ergeben (May 2007), beheben. Aber sie kann im Rahmen ihrer Möglichkeiten die Schwierigkeiten am Übergang von der Schule in den Beruf verringern, indem sie bedarfsgerechte Unterstützungs- und Hilfekonzepte verwirklicht und, in anwaltschaftlichem Selbstverständnis, die Jugendlichen und jungen Erwachsenen beim

Übergang von der Schule in den Beruf zu begleiten und das biografische Risiko des Scheiterns an dieser Schwelle zu mindern versucht (Spies/Tredop 2006; Spies 2008b; Pohl et al. 2011).

Die Konzepte und Projekte, mit denen Jugendsozialarbeit bzw. Jugendberufshilfe tätig werden, sind vielfältig und als disziplinäre Schnittstelle sowohl Gegenstand von sozialpädagogischer und sonderpädagogischer Expertise als auch ein Schwerpunkt innerhalb der Berufspädagogik (Bojanowski et al. 2005). Jugendsozialarbeit kann sich auch auf sozialpädagogische Angebote in der Schule beziehen, die auf der Rechtsgrundlage des SGB VIII Angebote und Maßnahmen der *Schulsozialarbeit* in der Trägerschaft von Jugendhilfe an Schulen platzieren (Speck 2014). Berufspädagogik

Wenn Jugendsozialarbeit in Form von Angeboten und Maßnahmen der Jugendberufshilfe angewandt wird, kommt sie weiteren Rechtskreisen, wie beispielsweise jenen des SGB II, sehr nah (Schruth 2005). Denn in ihren Handlungsbereich fallen alle Anliegen von jungen Menschen, die von Erwerbslosigkeit bedroht sind und deren gesellschaftliche Teilhabe gefährdet ist und/oder die sich in außergewöhnlichen Lebenslagen befinden, wie beispielsweise junge Mütter ohne Berufsausbildung (Friese 2010). Projekte der Jugendsozialarbeit sind entweder präventiv angelegt und greifen z. T. schon vor dem Ende der Schulzeit, indem Beratungs- und Begleitkonzepte in den schulischen Alltag integriert werden (Spies 2006a), oder wirken intervenierend, wenn Schulverweigerer eine „zweite Chance" erhalten und in kombinierten Schul- und Praxisprojekten zur Motivation für den Schulabschluss zurückfinden können (Gentner 2005). außergewöhnliche Lebenslagen

In den Fragen des Berufsübergangs für benachteiligte SchülerInnen arbeiten Jugendhilfe, Arbeitsverwaltung und Wirtschaft im Idealfall in *Kooperation* miteinander und mit den Schulen der Region, um gemeinsam nach Wegen zur Optimierung der beruflichen Aussichten zu suchen. Dies gelingt in der Regel dann besonders ertragreich und nachhaltig, wenn die Programme und Maßnahmen die Interessen der Jugendlichen berücksichtigen – man sich also eine gemeinsame, interdisziplinäre Aufgabe stellt – und dabei die Befunde aus der Forschung der Bildungssoziologie zur Weiterentwicklung mit heranziehen (u.a. Solga 2005; Pfahl 2006; 2011). Bildungssoziologie

Die berufsvorbereitenden Maßnahmen und ausbildungsbegleitenden Hilfen der arbeitsweltbezogenen Jugendsozialarbeit werden in der Regel von der Bundesagentur für Arbeit gefördert und sollen benachteiligten Jugendlichen den Übergang in die Erwerbsarbeit erleichtern bzw. diese zielgerichtet begleiten. Ausbildungsbegleitend können u.a. zusätzliche Lernkurse für Auszubildende sein, um die Schwierigkeiten bei der Bewältigung des Lernstoffs abzubauen: Durch schwierige Lebensumstände bzw. fehlende schulische Abschlüsse entsprechen die Voraussetzungen der jungen Menschen häufig nicht den an eine Berufsausbildung bzw. auch eine berufliche Tätigkeit gestellten Eignungsbedingungen bzw. Qualifikationen oder/und sie bedürfen einer kontinuierlichen professionellen Begleitung bei der Bewältigung alltäglicher Anforderungen. Hier versucht die Jugendhilfe eine Lücke zu schließen, die in der schulischen Bildungsbiografie entstanden ist. Die Jugendsozialarbeit ist bestrebt, die individuellen Fähigkeiten, Fertigkeiten und Potenziale der jungen Menschen in fachlicher und sozialer Schlüsselqualifikationen

Hinsicht zu verbessern. Sie verfolgt das Ziel, durch die sozialpädagogische Begleitung die erforderlichen Schlüsselqualifikationen zu vermitteln, die für eine erfolgreiche Integration in den Erwerbsarbeitsprozess von Bedeutung sind.

Anpassungserwartungen

Für junge Menschen, die durch kein institutionelles Angebot (mehr) zu erreichen sind, werden die Angebote der aufsuchenden Jugendsozialarbeit z.B. in Form von Streetwork und niederschwelligen Anlaufstellen der Obdachlosen- oder Drogenhilfe vorgehalten (Gillich 2006). Diese Angebote der aufsuchenden (mobilen) Jugendsozialarbeit sind in vielen Fällen die letzte bzw. einzige Möglichkeit der gesellschaftlichen Teilhabe für die jungen Menschen, deren individuelle Biografie derart belastet ist, dass sie den gesellschaftlichen Anpassungserwartungen – die auch das Hilfesystem verlangt – nicht (mehr) entsprechen können (Schrapper 2002).

Re-Integration

In der Jugendhilfe wird davon ausgegangen, dass die *AdressatInnen* der Jugendsozialarbeit Hilfe am Übergang in ein eigenverantwortliches, sozialverträgliches Erwachsenenleben benötigen und in ihrer Persönlichkeitsentwicklung der professionellen Unterstützung bedürfen. Die große Bandbreite dieser Gruppe berücksichtigend, werden unterschiedliche Angebote vorgehalten: So erhalten SchülerInnen berufsorientierende Hilfe, Auszubildende einen Wohngruppenplatz, AusbildungsabbrecherInnen eine neue Chance, Obdachlose und Drogenabhängige eine niederschwellige Alltagshilfe, straffällige junge Menschen (in Kooperation mit der Jugendgerichtshilfe) Beratungs- und Trainingsangebote zur sozialen Re-Integration, jeweils mit dem Ziel, ihnen Anreize für eine Perspektive in eigenverantwortlicher Lebensgestaltung zu geben.

4.5.4 Hilfen zur Erziehung

Personensorgeberechtigte

Die zentrale gesetzliche Grundlage für die *Hilfen zur Erziehung* ist das SGB VIII, auf dessen Grundlage das Jugendamt entsprechend der §§ 8, 9 und 27–36 den jeweils konkreten Hilfebedarf ermittelt. Hierbei soll eine individuell abgestimmte Hilfeform gemeinsam mit den jungen Menschen bzw. deren Personensorgeberechtigten durchgeplant werden. Die Personensorgeberechtigten können einen Antrag auf Hilfe zur Erziehung für ihr Kind/ihre Kinder stellen, wenn gemäß § 27 Abs. 1 SGB VIII „eine dem Wohl des Kindes oder des Jugendlichen entsprechende Erziehung nicht gewährleistet ist und die Hilfe für seine Entwicklung geeignet und notwendig ist". Damit ein Kind aber auch ohne Kenntnis seiner Personensorgeberechtigten *Beratung* durch die Jugendhilfe erhalten kann, haben Kinder und Jugendliche laut § 8 Abs. 3 SGB VIII

> „Anspruch auf Beratung ohne Kenntnis des Personensorgeberechtigten, wenn die Beratung auf Grund einer Not- und Konfliktlage erforderlich ist und solange durch die Mitteilung an den Personensorgeberechtigten der Beratungszweck vereitelt würde".

Junge Volljährige können bis zum 27. Lebensjahr selbst die Hilfe zur Erziehung beantragen.

ambulante Hilfen

Das Jugendhilferecht unterscheidet zwischen ambulanten, teilstationären und stationären Hilfen zur Erziehung. Ambulante Hilfen beinhalten vor allem die Unterstützung von Familien in ihrem häuslichen Lebensumfeld und bieten individuelle *Beratung* für junge Menschen und ihre Personensorgeberechtigten in Form der Erziehungsberatung (§ 28 SGB VIII). Das Angebot der sozialen Gruppenarbeit (§ 29 SGB VIII) bietet Heranwachsenden vor allem eine feste Tagesstruktur mit Möglichkeiten der sozialen und emotionalen Förderung.

In manchen Fällen ist es aber auch nötig, dass die gesamte Familiensituation in den Hilfeprozess einbezogen wird. Dafür sieht das SGB VIII in § 31 die Sozialpädagogische Familienhilfe (SPFH) als praktische Lebenshilfe vor, die Erziehungssituationen im familiären Alltag unterstützt, über einen längeren Zeitraum auch Hilfe zur Bewältigung der Alltagsorganisation und der Lösung von Konflikten und Krisen bietet sowie auch die Kontakte mit Ämtern und Behörden unterstützt. Neben der Erziehungsberatung ist die SPFH methodisch als eine familienorientierte Hilfe vorgesehen, deren Ziel vor allem in der Stärkung oder Wiederherstellung der Erziehungsfähigkeit der Familie liegt, während die soziale Gruppenarbeit als gruppenorientierte Hilfe der Unterstützung älterer Kinder bei der Bewältigung von Problemen helfen soll und deren Verselbständigung im Blick hat. **familienorientierte Hilfen**

Als weitere familienunterstützende und -ergänzende Hilfe sieht § 30 SGB VIII die einzelfallorientierte Erziehungsbeistandschaft als ambulantes Hilfeangebot zur Verselbständigung vor. Der Erziehungsbeistand soll Problemlagen unter Berücksichtigung des sozialen Umfeldes bearbeiten und dient dazu, die schwierigen Beziehungen zwischen Kindern/Jugendlichen und ihren Eltern, schulische Probleme und Anforderungen im Freundeskreis etc. zu verbessern und muss dabei immer ganz speziell den Einzelfall des Kindes/Jugendlichen und weniger die Situation der gesamten Familie im Blick haben. **Erziehungsbeistandschaft**

Teilstationäre Hilfen in Form der Erziehung in einer Tagesgruppe umfassen die Betreuung von jungen Menschen an (zumeist) fünf Tagen in der Woche (vor und) nach der Schule in einer Einrichtung und schließen die Mittagessenversorgung ein. Die Arbeit und die Anforderungen an die Leistungen innerhalb einer Tagesgruppe hat Vetter (2003) sehr anschaulich anhand der Einzelfallstudie des Jungen Ben dokumentiert und analysiert. **teilstationäre Hilfen**

Junge Menschen in schwierigen Familiensituationen können über eine (begrenzte) Zeit stationäre Hilfe erhalten, indem sie Tag und Nacht außerhalb ihrer Familie untergebracht werden. Bei jüngeren Kindern wird tendenziell eher auf eine Unterbringung in Pflegefamilien zurückgegriffen. Abhängig vom Grund der Herausnahme des Kindes aus der Herkunftsfamilie, den Perspektiven einer Rückführung in selbige sowie den spezifischen Bedarfen des jeweiligen Kindes kann aber auch eine stationäre Unterbringung angezeigt sein. Jugendliche werden mit dem Ziel ihrer Verselbständigung eher in einer Wohngruppe bzw. in einer Heimeinrichtung untergebracht oder (ältere Jugendliche) durch eine intensive sozialpädagogische Einzelfallbetreuung begleitet. Bei Kindern und jüngeren Jugendlichen steht die mögliche Rückführung in die Familie im Fokus des Hilfeverlaufs, an dessen stationäre Phase sich (zumeist) weitere ambulante Hilfen anschließen. **stationäre Hilfen**

Die Hilfen zur Erziehung beinhalten u. a. auch Unterstützung bei Gesprächen mit ErzieherInnen und LehrerInnen und flankieren den Umgang von Personensorgeberechtigten mit ihren Kindern oder bieten so auch Hilfe bei der Verselbständigung junger Erwachsener. **Verselbstständigung**

Gemäß § 36 des SGB VIII legen die MitarbeiterInnen des Jugendamtes gemeinsam mit den jungen Menschen und ihren Personensorgeberechtigten in einer Hilfeplanvereinbarung die konkrete Hilfe fest, formulieren die mit ihr verbundenen Ziele sowie konkreten Maßnahmen und sind verpflichtet, im halbjährlichen Turnus den Verlauf des Hilfeprozesses zu überprüfen und zu reflektieren, damit Umsteuerungsbedarf schnell erkannt wird. Nur wenn die Personensorgeberechtigten bzw. auch größere Kinder, Jugendliche und junge Erwachsene dem Hilfeplan zustimmen, kann ein Antrag auf Hilfe zur Erziehung gestellt werden und die Vermittlung an eine entsprechende soziale Einrichtung, die die Hilfe anbietet, erfolgen. Hierbei steht den die Hilfe in Anspruch Nehmenden ein Wahlrecht zu (Tab. 2).

Tab. 2: Hilfen zur Erziehung

Ambulante Hilfen zur Erziehung	Teilstationäre Hilfen zur Erziehung	Stationäre Hilfen zur Erziehung
Erziehungsberatung (§ 28 SGB VIII)	Erziehung in einer Tagesgruppe (§ 32 SGB VIII)	Vollzeitpflege (§ 33 SGB VIII) = Unterbringung in einer Pflegefamilie
Zielgruppe: Eltern mit Kindern, Jugendliche	Zielgruppe: Kinder	Zielgruppe: Kinder
Soziale Gruppenarbeit (§ 29 SGB VIII)		Heimerziehung, sonstige betreute Wohnformen (§ 34 SGB VIII)
Zielgruppe: ältere Kinder und Jugendliche		Zielgruppe: Kinder, Jugendliche, junge Volljährige
Erziehungsbeistand, Betreuungshelfer (§ 30 SGB VIII)		Intensive sozialpädagogische Einzelfallbetreuung (§ 35 SGB VIII)
Zielgruppe: ältere Kinder und Jugendliche		Zielgruppe: Kinder und Jugendliche
Sozialpädagogische Familienhilfe (§ 31 SGB VIII)		Gemeinsame Wohnformen für Mütter, Väter und ihre Kinder (§ 19 SGB VIII)
Zielgruppe: Familie mit Kindern und Jugendlichen		Zielgruppe: alleinerziehende Eltern mit Kindern bis sechs Jahre

Hilfeplanprozess Zum Hilfeplanprozess gehören regelmäßige *Beratungs*gespräche, die Erstellung von sozialpädagogischen Diagnosen (Krüger 2013; Harnach-Beck 2007) im Sinne des *Fallverstehens*, die Empfehlung eines konkreten Hilfeangebots, die Festschreibung des Angebots, die Durchführung der Hilfe und deren Fortschreibung nach § 36 Abs. 2 Satz 2, indem im Abstand von ca. sechs Monaten geprüft wird, ob es sinnvoll ist, die Hilfe weiter zu gewähren, ob ein Wechsel der Hilfeform nötig ist oder ob der Hilfeprozess abgeschlossen werden kann und die Hilfe beendet wird. Neben den Fachkräften der Jugendhilfe müssen die Leistungsberechtigten (Personensorgeberechtigte) und LeistungsempfängerInnen (Kinder/Jugendliche) im Sinne der *Partizipation* an der Hilfeplanung beteiligt werden (Hillmeier 2008; von Soest 2000). Partizipation gilt als eines der zentralen Qualitätskriterien des Hilfeplanprozesses (Pluto 2007).

Trede (2014) zufolge hat das Konzept der Hilfen zur Erziehung dringenden Weiterentwicklungsbedarf: Beispielsweise sind die Unterstützungsmöglichkeiten der Erziehungshilfe, vor allem für benachteiligte Familien, zugänglicher zu machen und die Erziehungsberatung durch Online-Beratungsangebote zu ergänzen; ambulante Hilfen weisen starke regionale Disparitäten auf, und Hilfen für junge Volljährige werden immer noch zumeist restriktiv gehandhabt (Trede 2014). Auch den Zusammenhängen zwischen der Bereitschaft oder Ablehnung von Hilfeangeboten und der sozialen Situation von Familien (z.B. Armut) wird noch zu wenig Aufmerksamkeit geschenkt (Gottschild 2004). Zudem verlangt das Spannungsfeld zwischen Hilfe und Kontrolle (z.B. geschlossene Unterbringung) nach fachlichen Reflexionen in sozialpolitischer und historischer Perspektive (IGfH 2013).

Online-Beratung

4.5.5 Kindeswohlsicherung – Inobhutnahme

Ein weiteres Aufgabengebiet innerhalb der Kinder- und Jugendhilfe und deren kooperativen Schnittstellen mit Schule sind Fragen des Kinderschutzes und der Kindeswohlsicherung (Kindler et al. 2006; Institut für Sozialarbeit und Sozialpädagogik 2012), die u.a. durch die rechtlichen Regelungen im Bundeskinderschutzgesetz (Böhm 2014, 20) seit 2012 beide Institutionen näher zusammenbringen und zu abgestimmten Konzepten führen sollen.

Kinderschutz

Das Kindeswohl wird dann als gewährleistet erachtet, wenn die körperlichen, die emotional beziehungsmäßigen, die moralischen und die intellektuellen *Bedürfnisse* garantiert sind, die zugleich die Grundvoraussetzung dafür sind, dass sich die Heranwachsenden zu eigenverantwortlichen und gemeinschaftsfähigen Persönlichkeiten entwickeln können. Die Erörterungen der rechtlichen Neuregelung gingen mit weiteren gesetzlichen Neuerungen einher, wie z.B. dem Kinder- und Jugendhilfeweiterentwicklungsgesetz (KICK) von 2005. Schon damals wurde der Schutzauftrag der Kinder- und Jugendhilfe bei Gefährdungen des Kindeswohls mit dem Ziel verstärkt und konkretisiert, einen effektiveren Schutz des Kindeswohls durch frühzeitige Erkennung und Erfassung von Gefährdungen und deren „gewichtige Anhaltspunkte" (Salgo 2008, 17ff.) zu erreichen. Jede Neuerung und Konkretisierung des Schutzauftrages von Jugendämtern und Trägern von Diensten und Einrichtungen (§ 8a SGB VIII) bei Gefährdungen des Kindeswohls legt Maßnahmen der Krisenintervention fest (§ 42 SGB VIII), sorgt für stär-

Schutzauftrag, Krisenintervention

kere Berücksichtigung des Kindeswohls beim Sozialdatenschutz (§§ 61ff. SGB VIII) und führt zur verschärften Prüfung von Personen mit bestimmten Vorstrafen (§ 72a SGB VIII). Damit übt die Jugendhilfe ihr staatliches Wächteramt aus, demzufolge sie bei jedem gewichtigen Anhaltspunkt einer Kindeswohlgefährdung (§ 8a Abs. 1 SGB VIII) die Verantwortung für die unverzügliche Klärung hat. Die einzelfallzuständige Fachkraft muss sich ein Bild von der Lebenssituation des Kindes machen, die konkrete Gefährdung prüfen und ggf. nach § 1666 BGB unter Hinzuziehung des Familiengerichts die Inobhutnahme einleiten – sofern die Eltern nicht zur Mitwirkung an der Abwehr der Gefahr bereit sind und sich für die Inanspruchnahme einer *Hilfe zur Erziehung* entschließen.

staatliches Wächteramt

Von den Jugendämtern und Trägern von Einrichtungen und Diensten erfordert das staatliche Wächteramt nicht nur eine präzise Risikoeinschätzung von akuten Kindeswohlgefährdungen, sondern auch die Konzeption von geeigneten, strukturierten Verfahren der Risikoeinschätzung (Deegener/Körner 2006) und der differenzierten Analyse für die Beurteilung der Ressourcen von Heranwachsenden und Familien. Sie müssen einschätzen können, ob die Familienmitglieder mit ihren familialen Belastungen umzugehen und „die mit ihrer Lebenssituation verbundenen Risiken auszugleichen" in der Lage sind und welche Maßnahmen der „institutionelle[n] Förderung" es auszubauen gilt (Merten 2005, 123; vgl. auch Deegener/Körner 2006, 227ff.).

Hilfekonferenz

Die Träger von Einrichtungen und Diensten sind in den Prozess der Beurteilung der Kindeswohlgefährdung mit eingebunden, da sie sowohl zur selbstständigen Abschätzung des Gefährdungsrisikos sowie zur Vermittlung von Hilfeangeboten angehalten sind. Die Methode der Fall- und Hilfekonferenz und die Hinzuziehung einer „erfahrenen Fachkraft" (§ 8a Abs. 4 SGB VIII) können dabei ausschlaggebend für fundierte und am Kindeswohl orientierte Entscheidungen sein. Die „erfahrene Fachkraft" muss eine spezifische Qualifikation zum Kindesschutz und besondere Erfahrungen in der Arbeit mit Kindeswohlgefährdungssituationen haben. Sie ist nicht nur zur Klärung des Gefährdungsrisikos hinzuzuziehen, sondern auch in den Entscheidungsprozess, welche Hilfen seitens des Trägers angeboten werden bzw. wann das Jugendamt mit in die Verantwortung mit einzubeziehen ist. Bei dringenden bzw. akuten Fällen der Kindeswohlgefährdung ist durch den Träger der Einrichtungen und Dienste unverzüglich das Jugendamt zu informieren. Zwischen den Jugendämtern und den Trägern der Einrichtungen und Dienste sind schriftliche Vereinbarungen zum Kindeswohl/zur Kindeswohlgefährdung zu treffen, die Fragen der Vorgehensweise und Hinzuziehung des Jugendamtes regeln.

Bundeskinderschutzgesetz

Der Auftrag, für Kinderschutz und Kindeswohl zu sorgen, führt die Jugendhilfe in intensive *Kooperation*sbeziehungen u.a. mit dem Gesundheitswesen (z.B. über das Konzept der *Familienhebammen*), mit Schulen, der Kinder- und Jugendpsychiatrie, der Behindertenhilfe, Polizei, Familiengerichten, KinderärztInnen, Institutionen anderer Staaten der Europäischen Union etc. Den Schulen kommt dabei eine besondere Bedeutung zu, weil sie sich als Konsequenz der Regelungen des Bundeskinderschutzgesetzes für „die Fortbildung schulischer Fachkräfte und die Qualifizierung von regionalen" MultiplikatorInnen sowie „die Vernetzung zwischen Jugendhilfe, Jugendamt und Schulen" öffnen müssen und dabei gleichzeitig „die Kooperation mit der Polizei" und „die Erstellung von standortspezifischen Schutzkonzepten zur Vermeidung von sexueller Gewalt, häuslicher/ familialer Gewalt und Jugendgewalt" (Böhm 2014, 20) konzeptionell fundieren müss(t)en. Jede Schule muss demnach einem schulischen Schutzkonzept folgen und für die Qualifizierung von schulischen Fachkräften zur Opferbegleitung sorgen (Böhm 2014). Diese qualifizierte Fachkraft sollte „Kompetenzen im Bereich der Gesprächsführung und im Umgang mit schulischen Opfern haben", „frühzeitig Anzeichen und Signale einer Traumatisierung" erkennen, die betroffenen SchülerInnen an Fachstellen vermitteln sowie Wege der „Konfliktbewältigung" aufzeigen können (Böhm 2014, 21) und präventive Angebote in das schulische Schutzkonzept integrieren.

Wenn Sicherheit und Wohlergehen von Kindern und Jugendlichen gefährdet sind, haben die Jugendämter die Möglichkeit der Inobhutnahme. Diese wird gemäß § 42 des SGB VIII bei dringender Gefahr bzw. bei akuten Krisen von Kindern und Jugendlichen angeordnet. Die Inobhutnahme erfolgt auf der Grundlage der Anzeige Dritter, z.B. von LehrerInnnen, ErzieherInnen, PolizistInnen sowie auf Wunsch der Heranwachsenden selbst. Sie müssen dann zur Sicherung ihres Schutzes für eine sehr begrenzte Zeit in einer abgeschirmten Umgebung aufgenommen werden, bevor die Personensorgeberechtigten und ggf. das Familiengericht informiert werden. Das Ziel der Inobhutnahme ist die unmittelbare Hilfe sowie die Klärung von Fragen der Unterstützung und Vermittlung bzw. der Vorbereitung und Einleitung weiterer Unterstützungsleistungen (Zitelmann 2010). Anlässe für Inobhutnahmen sind Vernachlässigung, Anzeichen für Misshandlungen und/oder sexuelle Gewalt, Beziehungsproblematiken, Überforderung der Eltern, Kriminalität, Sucht, Schulproblematiken etc. (Kirchhart 2008). Die Unterbringung bei Inobhutnahme erfolgt in Jugendschutzstellen, in (Bereitschafts-)Pflegefamilien bzw. anderen betreuten Wohnformen. Dem Jugendamt kommt im Kontext der Inobhutnahme die Aufgabe zu, die Bedingungen und Anlässe, die zu der Inobhutnahme geführt haben, unter Einbeziehung der Betroffenen zu klären und Vorschläge – wenn möglich – zu deren kurz- bzw. langfristigen Lösung zu erarbeiten (Lewis 2009). Die Zeit der Inobhutnahme ist für die Schutzbedürftigen schwierig und emotional hochbelastend, weshalb ihnen eine speziell für diese Aufgabe qualifizierte fachliche Hilfe (Verfahrenspflegschaft) zur Seite steht und pädagogische Unterstützung vorhält.

Jugendschutzstellen, Verfahrenspflegschaft

4.5.6 Gemeinwesenarbeit

Als eine zentrale Methode der Jugendhilfe – neben der Einzelfallhilfe und Gruppenarbeit – hat sich zur Verbesserung der Teilhabechancen seit den 1970er Jahren als gemeinwesen- bzw. stadtteilorientierte Soziale Arbeit die *Gemeinwesenarbeit* etabliert. Sie hält beispielsweise im kommunalen Auftrag (regional z.T. über den ASD strukturiert) unterschiedlich niedrigschwellige Anlaufstellen in Stadtteilen mit einem hohen Bevölkerungsanteil aus sozial benachteiligten Milieus vor, damit die von sozialen Benachteiligungen betroffen Menschen ihre Möglichkeiten der gesellschaftlichen Teilhabe erweitern können.

Stadtteilorientierung

Neben Stadtteilbüros oder Wohngebietssprechstunden der kommunalen Träger gehören auch sozialraumbezogene Angebote wie beispielsweise Sucht- und

Obdachlosenhilfe, Schuldnerberatung, Streetwork oder Kontaktcafés bzw. Bewohnertreffs, aber auch Mädchen- und Frauenarbeit (Bitzan/Klöck 1993) zu den Konzepten und Settings, mit denen Gemeinwesenarbeit innerhalb der *Bildungslandschaft* Hilfeangebote für ihre *AdressatInnen* erreichbar machen will und vor allem *Beratung* und konkrete *Hilfe* anbietet. Bitzan/Klöck (1993) beschreiben als Projekte einer gemeinwesenorientierten Jugendhilfe z.B. die Mobile Jugendarbeit in einem Stadtteil oder Mädchentreffs für Mädchen mit und ohne Migrationshintergrund. Das Ziel der gemeinwesenorientierten Arbeit im städtischen und ländlichen Raum ist,

> *„stadtteil- bzw. sozialraumorientierte Hilfesettings zu installieren, in deren Kontext Betroffene und Helfer gemeinsam an einer auch sozialpolitisch und infrastrukturell orientierten Lösung von Versorgungsproblemen arbeiten"* (Galuske 2007, 99).

Eine so verstandene gemeinwesenorientierte Arbeit will die

> *„Veränderung der Strukturen des sozialen Nahraums, der sozialen Netzwerke, der materiellen und sozialen Infrastruktur und nicht zuletzt die Förderung der Selbstorganisation"*

erreichen (Galuske 2007, 99). Galuske kritisiert die begriffliche Vielfalt von Gemeinwesenarbeit, deren grundsätzliches Kennzeichen (in Überstimmung mit dem Verständnis von Bitzan/Klöck) aber darin liegt, dass sie „*soziale Probleme*" nicht individualisiert, sondern „diese *aus einer gesellschaftlichen* Perspektive wahr(-nimmt)" (Galuske 2007, 102, Hervorhebung im Original).

Dezentralisierung Strategien der Dezentralisierung bzw. Regionalisierung wollen für die Gemeinwesenarbeit nicht nur eine „Verlagerung von Zuständigkeiten an die Basis" erreichen, sondern „Planung und Kooperation im Kontext der jeweiligen lokalen regionalen Gegebenheiten" verstehen und finden sich „besonders im Kontext der Initiativ- und Selbsthilfeszene" (Thiersch 2012, 31). Demnach sind Teilhabe und *Partizipation* zentrale Merkmale von Gemeinwesenarbeit, über die sich insbesondere sozial benachteiligte Menschen in das Gemeinwesen einbringen können. Dafür nennt Galuske vier Techniken und Verfahren: a) Kontaktaufnahme und Kontaktpflege, b) Feldforschung zur Ermittlung von Situationen, c) Meinungsbildung innerhalb von Gruppen sowie d) die politische Einflussnahme (Galuske 2007). Bitzan/Klöck (1993) gehen sogar von einem doppelten Politikbezug der Gemeinwesenarbeit aus, die zum einen „für eine Interessenartikulation sozial Benachteiligter und für ein offensives Engagement sozialpolitischer Initiativgruppen" stehe und als „Chance für einen konfliktorientierten politisierenden Arbeitsansatz" begriffen werden sollte. Zum anderen „wird sie immer auch als Regulations- und Befriedungsinstrument zur Durchsetzung gesellschaftlicher Normierungen und Beschwichtigung in Konflikten gebraucht" (Bitzan/Klöck 1993, 26). Der Doppelcharakter der gemeinwesenorientierten Arbeit findet sich bei Bitzan und Klöck u.a. auch in Begriffspaaren wie „politische Widerständigkeit" und „wohlfahrtsstaatliche Instrumentalisierung" wieder (Bitzan/Klöck 1993, 26).

Durch die Unterstützung und Begleitung der Selbstorganisation von (sozial benachteiligten) BürgerInnen eröffnet Gemeinwesenarbeit die Möglichkeit, deren Interessen und Bedürfnisse, aber auch erfahrene Diskriminierungen, Abwertungen und von ihnen gemiedene Räume selbst zu benennen, diese also „in eigener Sache" öffentlich zu machen und Anliegen, Erfahrungen (z. B. der Herabsetzung und Demütigung), Konflikte und Machtstrategien zu erörtern (Bitzan/Klöck 1993). Als Teil eines umfassenderen und vernetzten Gemeinwesens steht gemeinwesenorientierte Soziale Arbeit in der Pflicht, für die Kontakt- und Informationsverbesserung von BürgerInnen des Stadtteils zu sorgen, vorhandene soziale Netzwerke zu stärken bzw. zu schaffen und damit wichtiger strategischer Bestandteil im Konstrukt der *„Bildungslandschaft"* und möglicherweise auch Nahtstelle zur *Erwachsenenbildung zu sein*.

Selbstorganisation

4.6 Erwachsenenbildung und Weiterbildung

Sowohl die *AdressatInnen* der *Gemeinwesenarbeit* als auch jene Erwachsenen, die ihre schulische Qualifikation verbessern und höher qualifizierende Abschlüsse auf dem sogenannten zweiten Bildungsweg erwerben wollen, ebenso wie jene, die eine (differenzierte) berufliche Qualifikation anstreben, wie sie beispielsweise für die fachgerechte Ausübung der Verfahrenspflegschaft nötig ist, oder jene für die zuvor skizzierte schulische Fachkraft mit Kinderschutzqualifikation: Sie alle zählen zur Zielgruppe des pädagogischen Handlungsfeldes der *Erwachsenenbildung*.

Zielgruppen

Deren Ausrichtung beinhaltet aber auch Angebote zur LehrerInnenfortbildung, Sprachkurse, Gesundheitsbildung, Sport und die Vertiefung von Hobbys und Interessen. Sie bedient Bildungsreisen ebenso wie kreative Gestaltungsanleitungen oder den Erwerb von handwerklichen Fertigkeiten für den Eigenbedarf. Erwachsenenbildung macht Coaching- und Managementangebote zur Optimierung von biografischen Wegen und betrieblichen Vorgängen und reicht bis hinein in das Bildungswesen und seine betriebswirtschaftlichen Kontexte.

Das Handlungsfeld wendet sich also an erwachsene *AdressatInnen* und sucht sich ausdrücklich an deren *Bedürfnissen* auszurichten. Mit der *Jugendhilfe* bestehen Schnittstellen zu den Angeboten der *Familienbildung* und zum internen oder externen Fort- und Weiterbildungsbedarf zu speziellen Themen. Angebote und Qualifizierungsmöglichkeiten, die von den Einrichtungen und AnbieterInnen der Erwachsenenbildung vorgehalten werden, folgen einem *Bildungs*begriff, der sich am lebenslangen Lernbedarf und individueller Entwicklungsbestrebungen ausrichtet, aber nicht als erzieherisches Anliegen begriffen werden will (Edelmann et al. 2012).

lebenslanges Lernen

Sowohl das Erwachsenenalter als auch die Lebensphase des hohen Alters werden derzeit als gesamtgesellschaftliche und bildungspolitische Herausforderung angesehen (Rat der EU 2011), wobei in Deutschland die Erwachsenenbildung auch als öffentliche Aufgabe im System kommunaler Daseinsvorsorge betrachtet wird (Tietgens 1995). Angesichts des demografischen Wandels und der Verände-

Lern- und Bildungssetting

rungen in der Berufswelt ist die Erwachsenenbildung ein expandierendes pädagogisches Handlungsfeld, dessen Schwerpunkt eindeutig in der altersangemessenen Gestaltung von Lern- und Bildungssettings liegt, die jenseits von *Erziehungs*absichten erwachsenen Menschen Anregungen zur weiteren individuellen Entwicklung in gesellschaftlichen Kontexten bieten wollen bzw. sollen.

demografischer Wandel
Als pädagogisches Handlungsfeld bilden Angebote der Erwachsenenbildung sehr deutlich den Einfluss sich wandelnder gesellschaftlicher Herausforderungen von Individualisierung, Veränderung der Arbeitswelt („Qualifizierungslücke" durch den Wandel zur Wissens- und Dienstleistungsgesellschaft und durch rechtliche Veränderungen) ab, tragen dem demografischen Wandel Rechnung und werden im Zusammenhang mit der Entwicklung eines die gesamte Lebensspanne umfassenden Bildungsbegriffs im Sinne des lebenslangen *Lernen*s konzipiert: Edelmann et al. (2012) gehen davon aus, dass „in allen Phasen [...] über die Lebensspanne kontinuierliche und kumulative, aber auch diskontinuierliche Entwicklungsprozesse auf[treten]" (Edelmann et al. 2012, 113). Die AutorInnen beziehen sich dafür auf Bronfenbrenners Modell der Ökologie menschlicher Entwicklung, das von einer „individuellen Erziehung, Bildung und Entwicklung" ausgeht, die „auf einer Kette von Ereignisse[n]" gründet, „die sich über einen längeren Zeitraum erstreck[e] und neben der Vernetzung und Gestaltung sozialökologischer Übergänge auch von kommunalen und regionalen Bedingungen abhängig ist" (Edelmann et al. 2012, 113).

Lebensspanne
Bildung und *Lernen* über die Lebensspanne sind mit einer Reihe von „gleichwertigen Aufgaben" verknüpft, die u. a. die „komplementären Leistungen der Familien und der Peergroups" betreffen, die sich auf „die konkreten regionalen und sozialen Bedingungen der Selektions- und Orientierungsprozesse und der schulischen Rahmenbedingungen" beziehen, die danach fragen, wie „die frühen schulischen Bedingungen, Entscheidungen, Ressourcen und Erfahrungen die späteren Bildungserfahrungen, Lebensereignisse und Zielsetzungen im Erwachsenenalter [...] mitbestimmen" bzw. wie „Abweichungen von Altersnormen heute gesellschaftlich toleriert werden" etc. (Edelmann et al. 2012, 115). Für Edelmann et al. (2012) ist Bildung über die Lebensspanne also nicht nur als individuelle Aufgabe zu sehen, sondern zugleich als gesellschaftlicher Auftrag, da sich Lernen zwar individuell vollzieht, jedoch „von öffentlichen und privaten Bildungsinstitutionen organisiert und unterstützt" (Edelmann et al. 2012, 122) wird.

Bildungsanbieter
Ab dem mittleren Erwachsenenalter stehen für die Bildungsanbieter der Erwachsenenbildung und Weiterbildung vor allem Aspekte der weiteren Entfaltung von Kompetenzen, Fähigkeiten und Qualifikationen ihrer AdressatInnen im Vordergrund. Diese setzen „Veränderbarkeit und Plastizität menschlicher Entwicklung [...] im mittleren und im höheren Erwachsenenalter" voraus und wollen die Initiierung von selbstbestimmten und zunehmend selbstgesteuerten *Lernprozessen* befördern (Tippelt 2007, 713).

Wissensaneignung
Als Aufgaben des lebenslangen Lernens werden im Erwachsenenalter neben der allgemeinbildenden Wissensaneignung die berufliche (Weiter-)Qualifizierung sowie im (höheren) Erwachsenenalter und im Alter die Aufrechterhaltung der Selbstständigkeit über die Lebensspanne gesehen. Die Angebotspalette reicht dabei von den Alphabetisierungskursen bis in die „Offene Hochschule" und in

die zertifizierte berufsbezogene Qualifikationserweiterung, beinhaltet aber auch Angebote der *Familienbildung* und der Freizeitgestaltung, der Gesundheitsförderung und des sozialen Miteinanders.

Der Zugang zu den Angeboten der Erwachsenenbildung ist nach wie vor aber auch von sozialen Lebenslagen, einschließlich der Bildungsabschlüsse und der weiteren intersektionalen *Differenzlinien*, abhängig und fokussiert in vielen Bereichen Erwerbstätigkeit, berufliche Position und Berufsstatus (Zeuner 2009). Leipold (2012) hat die motivationalen Aspekte für die Bildungsaktivitäten analysiert und kommt für die Lebensphase Alter zu dem Schluss, dass hier insbesondere Fragen der „Familie, Gesundheit, kognitive[n] Leistungsfähigkeit und [des] Nachdenken[s] über das Leben an oberster Stelle des Investments stehen" (Leipold 2012, 201). **Bildungsaktivitäten**

So kann lebenslanges Lernen als Konzept gelten, welches darauf ausgerichtet ist, Menschen dabei zu unterstützen, sich über die gesamte Lebensspanne hinweg Wissen anzueignen und dadurch Selbstständigkeit herzustellen bzw. aufrechtzuerhalten. Das Konzept des lebenslangen Lernens setzt auf die Kompetenz der Menschen, sich Wissen und Kompetenzen selbstständig anzueignen bzw. die Anleitung dazu durch die Angebote der Erwachsenenbildung anzunehmen. Das allgemeine Ziel des lebenslangen Lernens ist die Aufrechterhaltung von persönlicher Orientierung, gesellschaftlicher Teilhabe und Beschäftigungsfähigkeit und lässt sich mit Siebert (2009) vierfach begründen: Aus der Perspektive der Biografie, aus der der Selbstorganisation, aus dem *Lebenswelt*bezug und aus der Perspektive der Wissensgesellschaft (Siebert 2009). **Selbstorganisation**

Neben den staatlich anerkannten Trägern der Erwachsenenbildung (z. B. Volkshochschulen, konfessionelle Erwachsenenbildungsstätten, Bildungsträger der Gewerkschaften, staatliche Hochschulen), die analog zum schulischen Bildungssystem föderalistisch in Gesetzen der einzelnen Bundesländer geregelt sind, existieren zahlreiche private Anbieter, die sich der beruflichen Fort- und Weiterbildung verschrieben haben. Behrmann (2010) sieht das Feld der Fort- und Weiterbildung als „zweifelsohne schillernd und damit analytisch, d. h. empirisch und systematisch, schwer fassbar" (Behrmann 2010, 4).

Durch die landesspezifischen Festschreibungen von Erwachsenenbildung soll eine öffentliche, flächendeckende, allzugängliche und angebotsorientierte Erwachsenenbildung gesichert werden, die dem Anspruch der *Inklusion* gerecht wird und sich verpflichtet fühlt, gegenüber der Ambition der „wissenschaftlichen Bildung für jedermann" sowie der „Aktivierung von Begabtenreserven und der Möglichkeit einer zweiten Lernchance" (Seitter 1997, 316f.) offen zu sein. Als Zukunftsaufgaben und Herausforderungen der Erwachsenenbildung und der Bildung über die Lebensspanne sieht Zeuner (2009) vor allem die Erfordernisse einer globalisierten Wirtschaft, die Anforderungen der Migrationsgesellschaft, den zunehmenden Rückzug der öffentlichen Hand aus der Förderung der Erwachsenenbildung, die Ökonomisierung der Erwachsenenbildung sowie die institutionelle Entgrenzung von Bildungsprozessen, was auch ein „verändertes professionelles Verständnis" der MitarbeiterInnen nach sich ziehe (Zeuner 2009, 29). **Zukunftsaufgaben**

Über das Konstrukt der „Kommunalen Bildungslandschaft" sollen Bildungs- und Hilfesystem vernetzt werden. Unter der Prämisse gemeinsamer Verantwortung verschiedener Institutionen versucht man, kooperative Strukturen für lebenslange Bildungsprozesse zu schaffen. Durch die Vernetzung der pädagogischen Handlungsfelder sollen tradierte Segregationsmechanismen entschärft werden und Marginalisierungen abgebaut werden.

Die Bandbreite der institutionellen Zusammenarbeit reicht von der Umsetzung politischer Förder- und Schutzanliegen für Kinder von der Geburt bis zur Einschulung über die gesamte Lebensspanne, hat aber ihren Schwerpunkt in der Struktur der Bildungs- und Hilfeangebote, die Kindheit und Jugend betreffen und Familien unterstützen sollen. Angebotsformen in den Handlungsfeldern der Elementarbildung, ihrer Varianten in der Kindertagesbetreuung und über Konzepte der Familienbildung, soll frühe Förderung und niederschwellige Hilfe Entwicklungsprozesse von Kindern und Familien unterstützen. Das Spannungsfeld der Tätigkeiten zwischen Hilfe und Kontrolle wird konzeptionell an der Optimierung des Kinderschutzes und der niederschwelligen Hilfen so ausgerichtet, dass die Maßnahmen von AdressatInnen angenommen werden können und die rechtlichen Entwicklungen zu Kinderschutz und Kinderbetreuung abgebildet werden.

Den weitaus gewichtigsten Anteil an der Weichenstellung gesellschaftlicher Teilhabechancen hat das schulische Bildungssystem, das von der Primarstufe über die Sekundarstufe und in deren Anschluss über Berufsausbildung und höheres Bildungswesen bis zur Hochschule und in die Erwachsenenbildung hineinreicht. Die Innovationen der jüngeren Vergangenheit reichen im Handlungsfeld Schule von der wachsenden Eigenverantwortlichkeit des staatlichen Schulwesens über ganztägige Schulformate und Konzepte der kooperativen Zusammenarbeit mit der Jugendhilfe hin zur Umsetzung des Inklusionsparadigmas.

Als pädagogisches Handlungsfeld der expliziten Schnittstellenarbeit hat sich die Schulsozialarbeit etabliert, die Jugendhilfe am Ort der Schule repräsentiert und sozialpädagogische Expertise dem staatlichen Schulwesen dort zuführt, wo dies bildungs- und sozialpolitisch gewollt und gefördert wird.

Innerhalb der Jugendhilfe, die mit ihrer Differenzierung in die Handlungsfelder der Kinder- und Jugendarbeit, der Erziehungshilfe und der Jugendsozialarbeit eine breite Palette unterschiedlicher Zugänge zur Sicherung gesellschaftlicher Teilhabe junger Menschen und ihrer Familien bereithält, werden Bildungsauftrag und Erziehungsbegriff in konkreten Konzepten des pädagogischen Alltags abgebildet. Die Jugendhilfeplanung als koordinierende und strukturierende Instanz innerhalb der Bildungslandschaft gibt den Kontext zur regionalen Klärung und Konzeption des Zusammenspiels der Handlungsfelder und Angebotsformen vor. Ebenso wie Jugendberufshilfe und Jugendgerichtshilfe ist auch die Kindeswohlsicherung als Handlungsfeld innerhalb der Jugendhilfe nicht ohne die Berücksichtigung weiter Rechtskreise abzubilden. Für die Kindeswohlsicherung und die Jugendgerichtshilfe sind vor allem strafrechtliche Zusammenhänge von Belang. Die Jugendberufshilfe dagegen berührt die Rechtskreise der Sozialhilfe und der Arbeitsförderung. An der Schnittstelle zwischen Jugendhilfesystem und Sozialhilfesystem ist die Gemeinwesenarbeit ein pädagogisches Handlungsfeld, das sowohl die Situation von Familien als auch die von Einzelpersonen in besonders belastenden Lebenslagen (Armut, Drogenabhängigkeit, Flucht, Erkrankungen) konzeptionell abbildet und Angebote zur Sicherung der gesellschaftlichen Teilhabe bereit hält, die bis hinein in den Kontext der Erwachsenenbildung reichen können. Letztere ist als pädagogisches Handlungsfeld vor allem einem Bildungsauftrag verpflichtet und reicht von den Angeboten der Familienbildung, die im Kontext der Jugendhilfe angeboten werden, über Aus- und Weiterbildungssysteme bis hinein in die nachberufliche Lebensphase und hat keinen erzieherischen Anspruch – wohl aber einen, der auf die lebenslange Lernbereitschaft setzt.

- Benennen Sie die Anliegen, die mit einer „Kommunalen Bildungslandschaft" verbunden werden und diskutieren Sie diese mit ihren KommilitonInnen!
- Welche Vorstellungen von Bildung, Erziehung, Lernen und Sozialisation sollen mit dem Konzept der „Kommunalen Bildungslandschaft" umgesetzt werden? Steht hierbei die kindliche Entwicklung und Lebenswelt im Vordergrund oder die Einpassung von Heranwachsenden und Erwachsenen in gesellschaftliche Strukturen?
- Beschreiben Sie, warum im 21. Jahrhundert der frühen Förderung von Kindern und der Elementarbildung ein so hoher Stellenwert beigemessen wird und diskutieren Sie mit Ihren KommilitonInnen, wie in der Praxis die Frühförderung umgesetzt wird.
- Welche Aufträge werden mit Betreuungs-, Jugendhilfe- und Bildungsaufgaben von Kitas beschrieben und welchen Platz hat die Vorschulerziehung in diesem Zusammenhang?
- Warum bedarf die Schulentwicklung einer lebensweltlichen Perspektive? Benennen Sie zentrale Aspekte einer lebensweltlichen Ausrichtung von Schule und diskutieren Sie diese mit Ihren KommilitonInnen!
- Schule als zentrale Bildungsinstanz hat wesentliche Bedeutung für die Teilhabechancen von Heranwachsenden. Benennen Sie strukturelle Gegebenheiten von Schule, die Partizipations- und Teilhabechancen von Heranwachsenden verhindern und benennen Sie zentrale Aspekte von Schulorganisationsentwicklungskonzepten, die die Teilhabe von SchülerInnen fördern.
- Mit welchen schulischen Angeboten der Kinder- und Jugendhilfe sollen soziale Benachteiligungen abgebaut werden? Welche Aufgabe übernimmt in diesem Zusammenhang Schulsozialarbeit und wie ist die Kooperation von Schule und Schulsozialarbeit zu gestalten? Diskutieren Sie diese Aspekte mit Ihren KommilitonInnen.
- Das Feld der Kinder- und Jugendhilfe ist sehr breit gefächert. Benennen Sie die Angebote der Hilfen zur Erziehung und erläutern Sie die Gründe, in denen Sie als LehrerIn – bezogen auf einen Einzelfall – das Jugendamt informieren würden.
- Wie handeln Sie, wenn Sie den Verdacht haben, dass das Kindeswohl einer/s ihrer SchülerInnen gefährdet ist?

Aner, K., Karl, U. (Hrsg.) (2008): Lebensalter und Soziale Arbeit Bd. 6: Ältere und alte Menschen, Schneider Verlag Hohengehren, Baltmannsweiler

Bieker, R., Floerecke, P. (Hrsg.) (2011): Träger, Arbeitsfelder und Zielgruppen der Sozialen Arbeit. Kohlhammer, Stuttgart

Böllert, K. (Hrsg.) (2015): Kompendium Kinder- und Jugendhilfe. Springer VS, Wiesbaden

Bohl, T., Helsper, W., Holtappels, H. G., Schelle, C. (Hrsg.) (2010): Handbuch Schulentwicklung. Klinkhardt, Bad Heilbrunn

Deinet, U., Sturzenhecker, B. (Hrsg.) (2013): Handbuch Offene Kinder- und Jugendarbeit. 4., überarb. u. aktual. Aufl. Springer VS, Wiesbaden

Einsiedler, W., Götz, M., Hartinger, A., Heinzel, F., Kahlert, J., Sandfuchs, U. (Hrsg.) (2011): Handbuch Grundschulpädagogik und Grundschuldidaktik. 3., vollst. überarb. Aufl. Klinkhardt, Bad Heilbrunn

Helsper, W., Böhme, J. (Hrsg.) (2008): Handbuch der Schulforschung, 2., durchges. und erw. Aufl. VS Verlag für Sozialwissenschaften, Wiesbaden

Hoffmann, H., Borg, K., Kubandt, M., Meyer, S., Nolte, D. (Hrsg.) (2014): Alltagspraxen in Kindertageseinrichtungen. Annäherungen an Logiken in einem expandierenden Feld, Beltz Juventa, Weinheim/Basel

Huber, S. G. (2014): Kooperative Bildungslandschaften. Netzwerke(n) im und mit System. Link, Köln

Maykus, S., Schone, R. (Hrsg.) (2010): Handbuch Jugendhilfeplanung. Grundlagen, Anforderungen und Perspektiven, 3., vollst. überarb. u. aktual. Aufl. VS Verlag für Sozialwissenschaften, Wiesbaden

Rätz, R., Schröer, W., Wolff, M. (2014): Lehrbuch Kinder- und Jugendhilfe. Grundlagen, Handlungsfelder, Strukturen und Perspektiven. 2., überarb. Aufl. Beltz Juventa, Weinheim/München

Rietzke, T., Galuske, M. (Hrsg.) (2008): Lebensalter und Soziale Arbeit Bd. 4: Junges Erwachsenenalter, Schneider Verlag Hohengehren, Baltmannsweiler

Schneider, K., Cappenberg, M., Toussaint, P. (2014): Kindeswohl zwischen Jugendhilfe, Justiz und Gutachter. Eine empirische Untersuchung. Springer VS, Wiesbaden

Schröer, W., Stiehler, S. (Hrsg.) (2009): Lebensalter und Soziale Arbeit Bd. 5: Erwachsenenalter. Schneider Verlag Hohengehren, Baltmannsweiler

Schröer, W., Wolff, M., Struck, N. (Hrsg.) (2002): Handbuch Kinder- und Jugendhilfe. Juventa, Weinheim/München

Schulze-Krüdener, J. (Hrsg.) (2009): Lebensalter und Soziale Arbeit Bd. 3: Jugend. Schneider Verlag Hohengehren, Baltmannsweiler

Stamm, M. (2010): Frühkindliche Bildung, Betreuung und Erziehung. Haupt, Bern

Sünker, H., Swiderek, T. (Hrsg.) (2008): Lebensalter und Soziale Arbeit Bd. 2: Kindheit. Schneider Verlag Hohengehren, Baltmannsweiler

Weiß, W. W. (2011): Kommunale Bildungslandschaften. Chancen, Risiken und Perspektiven. Juventa, Weinheim/München

Wustmann, C., Giener, A., Karber, A. (Hrsg.) (2013): Kindheit aus sozialwissenschaftlicher Perspektive. Leykam, Graz

5 AdressatInnen pädagogischer Arbeit – Entwicklungen und kritische Reflexion

5.1 Zwischen Haltung und Hilfe – Der Begriff der AdressatInnen

Wenn wir der Frage folgen, wie pädagogische Absichten und Handlungen an diejenigen herangetragen werden (können), deren Bedarf an pädagogischer Anleitung, Unterstützung, Hilfe und Förderung gedeckt werden soll, gelangen wir zu den *AdressatInnen* (Thiersch 2013), für die Hilfsmaßnahmen bereitgehalten oder die erzogen werden sollen und deren Bildsamkeit den Ausgangspunkt unserer Überlegungen bildete. *[Bildsamkeit]*

Die AdressatInnen sind also zunächst die individuellen, aktiven Subjekte, deren Verwirklichungschancen, soziale Integration und Lebensbewältigungspotenziale (Böhnisch/Schröer 2013) gestärkt und erweitert werden sollen. Im schulpädagogischen Diskurs werden die AdressatInnen *pädagogischen Handelns* zu SchülerInnen, deren Adressierung vornehmlich im Kontext von Schulpflicht und Unterricht stattfindet. *[Lebensbewältigung]*

Der AdressatInnenbezug wird im sozialpädagogischen Diskurs derzeit mit der Komponente der Ermöglichung von *Handlungsfähigkeit* und von Eigenaktivitäten des Subjekts verbunden. Dies wird u.a. im Kontext von *Lebenswelt-* und Lebensbewältigungsansätzen, von Diskussionen zur Sozialen Arbeit als Menschenrechtsprofession (Staub-Bernasconi 1995; 2012) sowie *Anerkennungs-* und *Agency*ansätzen diskutiert. Letztere gehen von der Annahme aus, dass Subjekte und Kollektive stets Teile spezifischer sozialer Konstellationen sind, die die Handlungsfähigkeit von Subjekten und Gruppen ermöglichen bzw. begrenzen. Für die Soziale Arbeit wird hierdurch die Frage relevant, wie „individuelle und kollektive Akteure" darin unterstützt und begleitet werden können, „sich kulturelle Kategorien sowie Handlungsbedingungen auf der Grundlage persönlicher und kollektiver Ideale, Interessen und Überzeugungen anzueignen" (Emirbayer/Mische 1998, zitiert nach Scherr 2013, 233). Dahinter steht die Frage, wie Heranwachsende und Erwachsene darin gefördert und bestärkt werden können, sich aktiv in gesellschaftliche Prozesse, soziale Netzwerke und Institutionen einzubringen, um auf diese Weise ihre „Identitäten, Motive, Absichten und damit ihre jeweilige Handlungsfähigkeit" unter den jeweils gegebenen Lebensbedingungen „in sozialen Strukturen bzw. sozialen Beziehungen" (Scherr 2013, 234) hervorzubringen. Die Konzeption der Hilfeleistungen muss also auf die Handlungsstrategien der AdressatInnen abgestimmt sein. *[Eigenaktivitäten des Subjekts]*

Bis hierhin sollten unsere Ausführungen u.a. gezeigt haben, dass soziale Ungleichheiten mit Hilfe von Intersektionalitätsansätzen entlang hierarchischer Differenz- *[Lebenskonstellationen]* linien identifiziert werden können. Deren Analyse hinsichtlich der förderlichen und/oder hinderlichen Einflüsse auf Entwicklungs-, Bildungs- und Lernprozesse sowie die *Sozialisation* von Personen bzw. sozialen Gruppen dienen als Grundlage der Konzeption pädagogischer Settings und Hilfestellungen mit denen auch soziale Bedingungen geändert werden sollen/können. Diese Strukturveränderung wird in den Agencyansätzen zum erklärten Ziel *pädagogischen Handelns*. Sie wird als Konsequenz für die Betrachtung der sozialen Rahmenbedingungen von Ermöglichung bzw. Verhinderung sowie der *Anerkennung* begriffen, damit Handlungsstrategien, die sich aus prekären Lebenskonstellationen entwickeln können, erklärbar werden. So sollen Wertschätzung und Anerkennung der Leistungen von Individuen und Gruppen gewährleistet werden.

SchülerInnenrolle   Auch aus SchülerInnenperspektive, wie auch aus sonstigen schulischen AkteurInnenperspektiven, steht hinter den Überlegungen der Adressierung letztlich die Frage, wie die pädagogischen Angebote ihre Zielgruppe(n) erreichen und welche Bedingungen förderlich sind, damit das jeweilige Angebot auch angenommen und für die individuelle *Bildung* genutzt werden kann. Die Wirkungsforschung spricht beispielsweise für das Handlungsfeld der *Schulsozialarbeit* von AdressatInnen und geht davon aus, dass sie (auch jenseits ihrer SchülerInnenrolle) für die *Aneignung* von Angebotsinhalten bzw. in eine „subjektive und tätigkeitsorientierte Auseinandersetzung [...] mit dem ihnen zur Verfügung gestellten Angebot" gehen (Speck 2006, 377).

Angebotsqualität   Ob also die AdressatInnen pädagogischer Angebote sich deren Gehalte auch aneignen, Angebote also (beabsichtigte) Wirkung(en) erzielen, lässt sich nach unterschiedlichen Niveaus differenzieren: Als Basis soll die grundlegende Information über ein vorhandenes Angebot stehen, das als nächstes wahrgenommen und dann beurteilt werden kann. Erst wenn diese drei Schritte möglich sind, kann die ursprünglich mit dem Angebot verknüpfte pädagogische Intention erreicht und in der Folge auch überprüft werden, d.h. es können die Fragen geklärt werden, ob das Angebot erfolgreich vermittelt wurde, seine Ziele erreicht hat und der gewünschte Transfer stattfinden kann, es also zu einem Aneignungsprozess gekommen ist (Speck 2006). Mit anderen Worten: Zwischen einem Angebot und der Aneignung der damit verbundenen pädagogischen Intentionen muss dessen Nutzung stehen. Die AdressatInnen pädagogischer Angebote können schon durch ihr Nutzungsverhalten Auskunft geben, ob ein Konzept ihren *Bedürfnissen* entspricht. Ganz gleich, ob Kindern und Jugendlichen beispielsweise im Schulalltag *Schulsozialarbeit* zur Verfügung steht, ein Jugendhilfeträger Angebote der offenen *Kinder- und Jugendarbeit* vorhält oder im Einzelfall eine *Hilfe zur Erziehung* in Frage kommt: In jedem Fall müssen die AdressatInnen, die man mit diesen Angeboten erreichen möchte, zunächst über deren Vorhandensein informiert sein, bevor sie entscheiden, ob und in welcher Weise sie diese auch nutzen wollen. Ob und wie sie sich die intentionalen oder nicht-intentionalen Inhalte und „pädagogischen Botschaften" der Angebote schließlich auch aneignen, also sich für den eigenen Bildungsprozess zu eigen machen wollen/können, ist dann erst der nächste, voraussetzungsvolle Schritt im Prozess, der keineswegs selbstläufig ist, sondern einer Reihe von Einflussfaktoren unterliegt (Spies/Pötter 2011).

So können beispielsweise unterschiedliche Haltungen die Nutzung wahrscheinlicher oder unwahrscheinlicher machen: Von der motivierten Nutzungsbereitschaft über neutrales „Abwarten" bis hin zur Ablehnung ist grundsätzlich jede Haltung der AdressatInnen möglich. Diese Haltungsoptionen gründen gleichermaßen auf individuellen wie auch auf kollektiven Orientierungen, Erfahrungen und Kontexten, in die die AdressatInnen pädagogischer Angebote über ihre Schul- und/oder *Lebenswelten* eingebunden sind (exemplarisch für das Handlungsfeld Schulsozialarbeit: Spies/Pötter 2011).

Individuelle Orientierungen von AdressatInnen liegen in der Person begründet, während ihre kollektiven Orientierungen, im Sinne eines übergreifenden Orientierungsrahmens der jeweiligen Gruppe, auf Gruppenzusammenhängen basieren. Auf dieser Gruppenebene gibt es eine informelle Gruppenmeinung, die die Haltungen oder Meinungen der einzelnen Gruppenmitglieder mitbestimmt und auf gemeinsame oder korrespondierende biografische Erfahrungen zurückzuführen ist. So können beispielsweise positive Erfahrungen mit den Angeboten der Schulsozialarbeit zur kollektiven Akzeptanz im Klassenkontext führen, während ebenso der Fall möglich ist, dass ungünstige Erfahrungen mit Schulsozialarbeit in einem gruppendynamischen Prozess die Ablehnung durch die gesamte Klasse oder Gruppe zur Folge haben (Spies 2013a). Individuelle und kollektive Orientierungen stehen aber auch in Wechselwirkung zueinander und können bei passgenauer AdressatInnenorientierung durch systematischen Beziehungsaufbau stabilisiert werden. Entsprechend kann fehlschlagende AdressatInnenorientierung und negative Nutzungserfahrung bis hin zur totalen Ablehnung des Angebots führen.

individuelle und kollektive Orientierung

Will man möglichst viele AdressatInnen erreichen und auch eine entsprechend nachhaltige Wirkung erzielen, müssen pädagogische Angebote (beispielsweise von Schulsozialarbeit) so gestaltet werden, dass sie individuell und für die Gruppe attraktiv sind. Auch wenn ein Angebot Sozialer Arbeit individuell konzipiert ist, gilt die Prämisse der Gruppenattraktivität gleichfalls, da von einer sich multiplizierenden Bekanntheit und Nutzungsbereitschaft der AdressatInnen auszugehen ist: Wenn beispielsweise eine Kommune im Rahmen eines *Prävention*skonzeptes ein niederschwelliges *Beratung*sangebot zur Unterstützung von Familien konzipiert und bereit hält, ist dessen individuelle Nutzung auch von der Kommunikation (also Gruppenhaltung) der AdressatInnen untereinander abhängig (Spies 2013a).

Präventionskonzept

Jugendarbeit oder Schulsozialarbeit müssen ihre AdressatInnenorientierung auch unter der Frage reflektieren, ob sie hinreichend berücksichtigt haben, dass insbesondere während der Jugendphase kollektive Orientierungen häufig den individuellen vorangestellt werden und eine besondere Kraft entwickeln können. Das bedeutet, dass eine hilfreiche Unterstützung einzelner dazu führen kann, dass die gesamte Gruppe die Begleitung durch die Schulsozialarbeit wertschätzt und weiterempfiehlt, weil sie bedürfnisgerechten und jugendkulturell angemessenen Gestaltungsmaximen folgt, die zur Erweiterung der eigenen und im Falle eines schulischen Kontextes auch der schulischen Möglichkeiten beitragen können (Bolay 2004). Konzeptions- und Umsetzungsfehler können auch die Ablehnung durch die gesamte AdressatInnengruppe zur Folge haben:

Gestaltungsmaximen

Wie passend sozialpädagogische Angebote die Zielgruppe erreichen, ist auch von der Peer-Orientierung abhängig, da deren kollektiver Orientierungsrahmen

Peer-Orientierung

die individuellen Haltungen und schließlich auch die Reichweite pädagogischer Angebote ebenso erweitern wie einschränken kann (Spies 2013a). Für die Praxis bedeutet dies, möglichst viel über die AdressatInnen zu wissen, um den konzeptionellen Bezug bestimmen zu können und Anhaltspunkte für Evaluationskriterien zu finden. Neben Fachlichkeit und Haltung ist also auch die regelmäßige Überprüfung von Zielen, Reichweiten und konzeptionellen Veränderungsbedarfen (Evaluation) einer der tragenden Bausteine von adressatInnenorientierter pädagogischer Arbeit (Finkel 2013; Graßhoff 2013).

professionelle Haltung

Die persönliche und professionelle Haltung von PädagogInnen ist nach Kuhl et al. (2014) von Einstellungen, Überzeugungen und Werten gekennzeichnet, die durch Selbstbezug und objektive Selbstkompetenzen hergestellt werden. Sie sind zugleich die entscheidende Grundlage für das unmittelbare Handeln und Urteilen, z. B. in Bezug auf die Einschätzung von Fähigkeiten und Fertigkeiten von Heranwachsenden und Erwachsenen in pädagogischen Kontexten. Die eigene fachliche Persönlichkeitsentwicklung wird demnach zur entscheidenden Grundlage einer an den Adressat*Innen* und deren Erreichbarkeit orientierten Haltung, die dem *pädagogischen Handeln* zugrunde liegen muss.

SchülerInnenorientierung

Ein schulpädagogisches Pendant zur sozialpädagogischen AdressatInnenorientierung findet sich bedingt in der Prämisse des schülerInnenorientierten Unterrichts und als Handlungsstrategie des Unterrichtens wieder. Analog zur Subjektorientierung des sozialpädagogischen AdressatInnenbegriffs sollen SchülerInnen über das an subjektiven Erfahrungswelten und Interessen orientierte Unterrichtsprinzip eine zunehmend größere Selbstständigkeit erreichen und im Sinne von wachsender Selbststeuerung (*Bildung*) mehr und mehr Verantwortung für das eigene *Lernen* übernehmen. Die Analogie endet aber schon dort, wo die Betrachtung der Beziehung beginnt, innerhalb derer die Adressierung von Kindern und Jugendlichen als NutzerInnen schulischer Unterrichtsangebote und ihrer Rahmungen durch *pädagogisches Handeln* stattfindet. Diese Beziehung ist durch Schulpflichtmaßgaben von Unfreiwilligkeit und durch die gängigen Leistungsbeurteilungskonzepte oder Disziplinierungspraxen von hierarchischen Machtstrukturen geprägt, die den adressatInnenorientierten Konzepten der Akteurs- oder Agencyperspektive widersprechen.

SchülerInnenorientierung geht auf einen reformpädagogischen Begriff der „Pädagogik vom Kinde aus" zurück und verlangt nach Orientierung an Alltagswirklichkeit, Erfahrungshorizont, Handlungsmustern und *Bedürfnissen*, die von jenen der Lehrenden abweichen. *Lebenswelt*bezüge im unterrichtlichen Kontext zielen darauf ab, dass vom Anknüpfen an lebensweltliche Zusammenhänge motivationale Zugewinne zur Optimierung von *Lernprozessen* innerhalb schulischer Curricula erwartet werden. Darüber hinaus will/soll SchülerInnenorientierung auch deren Beteiligung an der Planung und Gestaltung des Unterrichts beinhalten, und folgt mit dem Konzept der „adaptiven Lerngelegenheiten" (Hertel 2014) einer deutlichen Betonung der Anerkennung von Individualität. Nicht nur die Berücksichtigung von *lebenswelt*lichen Bedingungen und individuellen Entwicklungsbesonderheiten, sondern auch Selbstverantwortung, demokratische Prinzipien und *Anerkennung* sollen die durch die Unterrichtsgegenstände repräsentierten Bildungsanlässe flankieren und die *Bildung*sprozesse insgesamt befördern.

Ob nun im angewandten pädagogischen Konzept die AdressatInnen- und/oder die SchülerInnenorientierung tatsächlich als gelungen und erfolgreich im Sinne von Nutzung und Aneignung bezeichnet werden kann, ist stets erst im Nachhinein zu bestimmen. Neben den Verfahren der Evaluation von – in bildender und/ oder helfender Absicht – vorgehaltenen pädagogischen Angeboten oder Gegenständen des Unterrichts, bieten vor allem fallrekonstruktive Verfahren der Prozessbetrachtung Anhaltspunkte zur Beurteilung professionellen Handelns. Sie ermöglichen es, Professionalität zu identifizieren, die den Grundsätzen von AdressatInnenorientierung respektive SchülerInnenorientierung folgt und die Maxime des *Verstehens* in Erinnerung ruft. So ist der Argumentation von Helsper und Tippelt (2011) zufolge das rekonstruktive *Fallverstehen* ein „konstitutiver Bestandteil von Professionalität", da

Evaluation

> *„jenseits wissenschaftlicher Klassifikationen [...] nur in der Rekonstruktion des Einzelfalls zu klären [ist], welche Form der professionellen Intervention angemessen ist"* (Helsper/Tippelt 2011, 150).

Weil die für die Kommunikation mit dem Einzelfall nicht wissenschaftlich zu erlernende interaktive Beziehung konstitutiv für die Gestaltung professioneller pädagogischer Settings ist, bedarf die wissenschaftliche Professionalisierung hinsichtlich der AdressatInnenorientierung der Ergänzung durch handlungspraktische Professionalisierung, in deren Rahmen Routinen professionellen Handelns erworben bzw. „übernommen" (Helsper/Tippelt 2011, 150) werden können.

Professionalisierung

Um also adressatInnenorientierte Konzepte und Angebote in pädagogischer Absicht entwickeln und vorhalten zu können, ist zuvor pädagogische Professionalität (Helsper/Tippelt 2011) zu erwerben. Sie ist keineswegs mit dem Mythos des pädagogischen Charismas zu verwechseln, das vielleicht einen Teil der Persönlichkeit ausmachen mag, aber keinesfalls Professionalität ersetzen kann und jene auch von ehrenamtlichem Engagement unterscheidet.

5.2 Zwischen Managementstrukturen und Ordnungsauftrag – Die Beziehung zwischen Förderung und Kontrolle

Dem pädagogischen Anspruch nach Anerkennung der Eigenaktivität des Subjekts in seinem *Bildungs*prozess stehen einerseits der am Ausgleich von Benachteiligungen ausgerichtete Förderanspruch und andererseits der an gesellschaftlicher Anschlussfähigkeit ausgerichtete Kontrollaspekt gegenüber. Damit ist die tradierte Spannung des sozialpädagogischen Mandats gemeint, das zwischen den Polen Hilfe und Kontrolle positioniert werden kann und dementsprechend auch zweierlei Managementaufgaben bzw. Ordnungsaufträgen Folge leistet (Kessl 2006; Seifert 2013; Sengling 1996). Aus schulpädagogischer Perspektive bildet sich an dieser Stelle der ähnlich spannungsreiche und widersprüchliche Bogen ab, der zwischen Förderung und Disziplinierung entsteht, im Kontext der Schulpflicht

schulpädagogische Disziplinierungspraxen

sowie im selektiv agierenden institutionellen Rahmen angesiedelt ist und über die gesellschaftliche Teilhabechancen mitbestimmt.

Anwaltschaft, Ordnungsauftrag In der Sozialen Arbeit werden die Fragen nach Freiheit und Zwang (Kähler 2005; Großmaß 2010) sowie Hilfe und Kontrolle immer wieder diskutiert (Böhnisch/Lösch 1973). Es wird danach gefragt, ob es bei Kontrolle und Zwang um die von Menschen hervorgerufene Beschränkung von Handlungsmöglichkeiten und Freiheiten anderer Menschen geht (Wolf 2008, 93) oder um direkte physische bzw. psychische Gewalt (Cremer-Schäfer 2007, 67). Sachße/Tennstedt (1980) diskutieren den Kontrollaspekt historisch vor allem im Kontext der Maßnahmen zur Arbeitsaufnahme, die darauf zielten, dass nicht-staatliche Fürsorgeleistungen „zur dauerhaften, attraktiven Alternative zur Lohnarbeit" werden sollten (Sachße/Tennstedt 1980, 14). In diesem Zusammenhang können auch die seit den 1990er Jahren kontrovers geführten Diskussionen um Begriffe wie „Fordern und Fördern" sowie die sogenannte Hartz-IV-Gesetzgebung im SGB II gesehen werden (Dahme/Wohlfahrt 2003, 10; Karl/Schröer 2006). Der „Spagat" zwischen Hilfe und Kontrolle sowie zwischen Anwaltschaft und Ordnungsauftrag ist bestimmend für die Soziale Arbeit (Scherr 2006). Die Schwierigkeit besteht darin, „die Leistungen der Sozialen Arbeit trennscharf zwischen Anteilen der Hilfe und Anteilen der Kontrolle zu differenzieren" (Kraus 2014, 113).

Selektion Jenseits der Überlegungen zu den zur *Schulentwicklung* ausgeführten grundlegenden Spezifika des Handlungsfeldes hat Schule ebenfalls Kontroll- und Ordnungsaufgaben zu erfüllen und darin eine lange, selektierende Tradition. Mit dem *Inklusion*sauftrag ändert sich diese Tradition, da nunmehr hilfreiche Förderstrukturen aufgebaut werden müssen, die an den *Bedürfnissen* der *AdressatInnen* ausgerichtet sind. Vor allem Konzepte von Settings, die Soziale Arbeit, sonderpädagogische Ansätze und Schule zusammenbringen und beispielsweise dazu beitragen sollen/wollen, dass junge Menschen ihrer Schulpflicht nachkommen, verlangen von Schule Organisations- und Strukturveränderungen, die deutlicher die *Hilfe* betonen bzw. Kontrolle in Form von Hilfe leisten. Sofern eine Kommune sich z. B. für ein ordnungspolitisches Problemverständnis des Schulabsentismus entscheidet, sind die Institutionen, die das *pädagogische Handeln* in dieser Angelegenheit verantworten müssen, zur Umsetzung von restriktiver Kontrolle verpflichtet: In Fällen unentschuldigten Fehlens macht die Schule z. B. Meldung bei der Kommune, dort wird im Zuge eines Bußgeldverfahrens auch die Jugendgerichtshilfe eingeschaltet und es besteht die Möglichkeit der Erteilung von Sozialstunden bzw. Jugendarrest.

Deutungsansätze Alternativ zu einer solch kriminalisierenden Problemdeutung und -strategie gibt es ca. seit Beginn der 2000er Jahre einen breiten Kanon von Deutungsansätzen, Kontextanalysen und praktischen Projektlösungen, die die Perspektive der Schulverweigernden zum Ausgangspunkt ihrer Überlegungen machen. Sie halten ein addressatInnenorientiertes Angebot vor, das jungen Menschen ermöglicht, trotz Schulaversion, die für gesellschaftliche Anschlussfähigkeit notwendigen Qualifikationszertifikate zu erwerben und das in die Rahmung der *Jugendhilfe* eingebunden ist (Ricking 2013).

Ermöglichung Wenngleich zwischen den beiden Ansätzen zur Schulverweigerung fraglos der größtmögliche Abstand im Problemverständnis gegeben scheint, so sind dennoch beide einem gesellschaftlichen Ordnungsauftrag verpflichtet. Lediglich das Problemmanagement und das Austarieren der Waagschale zwischen *Förderung und Kontrolle* sind beim zweiten Ansatz zugunsten der Förderung und der gesellschaftlichen Anschlussfähigkeit verschoben. Während der ordnungspolitische Ansatz die Kriminalisierung des Verhaltens betont und auf Abschreckung im Sinne von Selbsteinsicht setzt, stehen bei fördernden Projekten die Ermöglichung einer „zweiten Chance" und damit die individuellen *Hilfe*bedarfe bzw. die biografischen Widerfahrnisse im Vordergrund. Während im einen Fall die Justiz eingeschaltet wird und die dort vorhandenen Strukturen genutzt werden, sind im anderen Fall Innovationen nötig, die institutionelle Routinen durchbrechen und institutionelle Strukturen so verändern, dass sie den Bedarfslagen derer, die Hilfe benötigen, entgegenkommen und die Organisationsstruktur entsprechend angepasst wird. Wenn beispielsweise ein Projekt zur *Prävention* von Schulverweigerung auf die Durchlässigkeit von schulischen oder arbeitsverwaltenden institutionellen Grenzen angewiesen ist, erfordert die professionelle Strukturierung der dafür nötigen Prozesse und Umorganisationen eine erweiterte Managementkompetenz und vernetzende Koordination zur Umsetzung der pädagogischen Absichten, deren Reichweite und Nachhaltigkeit erst im Nachhinein geprüft werden kann.

In den Ansätzen der Erziehungspartnerschaften (Henkel et al. 2002), der sogenannten Elternkurse (Chamakalayil 2010) und der Diskussion um die Kindergartenpflicht zur Förderung der Lernausgangslagen für die Einschulung wird vor allem der entwicklungsfördernde oder situationsverbessernde (pädagogische) Gewinn für die Kinder hervorgehoben – der implizite Kontroll- und Normierungsaspekt muss dagegen in der analytischen Auseinandersetzung mit Gouvernement-Strukturen (Weber/Maurer 2006) erst analytisch herausgearbeitet werden. Auf die Schwierigkeiten, den impliziten Kontroll- und Normierungsaspekt und die Machtverhältnisse zu analysieren, weisen auch – aus zwei unterschiedlichen Perspektiven – Wolf (1999) und Kraus (2014) hin. Während Wolf (1999) die Machtbalancen zwischen ErzieherInnen und Heranwachsenden im Heimkontext analysiert und darauf abstellt, dass beide Seiten über Macht verfügen, geht Kraus (2014) von instruktiver Macht (der „Chance, das Verhalten oder Denken eines Menschen zu determinieren") und destruktiver Macht (der „Chance, die Möglichkeiten eines Menschen zu reduzieren") aus, wobei Soziale Arbeit über beide Möglichkeiten der Kontrolle verfügt (Kraus 2014, 105ff.). **Machtbalancen**

Die gesellschaftskritische Perspektive pädagogischen Denkens und Handelns bedarf solcher anspruchsvollen Analyseverfahren umso dringender, da der pädagogische Alltag seit den frühen 1990er Jahren an vielen Stellen von Managementstrukturen durchzogen ist. In den 1990er Jahren wurden unter dem Schlagwort „Neue Steuerung" bzw. „Neues Steuerungsmodell" betriebswirtschaftliche Steuerungsverfahren in die Kinder- und Jugendhilfe gebracht, die u. a. mit Budgetierung, Evaluation, Projektierung und Leistungsverträgen zur Optimierung von Prozessen und Strukturen beitragen wollen (Hammerschmidt 2014; Dahme et al. 2005). Zuvor war Soziale Arbeit eher an den Voraussetzungen und Bedarfen spezifischer Zielgruppen orientiert. Es wurde die Gesamtheit der Mittel und Ressourcen bestimmt, die es für einen angenommenen produktiven Leistungsprozess bedurfte – der dann aber wiederum an den AdressatInnen orientiert sein sollte. **Managementstrukturen**

Derzeit wird unter dem gleichen Schlagwort der „Neuen Steuerung" die schulische Managementstruktur zu optimieren versucht (Kiper 2013).

Die biografische Stützfunktion pädagogischer Angebote setzt deren Nutzung und Aneignung durch die Eigenaktivität des adressierten Subjekts voraus.

AdressatInnen- und schülerInnenorientierte Angebote erfordern eine professionelle Kompetenz in der Planung und Konzeption, die sowohl auf inhaltlicher als auch auf methodischer Ebene den fachlich aktuellen Kenntnisstand zum Ausgang hat und darüber hinaus auch über fachlich adäquate Kommunikationskompetenzen verfügt. Die professionelle Kompetenz gründet mithin auf den zuvor ausgeführten Maximen pädagogischen Handelns und Denkens und muss dabei stets den aktuellen Entwicklungsstand des Fachdiskurses berücksichtigen. Zur erfolgreichen Adressierung gehört also auch die fachliche und methodische Angemessenheit von Angeboten, die dem Bedarf der AdressatInnen entsprechen sollen und sich unter anderem auch an deren Nutzung messen lassen müssen.

- Durch Schulpädagogik und Soziale Arbeit werden die AdressatInnen unterschiedlich beschrieben, was Bedeutung für den Umgang in der professionellen Arbeit mit ihnen hat! Beschreiben Sie die jeweils zentralen Aspekte des schülerInnenorientierten Unterrichts und des AdressatInnenbezugs Sozialer Arbeit! Erarbeiten Sie auf dieser Grundlage in Kleingruppen anhand eines selbst gewählten Praxisbeispiels den professionellen Umgang mit SchülerInnen und AdressatInnen Sozialer Arbeit und diskutieren Sie dieses mit Ihren KommilitonInnen!
- Im Zusammenhang mit der AdressatInnenorientierung der Schulpädagogik und Sozialen Arbeit sind Formulierungen wie „ausgehend von den Bedürfnissen der SchülerInnen bzw. AdressatInnen" sowie die Reflexion des „Aneignungsverhaltens der SchülerInnen bzw. AdressatInnen" zentral. Erklären Sie, was mit der Formulierung „Bedürfnisse von SchülerInnen/AdressatInnen" bzw. dem „Aneignungsverhalten von SchülerInnen/AdressatInnen" beschrieben wird.
- Was ist mit dem Begriff „niedrigschwelliges Angebot", als Voraussetzung für Gruppenattraktivität, gemeint? Entwickeln Sie ein niedrigschwelliges Angebot für die Schulsozialarbeit bzw. die offene Kinder- und Jugendarbeit!

Bitzan, M., Bolay, E., Thiersch, H. (Hrsg.) (2006): Die Stimme der Adressaten. Empirische Forschung über Erfahrungen von Mädchen und Jungen mit der Jugendhilfe. Juventa, Weinheim/München

Dahme, H.-J., Kühnlein, G., Wohlfahrt, N. (2005): Zwischen Wettbewerb und Subsidiarität. Wohlfahrtsverbände unterwegs in die Sozialwirtschaft. edition sigma, Berlin

Graßhoff, G. (2015): Adressatinnen und Adressaten der Sozialen Arbeit. Eine Einführung. Springer VS, Wiesbaden

Hertel, S. (2014): Adaptive Lerngelegenheiten in der Grundschule: Merkmale, methodisch-didaktische Schwerpunktsetzungen und erforderliche Lernkompetenzen. In: Kopp, B., Martschinke, S., Munser-Kiefer, M., Haider, M., Kirschhock, E.-M., Ranger, G., Renner, G. (Hrsg.): Individuelle

Förderung und Lernen in der Gemeinschaft. Jahrbuch Grundschulforschung Bd. 17. Springer VS, Wiesbaden, 19–34

Oelerich, G., Schaarschuch, A. (Hrsg.) (2005): *Soziale Dienstleistungen aus Nutzersicht. Zum Gebrauchswert Sozialer Arbeit.* Ernst Reinhardt, München/Basel

Spies, A. (2013): Das ‚Schulklima' im Kontext von Adressierungs- und Aneignungsprozessen. In: Spies, A. (Hrsg.): *Schulsozialarbeit in der Bildungslandschaft. Möglichkeiten und Grenzen des Reformpotenzials.* Springer VS, Wiesbaden, 71–98

Thiersch, Hans (2013): AdressatInnen der Sozialen Arbeit. In: Graßhoff, G. (Hrsg.) (2013): *Adressaten, Nutzer, Agency: akteursbezogene Forschungsperspektiven in der Sozialen Arbeit.* Wiesbaden: Springer VS, 1–32

6 Zwischen Vergangenheit und Zukunft – Entwicklungsperspektiven und Reflexionsbedarfe

Die in diesem Band skizzierten unterschiedlichen Perspektiven auf einzelne Handlungsfelder (Kindertagesstätten, Schule, Kinder- und Jugendhilfe, Erwachsenenbildung) und Aufgaben (z.B. Betreuung, Übergangsgestaltung, Benachteiligtenförderung) können die vielfältigen und differenzierten Sichtweisen auf bildungspolitische, organisationale, pädagogische und professionelle Fragen nur andeuten. Die Diskussionsstränge der erziehungswissenschaftlichen Disziplinen thematisieren in Einzelstudien und Konzepten unterschiedliche Facetten eines Gegenstandes bzw. Aufgabenfeldes, beziehen sich auf Ergebnisse der Bildungsforschung, der Soziologie und anderer sozialwissenschaftlicher Disziplinen, haben aber in manchen Fragen sogar ihr gemeinsames Vokabular verloren und beziehen sich viel weniger aufeinander, als ihre Aufgaben und AdressatInnen dies erfordern würden.

Ein in sich konsistentes Theoriegerüst dafür kann es nicht geben, aber die gesellschaftlichen Herausforderungen des 21. Jahrhunderts verlangen auch vom Bildungswesen ein stärker an der Biografie ausgerichtetes Bildungsverständnis. Die auf *Kooperationen* angewiesene pädagogische Praxis kommt nicht ohne Annäherung an die Gemeinsamkeiten und die Kenntnis der Unterschiede aus – ganz gleich, ob in Ganztagsschule, innerhalb der frühkindlichen Förderung oder im Benachteiligtendiskurs der beruflichen Förderpädagogik.

Der Bedarf disziplinübergreifender Forschung wächst, weil letztlich Bildungsprozesse über die Lebensspanne verhandelt werden. Als Felder der Bildungsforschung werden die frühkindliche Bildungsforschung, die Schule, die berufliche Bildungsforschung, die außerschulischen Handlungsfelder, die Hochschulforschung sowie die Erwachsenen- und Weiterbildung differenziert und erfordern den interdisziplinären Zugang, der neben der erziehungswissenschaftlichen Forschung auch die soziologische, die psychologische, die historische, politik- und rechtswissenschaftliche Bildungsforschung, die bildungsökonomische und fachdidaktische Forschung sowie die Bildungsphilosophie einschließt (Edelmann et al. 2012). Allerdings ist die Kluft zwischen Wunsch und Wirklichkeit oder zwischen Forderung und Umsetzung noch groß. Und auch wenn im Nachgang auf die Ergebnisse von Pisa, Iglu etc. seit etwa dem Beginn der 2000er Jahre die Frage nach der „zeitgemäßen Bildung" aufgeworfen wird und ein „neuer" Bildungsbegriff für das gemeinsame Handeln von Schule und Kinder- und Jugendhilfe vorgelegt wurde (Otto/Oelkers 2006), ist der Weg in die praktische Umsetzung (wie so oft in der Pädagogik) noch weit. Trotz intensiver Diskussionen in Wissenschaft, (Bildungs-)Politik und Medien um den Abbau ungleicher Bildungszugänge sowie um eine vernetzte Bildung haben diese Fragen 15 Jahre nach der

Jahrtausendwende immer noch eine geringere Priorität als der leistungsbezogene Status Quo, der hiervon bedroht sein könnte.

Aber immerhin: Eine die Teildisziplin übergreifende Diskussion und Konzeptionsentwicklung hat begonnen, die Bildungspolitik versucht, die Ganztagsbildung zu befördern und Bildungsungleichheiten abzubauen. Sie stellt die Frage in den Raum, ob die föderalistischen Strukturen für das Bildungssystem innerhalb Europas noch zeitgemäß sind (Klemm 2014). Wenn *Kooperation* und *Vernetzung* der unterschiedlichen Bildungsinstitutionen sowie u. a. die Anliegen des *Kinderschutzes* das Zusammenwirken ganz unterschiedlicher Institutionen (Englisch 2013) erfordern, dann stellt das ganzheitliche Bildungsverständnis auch die institutionellen Selbstverständnisse in Frage: Kann Schule ausschließlich ein schulisches Selbstverständnis mit der Orientierung an Abschlüssen haben oder bedarf es angesichts sozialer Bildungsungleichheit und des Plädoyers für Bildungsgerechtigkeit nicht einer *lebenswelt*lichen Perspektive der Schule, die die Überwindung der „strukturellen Distanz der schulischen Lernorganisation zu den Lebenswelten der Kinder und Jugendlichen" (Braun/Wetzel 2006, 15) zur Aufgabe hat? Und welche Konsequenzen fordern die Kinderrechte als Menschenrechte und ihr Anspruch auf *Partizipation* von der institutionellen Gestaltung des Bildungs- und Hilfesystems als Teil des Gemeinwesens?

Mit diesen beiden Fragen schließen wir unseren Vorschlag für einen Ausgangspunkt zur weiteren und künftigen Klärung einer oder mehrerer der Sache dienlicher interdisziplinärer Perspektiven und hoffen, mit unseren Fragen nicht nur Anregungen für das Werden der eigenen reflexiven Professionalität gegeben zu haben, sondern auch den Diskurs insgesamt weiter anzuregen.

Wie wäre es unserer eingangs vorgestellten Familie wohl ergangen, wenn:
- die Mutter
  - niedrigschwellige Angebote der Familienbildung zur Verfügung gehabt hätte, die ihr für ihren Erziehungsalltag hilfreiche Anregungen hätten geben können? Wäre es dann erst gar nicht zum Schulabsentismus des mittleren Sohnes gekommen? Hätte die Tochter weniger Familienverantwortung übernehmen müssen und mehr Ressourcen für ihre schulische Bildungsbiografie zur Verfügung gehabt?
  - nach der Trennung vom Vater des jüngsten Kindes die Angebote der Erziehungsberatung in Fällen von Trennung und Scheidung gekannt und wahrgenommen hätte? Wäre sie dann weniger überfordert gewesen und wären die Kindeswohlgefährdung des jüngsten Kindes und die Vernachlässigung des mittleren Sohnes vermieden worden?
  - die Hilfe des sozialpsychiatrischen Dienstes der Gemeinwesenarbeit in Anspruch nehmen würde und diese in Kooperation mit den Möglichkeiten der Erziehungshilfe und unter Berücksichtigung ihrer Migrationsbiografie die Familie entlasten würde?
  - die *Hilfen zur Erziehung* annehmen könnte, weil diese ihre Angebote entlang der Differenzlinien ethnischer Zugehörigkeit und Armut konzeptioniert hätten und in Kooperation mit dem Gesundheitssystem auf die Erkrankung eingegangen wären?
  - in einem Angebot der Erwachsenenbildung Deutsch gelernt und Zugang zum Arbeitsmarkt bzw. zum Bildungssystem gefunden hätte?
  - …

- der mittlere Sohn
    - an Stelle der Klassenwiederholung in der Grundschule eine differenzierte Förderung erhalten hätte, die seine aufgrund der Migration und der familiären Probleme schwierige emotionale Situation aufgefangen hätte?
    - nach dem Übergang in die Sekundarstufe nicht von der Realschule auf die Hauptschule zurückgestuft worden wäre?
    - an seiner Schule ein Beratungsangebot hätte nutzen können, das ihm Hilfe in seiner allmählich wachsenden Schulabsenz gegeben hätte?
    - die ihm gewährte Hilfe zur Erziehung in Form der Erziehungsbeistandschaft als hilfreich und passgenau erlebt und genutzt hätte?
    - an Stelle der restriktiven ordnungspolitischen Maßnahmen in ein Hilfeprogramm für Schulverweigerer aufgenommen würde, dass seine Situation vor dem Hintergrund seiner familiären Armuts- und Migrationsgeschichte berücksichtigen würde und seine emotionalen Schwierigkeiten durch flankierende Beratungsangebote auffangen würde?
    - …
- die ältere Tochter
    - durch ein kooperierendes Bildungs- und Hilfesystem Anerkennung ihrer Verantwortung für die Familienorganisation und Entlastung finden würde?
    - eine berufliche Orientierung im schulischen Kontext erhalten würde, die ihr reelle Chancen bieten könnte, die Kompetenzen der Organisation und Anerkennung finden würden?
    - nach ihrer Ankunft in Deutschland im Schulsystem entsprechend ihrer Ausgangslage Unterstützung gefunden hätte?
    - …
- das jüngste Kind
    - in einer Pflegefamilie aufwachsen würde?
    - seine Bildungsbiografie schon im Vorfeld als gefährdet betrachtet erleben würde und mit Schuleintritt eine explizite und angebrachte Hausaufgabenhilfe bekommen würde?
    - eine ganztagschulische Betreuung vermittelt bekommen würde?
    - …

Literatur

Abels, H. (2006): Identität. VS Verlag für Sozialwissenschaften, Wiesbaden

Ader, S. (2006): Was leitet den Blick? Wahrnehmung, Deutung und Intervention in der Jugendhilfe. Juventa, Weinheim/München

Ader, S. (2004): „Besonders schwierige" Kinder: Unverstanden und instrumentalisiert. In: Fegert, J. M., Schrapper, C. (Hrsg.): Handbuch Jugendhilfe – Jugendpsychiatrie. Interdisziplinäre Kooperation. Juventa, Weinheim/München, 437–447

Alt, C. (Hrsg.) (2005): Kinderleben – Aufwachsen zwischen Familie, Freunden und Institutionen. Bd. 2: Aufwachsen zwischen Freunden und Institutionen. VS Verlag für Sozialwissenschaften, Wiesbaden

Armbrust, J. (2011): Jugendliche begleiten. Was Pädagogen wissen sollten. Vandenhoeck & Ruprecht, Göttingen

Autorengruppe Bildungsberichterstattung (2010): Bildung in Deutschland 2010. Ein indikatorengestützter Bericht mit einer Analyse zu Perspektiven des Bildungswesens im demographischen Wandel. W. Bertelsmann, Bielefeld

Autorengruppe Bildungsberichterstattung (2008): Bildung in Deutschland 2008. Ein indikatorengestützter Bericht mit einer Analyse zu Übergängen im Anschluss an den Sekundarbereich I. In: http://www.bildungsbericht.de/daten2008/bb_2008.pdf, 12.11.2014

Baacke, D. (1999): Die 0-5jährigen. Einführung in die Probleme der frühen Kindheit. Beltz, Weinheim/Basel

Baader, M. S., Bilstein, J., Tholen, T. (2012): Erziehung, Bildung und Geschlecht. Männlichkeiten im Fokus der Gender-Studies. Springer VS, Wiesbaden

Bach, H. (1989): Verhaltensstörungen und ihr Umfeld. In: Goetze, H., Neukäter, H. (Hrsg.): Pädagogik bei Verhaltensstörungen. Handbuch der Sonderpädagogik Bd. 6. Wissenschaftsverlag, Berlin, 3–35

Baitsch, C., Müller, B. (Hrsg.) (2001): Moderation in regionalen Netzwerken. Hampp, München/Mering

Balzer, N., Ricken, N. (2010): Anerkennung als pädagogisches Problem. Markierungen im erziehungswissenschaftlichen Diskurs. In: Schäfer, A., Thompsen, C. (Hrsg.): Anerkennung. Schöningh, Paderborn, 35–87

Bauer, P., Bolay, E. (2013): Zur institutionellen Konstituierung von Schülerinnen und Schülern als Adressaten der Schulsozialarbeit. In: Spies, A. (Hrsg.) Schulsozialarbeit in der Bildungslandschaft. Möglichkeiten und Grenzen des Reformpotenzials. Springer VS, Wiesbaden, 47–70

Baumbast, S., Hofmann-van de Poll, F., Lüders, C. (2014): Non-formale und informelle Lernprozesse in der Kinder- und Jugendarbeit und ihre Nachweise. Deutsches Jugendinstitut, München

Beck, U. (1986): Risikogesellschaft. Auf dem Weg in eine andere Moderne. Suhrkamp, Frankfurt/M.

Becker, R., Lauterbach, W. (2010): Bildung als Privileg – Ursachen, Mechanismen, Prozesse und Wirkungen. In: Becker, R., Lauterbach, W. (Hrsg.): Bildung als Privileg. Erklärungen und Befunde zu den Ursachen der Bildungsungleichheit. 4. Aufl. VS Verlag für Sozialwissenschaften, Wiesbaden, 11–47

Behrmann, R. (2010): Anbieter der Erwachsenen-/Weiterbildung. Träger, Einrichtungen und Angebote sowie Institutionalformen, Organisationen, Dienstleistungen und Managementperspektiven. In: Zeuner, C. (Hrsg.), o.S.

Bernhard, A. (1997): Bildung. In: Bernhard, A., Rothermel, L. (Hrsg.): Handbuch Kritische Pädagogik. Deutscher Studienverlag, Weinheim, 63–74

Bettmer, F. (2008): Partizipation. In: Coelen, T., Otto, H.-U. (Hrsg.), 213–221

Betz, T. (2008): Ungleiche Kindheiten. Theoretische und empirische Analysen zur Sozialberichterhebung über Kinder. Juventa, Weinheim/München

Bieker, R. (2011): Trägerstrukturen in der Sozialen Arbeit – ein Überblick. In: Bieker, R., Floerecke, P. (Hrsg.): Träger, Arbeitsfelder und Zielgruppen der Sozialen Arbeit. Kohlhammer, Stuttgart, 13–43

Bitzan, M. (2008): Geschlecht und sozialer Ausschluss. Vom Ausschluss durch Einschließen. In: Anhorn, R., Bettinger, F., Stehr, J. (Hrsg.): Sozialer Ausschluss und soziale Arbeit. Positionsbestimmungen einer kritischen Theorie und Praxis sozialer Arbeit. 2., überarb. und erw. Aufl. Springer VS, Wiesbaden, 237–256

Bitzan, M., Daigler, C. (2004): Eigensinn und Einmischung: Einführung in Grundlagen und Perspektiven parteilicher Mädchenarbeit. Juventa, Weinheim/München

Bitzan, M., Klöck, T. (1993): „Wer streitet denn mit Aschenputtel?" Konfliktorientierung und Geschlechterdifferenz. AG SPAK, München

Bleckmann, P., Durdel, A. (2009): Lokale Bildungslandschaften – die zweifache Öffnung. In: Bleckmann, P., Durdel, A. (Hrsg.): Lokale Bildungslandschaften. Perspektiven für Ganztagsschulen und Kommunen. VS Verlag für Sozialwissenschaften, Wiesbaden, 11–16

[BMFSFJ] Bundesministerium für Familie, Senioren, Frauen und Jugend (Hrsg.) (2013): 14. Kinder- und Jugendbericht. Bericht über die Lebenssituation junger Menschen und die Leistungen der Kinder- und Jugendhilfe in Deutschland In: http://www.bmfsfj.de/BMFSFJ/Service/publikationen,did=196138.html, 02.09.2014

[BMFSFJ] Bundesministerium für Familie, Senioren, Frauen und Jugend (Hrsg.) (2009): 13. Kinder- und Jugendbericht. Bericht über die Lebenssituation junger Menschen und die Leistungen der Kinder- und Jugendhilfe. In: http://www.bmfsfj.de/RedaktionBMFSFJ/Broschuerenstelle/Pdf-Anlagen/13-kinder-jugendbericht,property=pdf,bereich=bmfsfj,rwb=true.pdf, 06.10.2014

[BMFSFJ] Bundesministerium für Familie, Senioren, Frauen und Jugend (Hrsg.) (2005): 12. Kinder- und Jugendbericht. Bericht über die Lebenssituation junger Menschen und die Leistungen der Kinder- und Jugendhilfe. In: http://www.bmfsfj.de/doku/Publikationen/kjb/data/download/kjb_060228_ak3.pdf, 07.10.2014

Bock, K., Thole, W. (2011): Hilfe und Helfen. Soziale Passagen 3 (1), 5–10

Bodenmüller, M. (1995): Auf der Straße leben. Mädchen und junge Frauen ohne Wohnung. Literaturverlag, Münster

Böhm, C. (2014): Kooperation von Jugendhilfe und Schule im Bereich Kinder- und Jugendschutz. IzKK-Nachrichten 13 (1), 20–25

Böhnisch, L. (2005): Sozialpädagogik der Lebensalter. Eine Einführung. 4., überarb. Aufl. Juventa, Weinheim/München

Böhnisch, L., Lenz, K., Schröer, W., Stauber, B., Walther, A. (Hrsg.) (2013): Handbuch Übergänge. Juventa, Weinheim/München

Böhnisch, L., Lösch, H. (1973): Das Handlungsverständnis des Sozialarbeiters und seine institutionelle Determination. In: Otto, H.-U., Schneider, S. (Hrsg.), 21–40

Böhnisch, L., Schröer, W. (2013): Soziale Arbeit – eine problemorientierte Einführung. Klinkhardt, Bad Heilbrunn

Bönsch, M. (2004): Kooperation von Jugendhilfe und Schule aus schulpädagogischer Sicht: Warum sollte sich Schule (auch) zur Jugendhilfe hin öffnen? In: Hartnuß, B., Maykus, S. (Hrsg.): Handbuch Kooperation von Jugendhilfe und Schule. Ein Leitfaden für Praxisreflexionen, theoretische Verortungen und Forschungsfragen. Fuldaer Verlagsagentur, Fulda, 126–139

Boer, H. de, Peters, S. (2011): Grundschule entwickeln – neue Herausforderungen mit alten Ressourcen? In: Boer, H. de, Peters, S. (Hrsg.): Grundschule entwickeln – Gestaltungsspielräume nutzen. Grundschulverband, Frankfurt/M., 10–16

Boer, H. de, Spies, A. (2014): Kooperationssettings im Kontext inklusiver Grundschulentwicklung. In: Lichtblau, M., Blömer, D., Jüttner, A.-K., Koch, K., Krüger, M., Werning, R. (Hrsg.): Forschung zu inklusiver Bildung. Gemeinsam anders lehren und lernen. Klinkhardt, Bad Heilbrunn, 186–198

Börner, N., Gerken, U., Stötzel, J., Tabel, A. (2013): Bildungsbericht Ganztagsschule NRW 2013. In: http://46.4.120.249/rms/download/BiGa%20NRW_2013.pdf, 20.02.2014

Börner, N., Steinhauer, R., Stötzel, J., Tabel, A. (2012): Bildungsbericht Ganztagsschule NRW 2012. In: http://www.forschungsverbund.tu-dortmund.de/fileadmin/Files/Jugendhilfe_und_Schule/BiGa_NRW_2012_1_.pdf, 20.02.2014

Bojanowski, A., Ratschinski, G., Strasser, P. (Hrsg.) (2005): Diesseits vom Abseits. Studien zur beruflichen Benachteiligtenförderung. W. Bertelsmann, Bielefeld

Bokelmann, H. (1979): Julka oder die pädagogische Verzweiflung. Überlegungen zur Erziehungswissenschaft als Handlungswissenschaft. In: Röhrs, H. (Hrsg.): Die Erziehungswissenschaft und die Pluralität ihrer Konzepte. Festschrift für Wilhelm Flitner zum 90. Geburtstag. Akademische Verlagsgesellschaft, Wiesbaden, 115–133

Bokelmann, H. (1970): Erziehung – Erziehungswissenschaft. In: Speck, J., Wehle, G. (Hrsg.): Handbuch pädagogischer Grundbegriffe. Kösel, München, 178–267

Bolay, E. (2004): Kooperation von Jugendhilfe und Schule – Forschungsstand und Forschungsbedarf. Archiv für Wissenschaft und Praxis der Sozialen Arbeit. 35 (2), 18–39

Bourdieu, P. (1992): Die verborgenen Mechanismen der Macht. VSA-Verlag, Hamburg

Braun, K.-H. (2008): Entwicklungsaufgaben. In: Coelen, T., Otto, H.-U. (Hrsg.), 109–117

Braun, K.-H. (2006): Bildungshorizonte von Entwicklung und Lernen. In: Otto, H.-U., Oelkers, J. (Hrsg.): Zeitgemäße Bildung. Herausforderung für Erziehungswissenschaft und Bildungspolitik. Unter Mitarbeit von Petra Bollweg. Ernst Reinhardt, München/Basel, 52–71

Braun, K.-H., Wetzel, K. (2006): Soziale Arbeit in der Schule. Ernst Reinhardt, München/Basel

Bronfenbrenner, U. (1996): Ökologische Sozialisationsforschung. In: Kruse, L. (Hrsg.): Ökologische Psychologie. Ein Handbuch in Schlüsselbegriffen. Beltz, Weinheim, 76–79

Bronfenbrenner, U. (1981). Die Ökologie der menschlichen Entwicklung. Natürliche und geplante Experimente. Klett-Cotta, Stuttgart

Budde, J. (2014): Jungenpädagogik zwischen Tradierung und Veränderung. Empirische Analysen geschlechterpädagogischer Praxis. Budrich, Opladen

Budde, J. (Hrsg.) (2013): Unscharfe Einsätze: (Re-)Produktion von Heterogenität im schulischen Kontext. Springer VS, Wiesbaden

Budde, J. (2012): Die Rede von der Heterogenität in der Schulpädagogik. Diskursanalytische Perspektiven. Forum Qualitative Sozialforschung, 13 (2), Art. 16. In: http://nbn-resolving.de/urn:nbn:de:0114-fqs1202160, 02.09.2014

Budde, J., Scholand, B., Faulstich-Wieland, H. (2008): Geschlechtergerechtigkeit in der Schule. Juventa, Weinheim/München

Büchele, M. (2014): Kultur und Erziehung in der Waldorfpädagogik. Analyse und Kritik eines anthroposophischen Konzepts interkultureller Bildung. Peter Lang Edition, Frankfurt/M.

Buer, J. van, Zlatkin-Troitschanskaia, O. (Hrsg.) (2007): Vorberufliche Bildung in beruflichen Schulen – neue Formen adaptiver Lehrangebote durch institutionelle Kooperation? Studien zur Wirtschaftspädagogik und Berufsbildungsforschung aus der Humboldt-Universität zu Berlin Bd. 8.1 & 8.2, Berlin

Bumann, G. (2008): Bildungsprozesse in Kindergarteneinrichtungen – pädagogische Ansätze: Situationsansatz, Reggiopädagogik und das Infans-Konzept im Vergleich. Diplomica, Hamburg

Calmbach, M., Thomas, P. M., Borchard, I., Flaig, B. B. (2012): Wie ticken Jugendliche? Lebenswelten von Jugendlichen im Alter von 14 bis 17 Jahren in Deutschland. Verlag Haus Altenberg, Düsseldorf

Carpenter, B. (2005): Early Childhood Intervention. Possibilities and Prospects for Professionals, Families and Children. British Journal of Special Education 32 (4), 176–183

Chamakalayil, L. (2010): Junge Elternschaft am Übergang Schule/Beruf – von Zahlen, Wünschen und Unterstützungsbedarfen. In: http://nord.jugendsozialarbeit.de/fileadmin/Bilder/Themenhefte/Themenheft_3_Junge_Muetter__junge_Vaeter_01.pdf, 03.11.2014

Chamakalayil, L., Spies, A. (2015): Kooperation zwischen Jugendhilfe und Schule. Übergänge, Förderkonzepte und Professionalisierungsbedarfe in der Migrationsgesellschaft. In: Leiprecht, R., Steinbach, A. (Hrsg.): Schule in der Migrationsgesellschaft Bd. II: Sprache – Rassismus – Professionalität. Wochenschau Verlag, Schwalbach/Ts.

Chassé, K. A., Zander, M., Rasch, K. (2010): Meine Familie ist arm. Wie Kinder im Grundschulalter Armut erleben und bewältigen. 4. Aufl. VS Verlag für Sozialwissenschaften, Wiesbaden

Cohen, S. (2002): Folk Devils and Moral Panics. The Creation of the Mods and Rockers. 3. Aufl. Routledge, London

Coelen, T., Otto, H.-U. (2015): Ganztagsbildung. In: Otto, H.-U., Thiersch, H. (Hrsg.): Handbuch Soziale Arbeit. 5., erw. Aufl. Ernst Reinhardt, München/Basel, 498-507

Coelen, T., Otto, H.-U. (Hrsg.) (2008): Grundbegriffe Ganztagsschule. Das Handbuch. VS Verlag für Sozialwissenschaften, Wiesbaden

Cremer-Schäfer, H. (2007): Populistische Pädagogik und das „Unbehagen in der punitiven Kultur". Widersprüche. Zeitschrift für sozialistische Politik im Bildungs-, Gesundheits-, und Sozialbereich 27 (106), 59–75

Dahme, H.-J., Kühnlein, G., Wohlfahrt, N. (2005): Zwischen Wettbewerb und Subsidiarität. Wohlfahrtsverbände unterwegs in die Sozialwirtschaft. Ed. Sigma, Berlin

Dahme, H.-J., Wohlfahrt, N. (2003): Aktivierungspolitik und der Umbau des Sozialstaates. Gesellschaftliche Modernisierung durch angebotsorientierte Sozialpolitik. In: Dahme, H.-J., Otto, H. U. (Hrsg.): Soziale Arbeit für den aktivierenden Staat. Leske und Budrich, Opladen, 75–100

DAK, Leuphana Universität Lüneburg (2010): Hintergrundinformationen zur Studie „Subjektive

Gesundheitsbeschwerden von Schülern". In: http://www.geschlechtergerechtejugendhilfe.de/downloads/studie_gesundheit.pdf, 28.11.2014

Dannenbeck, C. (2008): Vom Integrations- zum Inklusionsparadigma. Konsequenzen einer anderen Sicht auf Behinderung. Gemeinsam leben – Zeitschrift für integrative Erziehung 16 (4), 195–202

Deegener, G., Körner, W. (2006): Risikoerfassung bei Kindesmisshandlung und Vernachlässigung. Theorie, Praxis, Materialien. Pabst, Lengerich

Deinet, U., Sturzenhecker, B. (Hrsg.) (2005): Handbuch offene Kinder- und Jugendarbeit. 3., völlig überarb. und erw. Aufl., VS Verlag für Sozialwissenschaften, Wiesbaden

Delory-Momberger, C. (2010): Diversität unterrichten und lernen. Eine erzieherische und politische Herausforderung. In: Aufenanger, S., Hamburger, F., Ludwig, L., Tippelt, R. (Hrsg.): Bildung in der Demokratie. Beiträge zum 22. Kongress der Deutschen Gesellschaft für Erziehungswissenschaft. Budrich, Opladen, 55–65

Deutscher Städtetag (Hrsg.) (2012): Bildung gemeinsam Verantworten. Münchner Erklärung des Deutschen Städtetages anlässlich des Kongresses „Bildung gemeinsam verantworten" am 8./9. November 2012. In: http://www.miz.org/dokumente/2012_muenchner_erklaerung_staedtetag.pdf, 07.10.2014

Deutscher Verein für öffentliche und private Fürsorge e.V. (2009): Empfehlungen des Deutschen Vereins zur Weiterentwicklung Kommunaler Bildungslandschaften. In: http://www.jena.de/fm/1727/DV%2019-09.195032.pdf, 17.11.2014

Diefenbach, H. (2007): Kinder und Jugendliche aus Migrantenfamilien im deutschen Bildungssystem. Erklärungen und empirische Befunde. 3. Aufl. VS Verlag für Sozialwissenschaften, Wiesbaden

Diehm, I. (2008a): Ethnie und Migration. In: Coelen, T., Otto, H.-U. (Hrsg.), 98–105

Diehm, I. (2008b): Kindergarten und Grundschule. In: Helsper, W., Böhme, J. (Hrsg.): Handbuch der Schulforschung, 2., durchges. und erw. Aufl. VS Verlag für Sozialwissenschaften, Wiesbaden, 557–576

Dirim, I., Mecheril, P. (2010): Die Schlechterstellung Migrationsanderer. Schule in der Migrationsgesellschaft. In: Mecheril, P., Mar Castro Varela, M., Dirim, I., Kalpaka, A., Melter, C. (Hrsg.), 121–149

Edelmann, D., Schmidt, J., Tippelt, R. (2012): Einführung in die Bildungsforschung. Kohlhammer, Stuttgart

Edelstein, W. (2011): Education for democracy: Reasons and strategies. European Journal of Education 46 (1), 127–137

Einsiedler, W., Götz, M., Hartinger, A., Heinzel, F., Kahlert, J., Sandfuchs, U. (Hrsg.) (2011): Handbuch Grundschulpädagogik und Grundschuldidaktik. 3., vollst. überarb. Aufl. Klinkhardt, Bad Heilbrunn

Emirbayer, M., Mische, A. (1998): What is agency? The American Journal of Sociology 103 (4), 962–1023

Enderlein, O. (2007): Die übersehenen Lebensbedürfnisse von Kindern. In: Overwien, B., Prengel, A. (Hrsg.): Recht auf Bildung. Zum Besuch des Sonderberichterstatters der Vereinten Nationen in Deutschland. Budrich, Opladen, 212–223

Engel, F. (2004): Allgemeine Pädagogik, Erziehungswissenschaft und Beratung. In: Nestmann, F., Engel, F., Sickendiek, U. (Hrsg.), 103–114

Engel, F., Sieckendiek, U. (2004): Beratung. In: Krüger, H.-H., Grunert, C. (Hrsg.), 35–41

Engelfried, C., Lormes, N., Schweimler, B. (Hrsg.) (2012): Mädchen und junge Frauen im Umgang mit Widersprüchen. Lebenslagen, Spannungsfelder und Bewältigungsstrategien in einem Stadtteil mit besonderem Entwicklungsbedarf. AG SPAK, Neu-Ulm

Englisch, A. (2013): Kinderschutz und beteiligte Institutionen: Wie gelingt die erfolgreiche Zusammenarbeit? Diplomica, Hamburg

Etter, C. (2004): Nachgründungsdynamik neugegründeter Unternehmen in Berlin im interregionalen Vergleich. Interaktionseffekte zwischen Unternehmen, unternehmerischem Umfeld, Kooperationsbeziehungen und unternehmerischem Erfolg. Dissertation, FU Berlin

Fatke, R., Schneider, H. (2005): Partizipation von Kindern und Jugendlichen in Deutschland. Konzeptionelle Grundlagen und empirische Befunde zur Mitwirkung junger Menschen in Familie, Schule und Kommune. Bertelsmann-Stiftung, Gütersloh

Faulstich-Wieland, H. (2013): Sozialisation über die Lebensspanne – Felder genderdemokratischer Probleme. In: Berkessel, H., Beutel, W., Faulstich-Wieland, H., Veith, H. (Hrsg.): Jahrbuch Demokratie-Pädagogik. Neue Lernkultur Genderdemokratie. Wochenschau Verlag, Schwalbach/Ts., 85–94

Faulstich-Wieland, H. (2006): Reflexive Koedukation als zeitgemäße Bildung. In: Otto, H.-U., Oelkers, J. (Hrsg.): Zeitgemäße Bildung. Herausforderung für Erziehungswissenschaft und Bildungspolitik. Ernst Reinhardt, München/Basel, 261–274

Faulstich-Wieland, H. (2000): Individuum und Gesellschaft. Sozialisationstheorien und Sozialisationsforschung. Oldenbourg, München

Faulstich-Wieland, H., Horstkemper, M. (1995): „Trennt uns bitte, bitte, nicht!" Koedukation aus Mädchen- und Jungensicht. Leske und Budrich, Opladen

Felbrich, A., Stanat, P. (2011): Kinder mit Migrationshintergrund. In: Einsiedler, W., Götz, M., Hartinger, A., Heinzel, F., Kahlert, J., Sandfuchs, U. (Hrsg.), 191–194

Fincke, G., Lange, S. (2012): Segregation an Grundschulen: Der Einfluss der elterlichen Schulwahl. Sachverständigenrat deutscher Stiftungen für Integration und Migration, Berlin

Fingerle, M. (2008): Der „riskante" Begriff der Resilienz. Überlegungen zur Resilienzförderung. In: Opp, G., Fingerle, M. (Hrsg.), 299–310

Finkel, M. (2013): Sozialpädagogische Adressatenforschung und biographierekonstruktive Verfahren. In: Graßhoff, G. (Hrsg.), 53–68

Fischer, J., Merten, R. (Hrsg.) (2010): Armut und soziale Ausgrenzung von Kindern und Jugendlichen. Problembestimmungen und Interventionsansätze. Schneider Verlag Hohengehren, Baltmannsweiler

Fischer, N. (2012): Individuelle Wirkungen von Ganztagsschule. Zum Forschungsstand. DIPF informiert 17, 7–9. In: http://www.dipf.de/de/publikationen/pdf/dipf-informiert/dipf-informiert-nr.-17, 20.02.2014

Flitner, W. (1950/1974): Allgemeine Pädagogik. 14. Aufl. Klett, Stuttgart

Fölling-Albers, M. (2011): Soziokulturelle Bedingungen der Kindheit. In: Einsiedler, W., Götz, M., Hartinger, A., Heinzel, F., Kahlert, J., Sandfuchs, U. (Hrsg.), 134–143

Friese, M. (2010): Doppelanforderung Familie und Beruf: Work-Life-Balance in der Ausbildung. In: Spies, A. (Hrsg.): Frühe Mutterschaft. Die Bandbreite der pädagogischen Perspektiven und Aufgaben angesichts einer ungewöhnlichen Lebenssituation. Schneider Verlag Hohengehren, Baltmannsweiler, 101–126

Friese, M. (2008): Kompetenzentwicklung für junge Mütter. Förderansätze der beruflichen Bildung. wbv, Bielefeld

Frosh, S., Phoenix, A., Pattman, R. (2002): Young Masculinities. Understanding boys in contemporary society. Palgrave, London

Frühauf, M. (2014): Intersektionalität für alle? Zur Verortung intersektionaler Perspektiven in der neuen Rede von Differenz und Ungleichheit. In: Langsdorff, N. von (Hrsg.): Jugendhilfe und Intersektionalität. Budrich, Opladen, 15–37

Funk, H., Stecklina, G. (2011): Familienbildung. In: Ehlert, G., Funk, H., Stecklina, G. (Hrsg.): Wörterbuch Soziale Arbeit und Geschlecht. Juventa, Weinheim/München, 125–128

Galuske, M. (2007): Methoden der Sozialen Arbeit. Eine Einführung. 7., erg. Aufl. Juventa, Weinheim/München

Galuske, M. (2003): Methoden der Sozialen Arbeit. Eine Einführung. 5. Aufl. Juventa, Weinheim/München

Gardenswartz, L., Rowe, A. (1998): Managing Diversity. A Complete Desk Reference and Planning Guide. Pfeiffer & Company, Burr Ridge/New York

Garz, D. (2004): Erziehung. In: Blömeke, S., Reinhold, P., Tulodziecki, G., Wild, J. (Hrsg.): Handbuch Lehrerbildung. Klinkhardt, Bad Heilbrunn, 511–519

Gentner, C. (2005): Produktionsschule – ein Angebot für Schulverweigerer? Aus einem Modellprojekt des BuntStift Kassel e.V. In: Bojanowski, A., Ratschinski, G., Strasser, P. (Hrsg.): Diesseits vom Abseits. Studien zur beruflichen Benachteiligtenförderung. W. Bertelsmann, Bielefeld, 151–174

Geulen, D. (1994): Sozialisation. In: Lenzen, D. (Hrsg.): Erziehungswissenschaft. Ein Grundkurs. Rowohlt, Reinbek bei Hamburg, 99–132

Geulen, D., Hurrelmann, K. (1980): Zur Programmatik einer umfassenden Sozialisationstheorie. In: Hurrelmann, K., Ulrich, D. (Hrsg.): Handbuch der Sozialisationsforschung. Beltz, Weinheim/Basel, 51–68

Giese, J., Wittpoth, J. (2014): Bildung als Randerscheinung? Zum Umgang mit Wissen in Lebenswelten. In: Rosenberg, F. von, Geimer, A. (Hrsg.): Bildung unter Bedingungen kultureller Pluralität. Springer VS, Wiesbaden, 155–178

Giesecke, H. (2007): Pädagogik als Beruf. Grundformen des pädagogischen Handelns. Juventa, Weinheim/München

Gillich, S. (Hrsg.) (2006): Professionelles Handeln auf der Straße. Praxisbuch Streetwork und Mobile Jugendarbeit. TRIGA, Gelnhausen

Girmes, R. (2008): Bildung als orientierende Kategorie verantworteter Bildungsräume. Vierteljahrsschrift für wissenschaftliche Pädagogik 84 (1), 27–50

Gladisch, A., Strack, G. (1996): Beteiligung von Adressaten. In: Lukas, H., Strack, G. (Hrsg.): Methodische Grundlagen der Jugendhilfeplanung. Lambertus-Verlag, Freiburg i. Br., 181–222

Götz, M. (2011): Heimat – Heimatkunde – Sachunterricht. In: Einsiedler, W., Götz, M., Hartinger, A., Heinzel, F., Kahlert, J., Sandfuchs, U. (Hrsg.), 504–509

Gomolla, M. (2013): Fördern und Fordern allein genügt nicht! Mechanismen institutioneller Diskriminierung von Migrantenkindern im deutschen Schulsystem. Springer VS, Wiesbaden

Gottschild, H. (2004): Hilfen zur Erziehung im interkommunalen und zeitlichen Vergleich nach Landkreisen und kreisfreien Städten. Mit einer Schwerpunktanalyse über den Zusammenhang von Kinderarmut, Frauenarbeitslosigkeit und der Inanspruchnahme von Hilfen zur Erziehung in der Jugendhilfe. Gottschild, Braunschweig

Günnewig, N. (2013): Subjekte der Bewahrung. Empirische Rekonstruktion im Feld der sozialpädagogischen Familienhilfe. In: Heimgartner, A., Lauermann, K., Sting, S. (Hrsg.): Perspektiven der AkteurInnen in der Sozialen Arbeit. LIT Verlag, Münster, 91–108

Graff, U. (2005): Mädchen. In: Deinet, U., Sturzenhecker, B. (Hrsg.), 59–65

Graßhoff, G. (Hrsg.) (2013): Adressaten, Nutzer, Agency. Akteursbezogene Forschungsperspektiven in der Sozialen Arbeit. Springer VS, Wiesbaden

Grell, F. (2010): Über die (Un-)Möglichkeit, Früherziehung durch die Selbstbildung zu ersetzen. Zeitschrift für Pädagogik 56 (2), 154–167

Grell, P. (2006): Forschende Lernwerkstatt. Eine qualitative Untersuchung zu Lernwiderständen in der Weiterbildung. Waxmann, Münster

Griebel, W., Niesel, R. (2004): Transitionen. Fähigkeit von Kindern in Tageseinrichtungen fördern, Veränderungen erfolgreich zu bewältigen. Beltz, Weinheim/Basel

Großmaß, R. (2010): Hard to reach – Beratung in Zwangskontexten. In: Labonté-Roset, C., Hoefert, H. W., Cornel, H. (Hrsg.): Hard to reach. Schwer erreichbare Klienten in der Sozialen Arbeit. Schibri-Verlag, Berlin, 173–185

Grunder, H.-U. (2001): Schule und Lebenswelt. Ein Studienbuch. Waxmann, Münster

Grundmann, M. (2006): Sozialisation. Skizze einer allgemeinen Theorie. UVK, Konstanz

Grundmann, M., Bittlingmayer, U. H., Dravenau, D., Groh-Samberg, O. (2010): Bildung als Privileg und Fluch – zum Zusammenhang zwischen lebensweltlichen und institutionalisierten Bildungsprozessen. In: Becker, R., Lauterbach, W. (Hrsg.): Bildung als Privileg. Erklärungen und Befunde zu den Ursachen der Bildungsungleichheit. VS Verlag für Sozialwissenschaften, Wiesbaden, 51–78

Grundmann, M., Bittlingmayer, U., Dravenau, D., Groh-Samberg, O. (2004): Die Umwandlung von Differenz in Hierarchie? Schule zwischen einfacher Reproduktion und eigenständiger Produktion sozialer Bildungsungleichheit. Zeitschrift für Soziologie der Erziehung und Sozialisation 24 (2), 124–145

Grunwald, K., Thiersch, H. (2014): Lebensweltorientierung. In: Schröer, W., Schweppe, C. (Hrsg.): Enzyklopädie Erziehungswissenschaft Online. Fachgebiet Soziale Arbeit Grundbegriffe. Beltz Juventa, Weinheim/Basel, 40

Gruschka, A. (Hrsg.) (1996): Wozu Pädagogik? Die Zukunft bürgerlicher Mündigkeit und öffentlicher Erziehung. Wissenschaftliche Buchgesellschaft, Darmstadt

Hacker, H. (2011): Die Anschlussfähigkeit von Kindertagesstätte und Grundschule. In: Einsiedler, W., Götz, M., Hartinger, A., Heinzel, F., Kahlert, J., Sandfuchs, U. (Hrsg.), 248–252

Halves C., Nieting, A. (2009): Familienhebammen in sozial benachteiligten Familien. In: Bitzer, E. M., Walter, U., Lingner, H., Schwartz, F.-W. (Hrsg.): Kindergesundheit stärken. Vorschläge zur Optimierung von Prävention und Versorgung. Springer, Berlin, 51–57

Hammerschmidt, P. (2014): Ökonomisierung Sozialer Arbeit. In: Aulenbacher, B., Riegraf, B., Theobald, H. (Hrsg.): Sorge: Arbeit, Verhältnisse, Regime. Care: Work, Relations, Regimes. Nomos, Baden-Baden, 319–336

Hansen-Schaberg, I. (Hrsg.) (2012): Montessoripädagogik. Schneider Verlag Hohengehren, Baltmannsweiler

Harnach-Beck, V. (2007): Psychosoziale Diagnostik in der Jugendhilfe. Grundlagen und Methoden für den Hilfeplan, Bericht und Stellungnahme. 5., überarb. Aufl. Juventa, Weinheim/München

Hartnuß B., Maykus, S. (2013): Chancen der Partizipations- und Engagementförderung in und durch Ganztagsschulen. In: Hartnuß, B., Hugenroth, R., Kegel, T. (Hrsg.): Schule als Bürgergesellschaft. Bürgerschaftliche Perspektiven für moderne Bildung und gute Schulen. Wochenschau Verlag, Schwalbach/ Ts., 126–140

Hasselhorn, M., Gold, A. (2013): Pädagogische Psychologie. Erfolgreiches Lernen und Lehren. 3., vollst. überarb. u. erw. Aufl. Kohlhammer, Stuttgart

Hattie, J. (2009): Visible learning. A synthesis of over 800 meta-analyses relating to achievement. Routledge, London/New York

Heiner, M., Schrapper, C. (2004): Diagnostisches Fallverstehen in der Sozialen Arbeit. Ein Rahmenkonzept. In: Schrapper, C. (Hrsg.): Sozialpädagogische Diagnostik und Fallverstehen in der Jugendhilfe. Anforderungen, Konzepte, Perspektiven. Juventa, Weinheim/München, 201–221

Heinzel, F. (2011): Kindheit und Grundschule. In: Einsiedler, W., Götz, M., Hartinger, A., Heinzel, F., Kahlert, J., Sandfuchs, U. (Hrsg.), 122–131

Heller, E. (Hrsg.) (2010): Der Situationsansatz in der Praxis. Von Erzieherinnen für Erzieherinnen. Cornelsen Scriptor, Berlin

Hellmich, F. (2010): Einführung in den Anfangsunterricht. Kohlhammer, Stuttgart

Helsper, W. (1995): Pädagogisches Handeln in den Antinomien der Moderne. In: Krüger, H.-H., Helsper, W. (Hrsg.), 15–34

Helsper, W., Tippelt, R. (2011): Pädagogische Professionalität. Zeitschrift für Pädagogik, Beiheft 57. Beltz, Weinheim/Basel

Henkel, J., Schnapka, M., Schrapper, C. (Hrsg.) (2002): Was tun mit schwierigen Kindern? Sozialpädagogisches Verstehen und Handeln in der Jugendhilfe. Votum, Münster

Herbart, J. F. (1851/2013): Johann Friedrich Herbart's Sämmtliche Werke. Reprint. Forgotten Books, London

Hertel, S. (2014): Adaptive Lerngelegenheiten in der Grundschule: Merkmale, methodisch-didaktische Schwerpunktsetzungen und erforderliche Lehrerkompetenzen. In: Kopp, B., Martschinke, S., Munser-Kiefer, M., Haider, M., Kirschhock, E.-M., Ranger, G., Renner, G. (Hrsg.): Individuelle Förderung und Lernen in der Gemeinschaft. Jahrbuch Grundschulforschung Bd. 17. Springer VS, Wiesbaden, 19–34

Hertel, S., Warwas, J., Klieme, E. (2011): Individuelle Förderung und adaptive Lerngelegenheiten im Grundschulunterricht. Einleitung in den Thementeil. Zeitschrift für Pädagogik 57 (6), 803–804

Hillmeier, H. (2008): Hilfeplan: Aufstellung, Mitwirkung, Zusammenarbeit. Arbeitshilfe für die Praxis der Hilfen zur Erziehung. Eigenverlag, München

Hirschler, S., Homfeldt, H. G. (2006): Agency und Soziale Arbeit In: Schweppe, C., Sting, S. (Hrsg.): Sozialpädagogik im Übergang. Neue Herausforderungen für Disziplin, Profession und Ausbildung, Juventa, Weinheim/München, 41–54

Höhmann, K. (2004): Zukunft Bildung. Material zu der Veranstaltung: Förderpläne – Texte gegen das Vergessen. Friedrich-Verlag Jahresheft. In: http://ganztag-blk.de/ganztags-box/cms/upload/ind_foerderung/BS_4_Lernprozessdiagnose/121aM121a_Frderplan.pdf, 10.11.2014

Hörster, R. (1995): Pädagogisches Handeln. In: Krüger, H.-H., Helsper, W. (Hrsg.), 35–42

Hollenstein, E., Nieslony, F. (2013): „Offensive Schulsozialarbeit" und moderne Bildung. Neue Praxis. Zeitschrift für Sozialarbeit, Sozialpädagogik und Sozialpolitik 43 (1), 38–51

Hollenstein, E., Nieslony, F. (2012) (Hrsg.): Handlungsfeld Schulsozialarbeit. Profession und Qualität. Schneider Verlag Hohengehren, Baltmannsweiler

Holtappels, H. G. (1995): Ganztagserziehung als Gestaltungsrahmen der Schulkultur – Modelle und Perspektiven für ein zeitgemäßes Schulkonzept. In: Holtappels, H. G. (Hrsg.): Ganztagserziehung in der Schule. Modelle, Forschungsbefunde und Perspektiven. Leske und Budrich, Opladen, 12–48

Holzkamp, K. (1995): Lernen. Subjektwissenschaftliche Grundlegung. Campus, Frankfurt/M.

Homfeldt, H. G. (2010): Agency und Bewältigung. Impulse des 13. Kinder- und Jugendberichts für eine Gesundheitsförderung im Jugendalter. In: Gahleitner, S. B., Hahn, G. (Hrsg.): Klinische Sozialarbeit. Gefährdete Kindheit – Risiko, Resilienz und Hilfen. Bd. 3. Psychiatrie Verlag, Bonn, 76–86

Honneth, A. (1992): Kampf um Anerkennung. Zur moralischen Grammatik sozialer Konflikte. Suhrkamp, Frankfurt/M.

Huber, S. G. (2014): Kooperation in Bildungslandschaften: Aktuelle Diskussionsstränge, Wirkungen und Gelingensbedingungen. In: Huber, S. G. (Hrsg.): Kooperative Bildungslandschaften. Netzwerke(n) im und mit System. Kronach, Köln, 3–29

Hurrelmann, K. (2002): Einführung in die Sozialisationstheorie. 8., vollst. überarb. Aufl. Beltz, Weinheim/Basel

[IGHF] Internationale Gesellschaft für erzieherische Hilfen (2013): Argumente gegen geschlossene Unterbringung und Zwang in den Hilfen zur Erziehung. Für eine Erziehung in Freiheit. IGfH, Frankfurt/M.

Institut für Sozialarbeit und Sozialpädagogik (2012): Vernachlässigte Kinder besser schützen, 2. Aufl. Ernst Reinhardt, München/Basel

Jordan, E. (2010): Koordinierungszentren Kinderschutz. Kommunale Netzwerke früher Hilfen in Niedersachsen. Zwischenbericht 2010. Niedersächsisches Ministerium für Soziales, Frauen, Familie, Gesundheit und Integration, Hannover

Kähler, H. D. (2005): Soziale Arbeit in Zwangskontexten. Wie unerwünschte Hilfe erfolgreich sein kann. Ernst Reinhardt, München/Basel

Kahlert, J. (2011): Sachunterricht – ein fachlich vielseitiger Lernbereich. In: Einsiedler, W., Götz, M., Hartinger, A., Heinzel, F., Kahlert, J., Sandfuchs, U. (Hrsg.), 487–493

Kant, I. (1803/1983): Über Pädagogik. Werke in 10 Bänden. Bd. 10, 697–712. Wissenschaftliche Buchgesellschaft, Darmstadt

Karl, U., Schröer, W. (2006): Fördern und Fordern – Sozialpädagogische Herausforderungen im Jugendalter angesichts sozialpolitischer Umstrukturierungen. In: Spies, A., Tredop, D. (Hrsg.), 41–56

Kessl, F. (2006): Soziale Arbeit als Regierung – eine machtanalytische Perspektive. In: Weber, M., Maurer, S. (Hrsg.): Gouvernementalität und Erziehungswissenschaft. Wissen – Macht – Transformation, VS Verlag für Sozialwissenschaften, Wiesbaden, 63–75

Kindler, H., Lillig, S., Blüml, H., Meysen, T., Werner, A. (Hrsg.) (2006): Handbuch Kindeswohlgefährdung nach § 1666 BGB und Allgemeiner Sozialer Dienst (ASD). Deutsches Jugendinstitut, München

Kiper, H. (2013): Theorie der Schule. Institutionelle Grundlagen pädagogischen Handelns. Kohlhammer, Stuttgart

Kirchhart, S. (2008): Inobhutnahme in Theorie und Praxis. Grundlagen der stationären Krisenintervention in der Jugendhilfe und empirische Untersuchung in einer Inobhutnahmeeinrichtung für Mädchen. Klinkhardt, Bad Heilbrunn

Klemm, K. (2014): Ganztagsschulen in Deutschland: Die Ausbaudynamik ist erlahmt. Bertelsmann Stiftung, Gütersloh

Klika, D., Schubert, V. (2013): Einführung in die Allgemeine Erziehungswissenschaft. Erziehung und Bildung in einer globalisierten Welt. Beltz Juventa, Weinheim/Basel

Kluczniok, K., Roßbach, H.-G. (2008): Übergang zwischen Kindergarten und Primarschule. In: Coelen, T., Otto, H.-U. (Hrsg.), 321–330

Konsortium Bildungsberichterstattung (2006): Bildung in Deutschland. Ein indikatorengestützter Bericht mit einer Analyse zu Bildung und Migration. In: http://www.bildungsbericht.de/daten/gesamtbericht.pdf, 12.11.2014

Kozicki, N. (2005): Bausteine für eine Strategie zur Sicherung und Weiterentwicklung der Offenen Kinder- und Jugendarbeit vor Ort. In: Deinet, U., Sturzenhecker, B. (Hrsg.), 535–544

Kraus, B. (2014): Soziale Arbeit – Macht – Hilfe und Kontrolle. Grundlegung und Anwendung eines systemisch-konstruktivistischen Machtmodells. In: Kraus, B., Krieger, W. (Hrsg.): Macht in der Sozialen Arbeit. Interaktionsverhältnisse zwischen Kontrolle, Partizipation und Freisetzung. 3., überarb. u. erw. Aufl. Jacobs, Lage, 95–120

Krüger, S. (2013): Sozialpädagogische Diagnose-Tabelle und Hilfeplan. Arbeitshilfe zur Anwendung der Instrumente bei der Prüfung von Anhaltspunkten für eine Gefährdung des Kindeswohls, der Abklärung von Leistungsvoraussetzungen einer Hilfe zur Erziehung und der Durchführung des Hilfeplanverfahrens in der Praxis. Richard Boorberg, München

Krüger, H.-H., Grunert, C. (Hrsg.) (2004): Wörterbuch Erziehungswissenschaft. VS Verlag für Sozialwissenschaften, Wiesbaden

Krüger, H.-H., Helsper, W. (Hrsg.) (1995): Einführung in Grundbegriffe und Grundfragen der Erziehungswissenschaft. Leske und Budrich, Opladen

Kuhl, J., Schwer, C., Solzbach, C. (2014): Versuch einer Definition des Begriffs und ausgewählte Konsequenzen für Haltung. In: Schwer, C., Solzbach, C. (Hrsg.): Professionelle pädagogische Haltung. Klinkhardt, Bad Heilbrunn, 107–122

Laucht, M., Schmidt, M. H., Esser, G. (2000): Risiko- und Schutzfaktoren in der Entwicklung von Kindern und Jugendlichen. Frühförderung interdisziplinär 19 (3), 97–108

Leipold, B. (2012): Lebenslanges Lernen und Bildung im Alter. Kohlhammer, Stuttgart

Leiprecht, R. (2008): Von Gender Mainstreaming und Interkultureller Öffnung zu Managing Diversity – Auf dem Weg zu einem gerechten Umgang mit sozialer Heterogenität als Normalfall in der Schule. In: Seemann, M. (Hrsg.): Ethnische Diversitäten, Gender und Schule. Geschlechterverhältnisse in Theorie und schulischer Praxis. BIS-Verlag, Oldenburg, 95–112

Leiprecht, R., Lutz, H. (2005): Intersektionalität im Klassenzimmer: Ethnizität, Klasse, Geschlecht. In: Leiprecht, R., Kerber, A. (Hrsg.): Schule in der Einwanderungsgesellschaft. Wochenschau Verlag, Schwalbach/Ts., 218–234

Lenzen, D. (1999): Orientierung Erziehungswissenschaft. Was sie kann, was sie will. Rowohlt, Reinbek bei Hamburg

Leonhardt, U. (2005): „Individuelle Bildungsplanung" und „Fallverstehen" als Profil von Ganztagsschulen. In: Spies, A., Stecklina, G. (Hrsg.), Bd. 2, 86–103

Lewis, G. (Hrsg.) (2009): Inobhutnahme konkret. Pädagogische Aspekte der Arbeit in der Inobhutnahme und im Kinder- und Jugendnotdienst.

Internationale Gesellschaft für erzieherische Hilfen, Frankfurt/M.

Liegle, L. (2010): Familie und Tageseinrichtungen für Kinder als soziale Orte der Erziehung und Bildung. In: Cloos, P., Karner, B. (Hrsg.): Erziehung und Bildung von Kindern als gemeinsames Projekt. Zum Verhältnis familiärer Erziehung und öffentlicher Kinderbetreuung. Schneider Verlag Hohengehren, Baltmannsweiler, 63–79

Lingenauber, S. (2013): Handlexikon der Reggio-Pädagogik. 5., erw. und überarb. Aufl. Projekt-Verlag, Bochum

Ludwig, H., Fischer, C., Fischer, R., Klein-Landeck, M. (Hrsg.) (2005): Sozialerziehung in der Montessori-Pädagogik. Theorie und Praxis einer „Erfahrungsschule des sozialen Lebens". Lit, Münster

Ludwig, P. H. (2000): Einwirkung als unverzichtbares Konzept jeglichen erzieherischen Handelns. Zeitschrift für Pädagogik 46 (4), 585–600

Lüders, M. (2001): Was hat es mit dem Konzept der Einwirkung auf sich? Oder: Was ist und wie wirkt pädagogisches Handeln? Eine Replik auf einen Beitrag von P. H. Ludwig zum Thema: Einwirkung als unverzichtbares Konzept jeglichen erzieherischen Handelns. Zeitschrift für Pädagogik 47 (6), 943–949

Lüders, M., Rauin, U. (2004): Unterrichts- und Lehr-Lern-Forschung. In: Helsper, W., Böhme, J. (Hrsg.): Handbuch der Schulforschung. VS Verlag für Sozialwissenschaften, Wiesbaden, 691–720

Luhmann, N. (2002): Das Erziehungssystem der Gesellschaft. Suhrkamp, Frankfurt/M.

Makowsky, K., Schücking, B. (2010): Familienhebammen im Landkreis Osnabrück: Perspektive von Nichtnutzerinnen und Zugänge. In: Renner, I., Sann, A. (Hrsg.): Forschung und Praxisentwicklung Früher Hilfen. Modellprojekte begleitet vom Nationalen Zentrum Frühe Hilfen. Rasch, Bramsche, 280–295

Maslow, A. H. (1977): Motivation und Persönlichkeit. Olten, Freiburg i.Br.

May, M. (2007): Jugendberufshilfe – oder der immer wieder neue Versuch, strukturellen und institutionellen Diskriminierungen pädagogisch zu begegnen. Neue Praxis. Zeitschrift für Sozialarbeit, Sozialpädagogik und Sozialpolitik 37 (4), 420–435

Maykus, S. (2009): Neue Perspektiven für Kooperation Jugendhilfe und Schule gestalten kommunale Systeme von Bildung, Betreuung und Erziehung. In: Bleckmann, P., Durdel, A., (Hrsg.): Lokale Bildungslandschaften. Perspektiven für Ganztagsschulen und Kommunen. VS Verlag für Sozialwissenschaften, Wiesbaden, 37–55

Mecheril, P., Mar Castro Varela, M., Dirim, I., Kalpaka, A., Melter, C. (Hrsg.) (2010): Migrationspädagogik. Beltz, Weinheim/Basel

Melzer, W., Schubarth, W. (2008): (Gewalt-)Prävention. In: Coelen, T., Otto, H.-U. (Hrsg.), 241–250

Merten, R. (2005): Bildung und soziale Ungleichheiten. Oder: „… die sozialen Bedingungen der Bildung und die Bildungsbedingungen des sozialen Lebens". In: Spies, A., Stecklina, G. (Hrsg.), Bd. 1, 110–129

Meyer, H., Walter-Laager, C. (Hrsg.) (2012): Leitfaden für Lehrende in der Elementarpädagogik. Cornelsen, Berlin

Miller, T. (2002): Systemisch und vernetzt arbeiten. In: Pflegeimpuls 4 (2), 31–36

Minderop, D. (2014): Bildungsnetzwerke und Bildungsregionen: eine Gebrauchs-‚Anleitung'. In: Huber, S. G. (Hrsg.): Kooperative Bildungslandschaften. Netzwerke(n) im und mit System. Kronach, Köln, 96–122

Mollenhauer, K. (1998): „Über die Schwierigkeit, von Leuten zu erzählen, die nicht recht wissen, wer sie sind" Einige bildungstheoretische Motive in Romanen von Thomas Mann. Zeitschrift für Pädagogik 44 (4), 487–502

Mollenhauer, K. (1996a): In Erinnerung an die geisteswissenschaftliche Pädagogik? Versuch eines thematischen Profils. In: Gruschka, A. (Hrsg.), 15–35

Mollenhauer, K. (1996b): Über Mutmaßungen zum „Niedergang" der Allgemeinen Pädagogik – eine Glosse. Zeitschrift für Pädagogik 42 (2), 277–285

Mollenhauer, K. (1959): Die Ursprünge der Sozialpädagogik in der industriellen Gesellschaft. Eine Untersuchung zur Struktur sozialpädagogischen Denkens und Handelns. Beltz, Weinheim/Berlin

Müller, B. (2012): Sozialpädagogisches Können. Ein Lehrbuch zur multiperspektivischen Fallarbeit, 7., überarb. u. erw. Aufl. Lambertus, Freiburg i.Br.

Müller, B. (1997): Sozialpädagogisches Können. Ein Lehrbuch zur multiperspektivischen Fallarbeit. 3. Aufl., Lambertus, Freiburg i.Br.

Müller, C. W. (1982): Wie Helfen zum Beruf wurde. Eine Methodengeschichte der Sozialarbeit. Beltz, Weinheim/Basel

Münchmeier, R. (2005): Entstrukturierung der Jugendphase – Chancen und Risiken für den Berufseinstieg. In: Deutsche Kinder- und Jugendstiftung (Hrsg.): Jung. Talentiert. Chancenreich? Beschäftigungsfähigkeit von Jugendlichen fördern. Budrich, Opladen, 29–45

Münder, J., Meysen, T., Trenczek, T. (Hrsg.) (2009): Frankfurter Kommentar zum SGB VIII: Kinder- und Jugendhilfe. 6., vollst. überarb. Aufl. Nomos, Baden-Baden

Myers, D. G. (2014): Psychologie, 3., überarb. Aufl. Springer, Berlin

Nentwig-Gesemann, I., Streblow, C., Bohnsack, R. (2005): Schlüsselerlebnisse und Lernprozesse Jugendlicher in zukunftsqualifizierender Projektarbeit. Eine programmübergreifende Analyse. In: Deutsche Kinder- und Jugendstiftung (Hrsg.): Jung. Talentiert. Chancenreich? Beschäftigungsfähigkeit von Jugendlichen fördern. Budrich, Opladen, 47–90

Nestmann, F. (2013): Übergangsberatung. In: Schröer, W., Stauber, B., Walther, A., Böhnisch, L., Lenz, K. (Hrsg.): Handbuch Übergänge. Beltz, Weinheim/Basel, 834–852

Nestmann, F. (2004): Beratung zwischen alltäglicher Hilfe und Profession. In: Nestmann, F., Engel, F., Sickendiek, U. (Hrsg.), 547–558

Nestmann, F., Engel, F., Sickendiek, U. (Hrsg.) (2004): Das Handbuch der Beratung. Bd. 1: Disziplinen und Zugänge. Dgvt, Tübingen

[NICHD] National Institute of Child Health and Human Development (2006): The NICHD study of early child care and youth development. Findings for children up to age 4 1/2 years. U.S. Department of Health and Human Development, Rockville/Md. In: https://www.nichd.nih.gov/publications/pubs/documents/seccyd_06.pdf, 01.12.2014

Niehaus, M. (2006): Externe Evaluation des Modellversuches „Hand-Werk-Lernen": Einschätzungen nachschulischer Akteure. In: http://www.hrf.uni-koeln.de/de/arbeitreha/content/492.htm, 14.08.2007

Niemeyer, C. (1999): Hilfe. In: Niemeyer, C.: Theorie und Praxis der Sozialpädagogik. Votum, Münster, 27–45

Nike, W. (2002): Kompetenz. In: Otto, H.-U., Rauschenbach T., Vogel, P. (Hrsg.): Erziehungswissenschaft: Professionalität und Kompetenz. Leske und Budrich, Opladen, 13–28

Olk, T., Roth, R. (2007): Mehr Partizipation wagen. Argumente für eine verstärkte Beteiligung von Kindern und Jugendlichen. Verlag Bertelsmann-Stiftung, Gütersloh

Opp, G., Fingerle, M., (Hrsg.) (2008): Was Kinder stärkt. Erziehung zwischen Risiko und Resilienz. 3. Aufl. Ernst Reinhardt, München/Basel

Ostermayer, E. (2010): Kleinstkinder achtsam begleiten. Bildung und Betreuung von Kindern unter Drei – Beispiele aus Krippe und Kita. Herder, Freiburg i.Br.

Otto, H.-U., Oelkers, J. (2006): Zeitgemäße Bildung: Herausforderung für Erziehungswissenschaft und Bildungspolitik. Ernst Reinhardt, München/Basel

Otto, H.-U., Schneider, S. (Hrsg.) (1973): Gesellschaftliche Perspektiven der Sozialarbeit. Bd. 2, Neuwied/Berlin

Overwien, B. (2004): Internationale Sichtweisen auf „informelles Lernen" am Übergang zum 21. Jahrhundert. VS Verlag für Sozialwissenschaften, Wiesbaden

Pätzold, G., Wingels, J. (2005): Kooperation in der Benachteiligtenförderung – Studie zur Umsetzung der BLK Handlungsempfehlungen „Optimierung der Kooperation zur Förderung der sozialen und beruflichen Integration benachteiligter Jugendlicher". Bund-Länder-Kommission für Bildungsplanung und Forschungsförderung Heft 133, Bonn. In: http://www.blk-bonn.de/papers/heft133.pdf, 10.12.2014

Paulus, P., Schumacher, L., Sieland, B., Burrows, E., Rupprecht, S., Schwarzenberg, K (2014): Evaluationsbericht der DAK-Initiative „Gemeinsam gesunde Schule entwickeln" 2007–2013. In: http://www.vfa-ev.de/fileadmin/Dateien/PDF/Studie-Gesunde-Schule.pdf, 28.11.2014

Paulus, W., Blossfeld, H.-P. (2007): Schichtspezifische Präferenzen oder sozioökonomisches Entscheidungskalkül? Zur Rolle elterlicher Bildungsaspirationen im Entscheidungsprozess beim Übergang von der Grundschule in die Sekundarstufe. Zeitschrift für Pädagogik 53 (4), 491–508

Pfahl, L. (2011): Techniken der Behinderung. Der deutsche Lernbehinderungsdiskurs, die Sonderschule und ihre Auswirkungen auf Bildungsbiografien. transcript, Bielefeld

Pfahl, L. (2006): Schulische Separation und prekäre berufliche Integration: Berufseinstiege und biographische Selbstthematisierung von Sonderschulabgänger/innen. In: Spies, A., Tredop, D. (Hrsg.), 141–156

Phoenix, A. (2008): Racialised young masculinities. Doing intersectionality at school. In: Seemann, M. (Hrsg.): Ethnische Diversitäten, Gender und Schule. Geschlechterverhältnisse in Theorie und schulischer Praxis. BIS-Verlag, Oldenburg, 19–40

Pluto, L. (2007): Partizipation in den Hilfen zur Erziehung. Eine empirische Studie. Deutsches Jugendinstitut, München

Pötter, N. (2014) (Hrsg.): Schulsozialarbeit am Übergang Schule-Beruf. Springer VS, Wiesbaden

Pötter, N. (2008): Neue Wege der Kooperation zwischen Jugendhilfe und Schule – Schulberatung am Beispiel des Regionalen Übergangsmanagements Schule-Beruf in Leverkusen. Theorie und Praxis der Sozialen Arbeit 59 (3), 186–193

Pohl, A., Stauber, B., Walther, A. (Hrsg.) (2011): Jugend als Akteurin sozialen Wandels. Veränderte Übergangsverläufe, strukturelle Barrieren und Bewältigungsstrategien. Juventa, Weinheim/München

Prager, J. K., Wieland, C. (2005): Zwischen Wunsch und Wirklichkeit. Beschäftigungsfähigkeit und berufliche Orientierung. Jugendliche im Spiegel empirischer Untersuchungen. In: Prager, J. K., Wieland, C. (Hrsg.): Von der Schule in die Arbeitswelt. Bildungspfade im europäischen Vergleich. Bertelsmann Stiftung, Gütersloh

Prengel, A. (2013): Pädagogische Beziehungen zwischen Anerkennung, Verletzung und Ambivalenz. Budrich, Opladen

Prüß, F. (2007): Ganztägige Lernarrangements als Herausforderung für die empirische Bildungsforschung. In: Bettmer, F., Maykus, S., Prüß, F., Richter, A. (Hrsg.): Ganztagsschule als Forschungsfeld. VS Verlag für Sozialwissenschaften, Wiesbaden, 73–106

Rademacher, H. (2008): Schulaversion und Schulabsentismus. In: Coelen, T., Otto, H.-U. (Hrsg.), 232–240

Rat der EU (2011): Entschließung des Rates über eine erneuerte europäische Agenda für die Erwachsenenbildung. Brüssel

Rauschenbach (1986): Bezahlte Nächstenliebe. Zur Struktur sozialpädagogischen Handelns. In: Sozialpädagogik 28 (5), 206–218

Rebmann, K., Tredop, D. (2006): Fehlende „Ausbildungsreife" – Hemmnis für den Übergang von der Schule in das Berufsleben? In: Spies, A., Tredop, D. (Hrsg.), 85–100

Rendtorff, B. (2011): Bildung der Geschlechter. Kohlhammer, Stuttgart

Renner, I., Sann, A. (Hrsg.) (2010): Forschung und Praxisentwicklung Früher Hilfen. Nationales Zentrum Frühe Hilfen, Köln

Ricking, H. (2013): Kooperative Förderung und interdisziplinäre Zusammenarbeit in Zeiten der Inklusion. In: Spies, A. (Hrsg.): Schulsozialarbeit in der Bildungslandschaft. Möglichkeiten und Grenzen des Reformpotenzials. Springer VS, Wiesbaden, 117–136

Riedo, D. (2000): „Ich war früher ein sehr schlechter Schüler…". Schule, Beruf und Ausbildungswege aus der Sicht ehemals schulleistungsschwacher junger Erwachsener. Haupt, Bern/Stuttgart/Wien

Rohlfs, C. (2011): Bildungseinstellungen. Schule und formale Bildung aus der Perspektive von Schülerinnen und Schülern. VS Verlag, Wiesbaden

Rolff, H.-G. (2010): Schulentwicklung als Trias von Organisations-, Unterrichts und Personalentwicklung. In: Bohl, T., Helsper, W., Holtappels, H. G., Schelle, C. (Hrsg.): Handbuch Schulentwicklung. Klinkhardt, Bad Heilbrunn, 29–36

Sachße, C., Tennstedt, F. (1980): Geschichte der Armenfürsorge in Deutschland. Vom Spätmittelalter bis zum 1. Weltkrieg. Kohlhammer, Stuttgart

Salgo, L. (2008): § 8a SGB VIII – Anmerkungen und Überlegungen zur Vorgeschichte und den Konsequenzen der Gesetzesänderung. In: Ziegenhain, U., Fegert, J. M. (Hrsg.): Kindeswohlgefährdung und Vernachlässigung. 2. Aufl. Ernst Reinhardt, München/Basel, 9–29

Salgo, L., Zenz, G., Fegert, J., Bauer, A., Weber, C., Zitelmann, M. (2010): Verfahrensbeistandschaft. Ein Handbuch für die Praxis. 2. Aufl., Bundesanzeiger Verlag, Köln

Sann, A., Schäfer, R. (2008): Frühe Hilfen zwischen Helfen und Kontrollieren. In: DJI Bulletin 81, 25–27

Santen, E. van, Seckinger, M. (2003): Kooperation: Mythos und Realität einer Praxis. Eine empirische Studie zur interinstitutionellen Zusammenarbeit am Beispiel der Kinder- und Jugendhilfe. Deutsches Jugendinstitut, München

Schaarschuch, A. (2010): Nutzerorientierung – der Weg zur Professionalisierung Sozialer Arbeit? In: Hammerschmidt P., Sagebiel, J. (Hrsg.): Professionalisierung im Widerstreit. Zur Professionalisierungsdiskussion in der Sozialen Arbeit – Versuch einer Bilanz. AG SPAK, Neu-Ulm, 149–160

Schäfer, G., Beek, A. von der (2013): Didaktik in der frühen Kindheit. Von Reggio lernen und weiterdenken. KVK, Weimar

Schalkhaußer, S., Thomas, F. (2011): Lokale Bildungslandschaften in Kooperation von Jugendhilfe und Schule. Deutsches Jugendinstitut, München

Scherr, A. (2013): Agency – ein Theorie- und Forschungsprogramm für die Soziale Arbeit? In: Graßhoff, G. (Hrsg.), 229–242

Scherr, A. (2006): Soziale Arbeit und die Ambivalenz sozialer Ordnungen. In: Badawia, T., Luckas, H., Müller, H. (Hrsg.): Das Soziale gestalten. Über Mögliches und Unmögliches der

Sozialpädagogik. VS Verlag für Sozialwissenschaften, Wiesbaden, 135–148
Schleiermacher, F. (1826/1983): Pädagogische Schriften 1. Die Vorlesungen aus dem Jahre 1826. Ullstein, Frankfurt/M.
Schlömerkemper, J. (2006): Die Kompetenz des antinomischen Blicks. In: Plöger, W. (Hrsg.): Was müssen Lehrerinnen und Lehrer können? Schöningh, Paderborn, 281–308
Schneider, P. (1982): Einführung in die Waldorfpädagogik. Klett-Cotta, Stuttgart
Schneider, S. (2011): Beratung. In: Ehlert, G., Funk, H., Stecklina, G. (Hrsg.): Wörterbuch Soziale Arbeit und Geschlecht. Juventa, Weinheim/München, 59–62
Schöler, J., Burtscher, R. (2007): Resolution des Netzwerks Integrationsforschung. In: Overwien, B., Prengel, A. (Hrsg.): Recht auf Bildung. Budrich, Opladen, 38–39. In: http://www.budrich-verlag.de/upload/files/artikel/00000178_010.pdf, 19.06.2008
Schrapper, C. (2002): Was tun mit schwierigen Kindern? Das „Kölner Modellprojekt" – Fragestellungen, Befunde, Perspektiven. Thema Jugend. Zeitschrift für Jugendschutz und Erziehung 3/2002, 5–7
Schröder, R. (1995): Kinder reden mit! Beteiligungen an Politik, Stadtplanung und Stadtgestaltung. Beltz, Weinheim/Basel
Schröer, W., Struck, N., Wolff, M. (Hrsg.) (2002): Handbuch Kinder- und Jugendhilfe. Juventa, Weinheim/München
Schruth, P. (2005): Zur Leistungskonkurrenz zwischen SGB II und § 13 SGB VIII. Expertise im Auftrag der Bundesarbeitsgemeinschaft Jugendaufbauwerk. In: http://www.tachelessozialhilfe.de/aktuelles/2005/GutachtenKJHGSGB%20II.pdf, 05.08.2009
Schulze, G., Wittrock, M. (2005): Lernprobleme sind Lebensprobleme. Alltags- und Lebensbewältigung im schulischen Kontext. In: Spies, A., Stecklina, G. (Hrsg.), Bd. 1, 93–109
Schumann, M., Sack, A., Schumann, T. (2006): Schulsozialarbeit im Urteil der Nutzer. Evaluation der Ziele, Leistungen und Wirkungen am Beispiel der Ernst-Reuter-Schule II. Juventa, Weinheim/München
Schwedes, C. (2009): Präventionsarbeit an Schulen in Deutschland. Handlungsfelder und räumliche Implikationen. Institut für Humangeographie, Frankfurt/M.
Seifert, R. (2013): Eine Debatte Revisited: Exklusion und Inklusion als Themen der Sozialen Arbeit. Zeitschrift für Inklusion-Online. In: http://www.inklusion-online.net/index.php/inklusion-online/article/view/25/25, 17.11.2014
Seitter, W. (1997):, Geschichte der Erwachsenenbildung. In: Harney, K., Krüger, H.-H. (Hrsg.): Einführung in die Geschichte der Erziehungswissenschaft und Erziehungswirklichkeit. Budrich, Opladen, 311–329
Sengling, D. (1996): Aus Sicht der Wohlfahrtsorganisationen: Wozu Sozialpädagogik? Ein Gespräch mit Dieter Sengling. In: Gruschka, A. (Hrsg.), 160–179
Siebert, H. (2009): Theorien der Erwachsenenbildung. Phasen – Richtungen – Kontroversen. In: Zeuner, C. (Hrsg.), o.S.
Soest, G. von (2000): Der Hilfeplan im Rahmen einer partizipativen Jugendhilfe. Geschichte, Rahmenbedingungen und Partizipationsversuche. Schneider Verlag Hohengehren, Baltmannsweiler
Solga, H. (2005): Ohne Abschluss in die Bildungsgesellschaft. Die Erwerbschancen gering qualifizierter Personen aus soziologischer und ökonomischer Perspektive. Budrich, Opladen
Speck, K. (2014): Schulsozialarbeit. Eine Einführung. 3., überarb. und erweit. Aufl. Ernst Reinhardt, München/Basel
Speck, K. (2013): Bildungsreform und Sozialarbeit. Eine Analyse der Reformerwartungen und -potenziale von Schulsozialarbeit aus historischer, empirischer, und förderpolitischer Perspektive. In: Spies, A. (Hrsg.): Schulsozialarbeit in der Bildungslandschaft. Möglichkeiten und Grenzen des Reformpotenzials. Springer VS, Wiesbaden, 21–45
Speck, K. (2011): Individuelle Förderung und Sozialpädagogische Professionalität. In: Gewerkschaft Erziehung und Wissenschaft (Hrsg.): Schulsozialarbeit wirkt! Individuelle Förderung. Beiträge aus Wissenschaft und Praxis. GEW, Frankfurt/M., 35–40
Speck, K. (2006): Qualität und Evaluation in der Schulsozialarbeit. Konzepte, Rahmenbedingungen und Wirkungen. VS Verlag für Sozialwissenschaften, Wiesbaden
Spies, A. (2014): Schulsozialarbeit in der inklusiven Ganztagsschule. Ein Beitrag zur Schulentwicklung. Dreizehn. Zeitschrift für Jugendsozialarbeit 7 (11), 9–13. In: http://www.jugendsozialarbeit.de/dreizehn_11, 08.11.2014
Spies, A. (2013a): Das ‚Schulklima' im Kontext von Adressierungs- und Aneignungsprozessen: Eine explorative Annäherung an die Sicht der Adressatinnen und Adressaten von Schulsozialarbeitsangeboten und die Positionen der schulischen Kooperationspartner. In: Spies, A. (Hrsg.): Schulsozialarbeit in der Bildungslandschaft.

Möglichkeiten und Grenzen des Reformpotenzials. Springer VS, Wiesbaden, 71–98
Spies, A. (2013b). Care in Kooperation – Vernetzte Betreuungsformen als Ausdruck kommunaler Bildungsverantwortung. In: Wolf, A., Dietrich-Daum, E., Fleischer, E., Heidegger, M. (Hrsg.): Child Care. Kulturen, Konzepte und Politiken der Fremdbetreuung von Kindern. Beltz Juventa, Weinheim/Basel, 66–79
Spies, A. (2012): Genderfragen in der Schulsozialarbeit – Vom ‚Stiefkind' zum professionellen Standard im Rahmen intersektionaler Qualitätsmaßstäbe? In: Hollenstein, E., Nieslony, F. (Hrsg.), 185–201
Spies, A. (2011): Von Verantwortung und verdeckten Diskursen – Frühe Elternschaft im Spannungsfeld zwischen öffentlicher Wahrnehmung und praktischem Alltag. In: Pohl, A., Stauber, B., Walther, A., (Hrsg.): Jugend als Akteurin Sozialen Wandels. Veränderte Übergangsverläufe, strukturelle Barrieren und Bewältigungsstrategien. Juventa, Weinheim/München, 81–108
Spies, A. (2008a): Zwischen Kinderwunsch und Kinderschutz – Babysimulatoren in der pädagogischen Praxis. VS Verlag für Sozialwissenschaften, Wiesbaden
Spies, A. (2008b): Beruf und Arbeit. In: Coelen, T., Otto, H.-U. (Hrsg.), 280–288
Spies, A. (2006a): Sozialpädagogische Beratung in der Schule. Berufsbildung – Zeitschrift für Praxis und Theorie in Betrieb und Schule 60 (97/98), 67–68
Spies, A. (2006b): „Unterricht ist eben nur ein kleiner Teil…" – Beratung für benachteiligte Mädchen, Jungen und ihre Eltern in der Berufsorientierungsphase. In: Spies, A., Tredop, D. (Hrsg.), 237–254
Spies, A. (2000): „Wer war ich eigentlich?". Erinnerung und Verarbeitung sexueller Gewalt. Campus, Frankfurt/M.
Spies, A., Pötter, N. (2011): Soziale Arbeit an Schulen. Einführung in das Handlungsfeld Schulsozialarbeit. VS Verlag, Wiesbaden
Spies, A., Rainer, H. (2015): Die Fortschreibung der Differenz? - Beratung aus intersektionaler Sicht. In: Fischer, V., Genenger-Stricker, M., Schmidt-Koddenberg, A. (Hrsg.): Diversität und Disparität Referenzrahmen für Soziale Arbeit in Schule. Springer VS, Wiesbaden, im Druck
Spies, A., Stecklina, G. (Hrsg.) (2005): Die Ganztagsschule. Bd. 1: Dimensionen und Reichweiten des Entwicklungsbedarfs. Bd. 2: Keine Chance ohne Kooperation – Handlungsformen und institutionelle Bedingungen. Klinkhardt, Bad Heilbrunn

Spies, A., Tredop, D. (Hrsg.) (2006): „Risikobiografien". Benachteiligte Jugendliche zwischen Ausgrenzung und Förderprojekten. VS Verlag für Sozialwissenschaften, Wiesbaden
Stamm, M. (2010): Frühkindliche Bildung, Betreuung und Erziehung, Haupt, Bern
Stamm, M. (2008a): Hoch begabt, aber Schulabbrecher? Eine empirische Studie zum Phänomen des Dropouts bei überdurchschnittlich begabten Jugendlichen in der Schweiz. Zeitschrift für Sozialpädagogik 6 (3), 301–319
Stamm, M. (2008b): Bildungsstandardreform und Schulversagen. Aktuelle Diskussionslinien zu möglichen ungewollten Nebenwirkungen der Schulqualitätsdebatte. Zeitschrift für Pädagogik 54 (4), 481–497. In: http://perso.unifr.ch/margrit.stamm/forschung/fo_downloads/fo_dl_onlpubl/BSRef_Schulversagen.pdf, 18.08.2008
Stamm, M. (2007): Abgang, Ausschluss, Abbruch. Ein neuer Blick auf die Schuleffektivität. Zeitschrift für Sozialpädagogik 5 (4), 338–357
Staub-Bernasconi, S. (2012): Soziale Arbeit und soziale Probleme. In: Thole, W. (Hrsg.): Grundriss Soziale Arbeit. Ein einführendes Handbuch. 4. Aufl. VS Verlag, Wiesbaden, 267–282
Staub-Bernasconi, S. (1995): Systemtheorie, soziale Probleme und Soziale Arbeit: lokal, national, international oder: vom Ende der Bescheidenheit. Haupt, Bern
Stauber, B., Pohl, A., Walther, A. (Hrsg.) (2011): Jugend als Akteurin sozialen Wandels. Veränderte Übergangsverläufe, strukturelle Barrieren und Bewältigungsstrategien. Juventa, Weinheim/München
StEG (2014): Über StEG. In: http://www.projekt-steg.de/content/über-steg, 19.02.2014

Textor, M. R. (2008): Ehe- und Familienbildung. In: Chassé, K. A., Wensierski, H.-J. von (Hrsg.): Praxisfelder der sozialen Arbeit. Eine Einführung. 4., aktual. u. erw. Aufl. Juventa, Weinheim/München, 151–160
Textor, M. R. (2007): Familienbildung. In: Ecarius, J. (Hrsg.): Handbuch Familie. VS Verlag für Sozialwissenschaften, Wiesbaden, 366–386
Thiersch, H. (2014): Lebensweltorientierte Soziale Arbeit. Aufgaben der Praxis im sozialen Wandel. 9. Aufl. Beltz Juventa, Weinheim/Basel
Thiersch, H. (2013): AdressatInnen der Sozialen Arbeit. In: Graßhoff, G. (Hrsg.), 17–32
Thiersch, H. (2012): Lebensweltorientierte Soziale Arbeit. Aufgaben der Praxis im sozialen Wandel. 8. Aufl. Juventa, Weinheim/München
Thiersch, H. (2005): Selbstdarstellung (Tondokument). Vox Paedagogica Online. Bibliothek für

Bildungsgeschichtliche Forschung. In: http://bbf.dipf.de/digitale-bbf/vox-paedagogica-online/personen/thiersch/thiersch.html, 21.09.2014

Thiersch, H. (2004): Sozialarbeit/Sozialpädagogik und Beratung. In: Nestmann, F., Engel, F., Sickendiek, U. (Hrsg.), 115–124

Thiersch, H. (1977): Kritik und Handeln. Luchterhand, Neuwied

Thiersch, H., Grunwald, K., Köngeter, S. (2012): Lebensweltorientierte Soziale Arbeit. Aufgaben der Praxis im sozialen Wandel. In: Thole, W. (Hrsg.): Grundriss Soziale Arbeit. Ein einführendes Handbuch. 4. Aufl. VS Verlag, Wiesbaden, 175–196

Tietgens, H. (1995): Erwachsenenbildung: Volkshochschulen, Verbände, Initiativen, Bildungsstätten. In: Krüger, H.-H., Rauschenbach, T. (Hrsg.): Einführung in die Arbeitsfelder der Erziehungswissenschaft. Leske und Budrich, Opladen, 125–139

Tillmann, K.-J. (2004): Sozialisation. In: Krüger, H.-H., Grunert, C. (Hrsg.), 467–473

Tippelt, R. (2007): Ausgewählte pädagogische Lemmata und ihre bildungspolitischen Konnotationen. Mit Dank für Peter E. Kalb. Zeitschrift für Pädagogik 53 (5), 704–717

Trede, W. (2014): Hilfen zur Erziehung. Entwicklungen und Herausforderungen. In: Faas, S., Zipperle, M. (Hrsg.): Sozialer Wandel. Herausforderungen für die kulturelle Bildung und Soziale Arbeit. Springer VS, Wiesbaden, 215–229

Treeß, H. (2002): Prävention und Sozialraumorientierung. In: Schröer, W., Struck, N., Wolff, M. (Hrsg.), 925–941

Treml, A. K. (2004): Lernen. In: Krüger, H.-H., Grunert, C. (Hrsg.), 292–296

UNESCO (1994): Die Salamanca Erklärung und der Aktionsrahmen zur Pädagogik für besondere Bedürfnisse angenommen von der Weltkonferenz „Pädagogik für besondere Bedürfnisse: Zugang und Qualität" 07.-10.06.1994 in Salamanca, Spanien

Veith, H. (1996): Theorie der Sozialisation. Zur Rekonstruktion des modernen sozialisationstheoretischen Denkens. Campus, Frankfurt/M.

Vernooij, M. (2005): Grundlagen einer Allgemeinen Heil- und Sonderpädagogik. In: Ellinger, S., Stein, R (Hrsg.): Grundstudium Sonderpädagogik. Athena, Oberhausen, 76–113

Vetter, C. (2003): Der kleine Gauner. Pädagogischer Lebensweltbezug und psychoanalytisch fundiertes Verstehen eines dissozialen Jungen. Juventa, Weinheim/München

Vogel, P. (2008): Bildung, Lernen, Erziehung, Sozialisation. In: Coelen, T., Otto, H.-U. (Hrsg.), 118–127

Voigt-Kehlenbeck, C. (2008): Flankieren und Begleiten. Geschlechterreflexive Perspektiven in einer diversitätsbewussten Sozialarbeit. VS Verlag für Sozialwissenschaften, Wiesbaden

Wagener, A. L. (2013): Partizipation von Kindern an (Ganztags-)Grundschulen. Ziele, Möglichkeiten und Bedingungen aus Sicht verschiedener Akteure. Beltz Juventa, Weinheim/Basel

Wagner, M., Dunkake, I., Weiß, B. (2008): Schulschwänzen aus soziologischer Perspektive. In: Scheithauer, H., Hyer, T., Niebank, K. (Hrsg.): Problemverhalten und Gewalt im Jugendalter. Kohlhammer, Stuttgart, 258–273

Walter, N. (2012): Living Dolls: Warum junge Frauen heute lieber schön als schlau sein wollen. Krüger, Frankfurt/M.

Walther, A. (2014): Subjektbezogene und soziale Dimensionen eines sozialpädagogischen Bildungsbegriffs. In: Deinet, U., Reutlinger, C. (Hrsg.): Tätigkeit – Aneignung – Bildung. Positionierungen zwischen Virtualität und Gegenständlichkeit. Springer VS, Wiesbaden, 97–112

Wattendorf, J. (2007): Erziehungsberatung zwischen Theorie und Praxis Eine vergleichende Analyse professioneller Handlungsstrukturen. Logos, Berlin (zugl. Diss. 2006, Universität Münster)

Weber, M., Maurer, S. (Hrsg.) (2006): Gouvernementalität und Erziehungswissenschaft. Wissen – Macht – Transformation, VS Verlag für Sozialwissenschaften, Wiesbaden

Wentzel, W. (2006): Der Girls' Day – Mädchen-Zukunftstag als Maßnahme zur geschlechterbezogenen Berufsorientierung. In: Deinet, U., Icking, M. (Hrsg.): Jugendhilfe und Schule. Analysen und Konzepte für die kommunale Kooperation. Budrich, Opladen, 173–191

Winker, G., Degele, N. (2010): Intersektionalität. Zur Analyse sozialer Ungleichheit. transcript, Bielefeld

Winkler, M. (2008): Förderung. In: Coelen, T., Otto, H.-U. (Hrsg.), 173–181

Winkler, M. (1995): Erziehung. In: Krüger, H.-H., Helsper, W. (Hrsg.), 53–69

Wischer, B. (2013): Konstruktionsbedingungen von Heterogenität im Kontext organisierter Lernkontexte. In: Budde, J. (Hrsg.): Unscharfe Einsätze – (Re-)Produktion von Heterogenität im schulischen Kontext. Springer VS, Wiesbaden, 99–126

Wissenschaftlicher Beirat für Familienfragen (2006): Ganztagsschule. Eine Chance für die Familie. VS Verlag für Sozialwissenschaften, Wiesbaden

Wocken, H. (2012): Das Haus der inklusiven Schule. Baustellen – Baupläne – Bausteine. 3. Aufl. Feldhaus, Hamburg

Wolf, K. (2008): Erziehung und Zwang. Widersprüche. Zeitschrift für sozialistische Politik im Bildungs-, Gesundheits-, und Sozialbereich 28 (107), 93–108

Wolf, K. (1999): Machtprozesse in der Heimerziehung. Eine qualitative Studie über ein Setting klassischer Heimerziehung. Votum, Münster

Wolff, M., Hartwig, S. (2013): Gelingende Beteiligung in der Heimerziehung. Gute Praxis beim Mitreden, Mitwirken und Mitbestimmen von Kindern und Jugendlichen im Heimalltag. Ein Werkbuch für Jugendliche und ihre BetreuerInnen. Beltz Juventa, Weinheim/Basel

Zeuner, C. (2009): Erwachsenenbildung. Dimensionen der Praxis. In: Zeuner, C. (Hrsg.), o.S.

Zeuner, C. (Hrsg.) (o. J.): Enzyklopädie Erziehungswissenschaft Online. Juventa, Weinheim

Ziegler, R. (1984): Norm, Sanktion, Rolle. Kölner Zeitschrift für Soziologie und Sozialpsychologie 36 (3), 433–463

Zierau J., Gonzáles-Campanini, I.-M. (2005): Aufsuchende Familienhilfe für junge Mütter – Netzwerk Familienhebammen. Ergebnisse der Evaluation. Institut für Entwicklungsplanung und Strukturforschung GmbH, Hannover

Zitelmann, M. (2010): Inobhutnahme und Kinderschutz. Ergebnisse einer bundesweiten Studie. Internationale Gesellschaft für erzieherische Hilfen e.V., Frankfurt/M.

Zwerger, C. (2012): Koordinierende Kinderschutzstelle (KoKi) und erfolgreiche Netzwerkarbeit: Entwicklung von Qualitätsstandards. Disserta, Hamburg

Sachregister

Abgrenzung, institutionelle 92f.
AdressatInnen 11–19, 28, 32, 41–44, 50–52, 62, 73–76, 80, 102, 105, 108, 116, 118, 122 128–130, 135–142, 144
Aktionsräume 40, 60
Allgemeinbildung 18, 100, 105
Alltag, pädagogischer 9f., 38–56, 58f., 77, 132, 141
Alltagstheorien 71f.
Aneignung 25f., 29, 69, 136, 139, 142
Anerkennungsdiskurs 78, 80
Anpassungserwartungen 122
Anschlussfähigkeit 28, 48, 86, 111, 139–141
–, schulische 98
Anwaltschaft 111, 140
Arbeitsfelder 111f.
Auftrag, demokratischer 53f.
Ausbildung, berufliche 35, 74–76, 120–122, 132
Ausgrenzung 40, 55, 59, 63, 65f., 73, 79, 111f., 114
Aushandlungsprozess 32, 59, 119

Bedingungen
–, gesellschaftlich 19, 25, 34
Bedürfnisse 19, 32, 35, 38–44, 56, 59, 78, 87f., 97, 99, 118, 125, 129, 136–140
Befähigung 11, 99, 101
Begleiten 41, 43
Benachteiligung 56, 59, 62, 67f., 84, 97f., 102f., 111, 139
–, soziale 40, 72, 76, 94, 102, 111, 116, 120, 127, 133
Beobachtung 44, 51, 96
Beratung 50–52, 58–60, 73–75, 87–90, 97, 104, 113, 119–128
Beratungsbedarfe, psychosoziale 91
Beratungshandeln 50, 74
Beratungssettings 52
Beratungsstellen 51, 91
Berufsorientierung 51, 70, 74, 113f.
Berufspädagogik 121
Beteiligung 32, 52–54, 57–69, 113f., 118f., 138
Betreuung 54f., 96
Bewältigung 25, 32, 34, 43, 47f., 50, 69, 75, 78, 82, 114, 120–123, 135

Bewältigungsstrategien 26, 36, 74, 78, 113
Beziehung, pädagogische 19, 25, 41f., 52
Bildsamkeit 28, 38, 135
Bildung
–, frühkindliche 85, 93–98
Bildungsaktivitäten 23, 131
Bildungsanbieter 94, 130
Bildungsauftrag 24, 49, 94f., 100, 132
Bildungsbiografie 33, 72f., 83–86, 95, 99, 105, 111–113, 121, 145f.
Bildungserfolg 27, 34f.
Bildungsförderung, frühpädagogische 96f.
Bildungsformate 106, 108
Bildungsorte 83, 115
Bildungspläne 47, 69, 85, 92, 95–97
Bildungsprozess 23–25, 47, 50, 59, 83
Bildungsrahmenpläne 97
Bildungssituation 87
Bildungssoziologie 121
Bildungssystem 63, 66–70, 73, 79, 82–86, 95f., 110, 131–133, 145
Biografie 23, 25, 29, 32f., 64, 131, 144
Bildungsbiografie 33, 72f., 80–86, 95, 99, 105, 111–113, 121, 145

Chancen 32, 34, 49, 55, 63, 66, 72, 85, 88, 100, 102, 107, 111

Dezentralisierung 128
Diagnostik 44–48, 86
Dienstleistung, familienorientierte 89
Differenzlinien 62–64, 68, 70–80, 85f., 111, 131, 145
Differenzierung 23, 41, 56, 64, 66f., 78, 80, 93, 132
Diskriminierung 62, 65, 67, 77, 103, 111, 129
Disziplinierungspraxen, schulische 138f.
Diversität 64–66, 74–76, 78f., 95
Dramatisierung 67f., 79
Dropoutprozesse 105f.

Eigenverantwortlichkeit 101–104, 132
Eingliederung 43, 55, 89, 116, 120
Einschulung 82, 102–104, 132, 141
Einzelfall 14, 44f., 47, 58, 69, 113, 123f., 127, 139

Sachregister

Einzelfallbezug 18
Einzelfallförderung 103
Elementarbildung 82, 86f., 92, 96, 98, 101, 132
Engagement, bürgerschaftliches 53f., 105, 118f., 139
Entdramatisierung 67f., 80f.
Entscheidungsfreiheit 78
Entwicklung 20, 22, 26, 91–95
–, individuelle 28, 47f., 59, 112
–, körperliche 38
–, seelische 38
–, soziokulturelle 19
–, ökologische 70
Entwicklungsaufgaben 47, 75, 78, 97, 114
Erfahrung 32f.
Erfahrungsaufschichtung 33f., 77
Erfahrungsraum 31
Ermöglichung 94, 135f., 140
Erwachsenenbildung 82, 129–132, 144f.
Erziehung 20–37
Erziehungsabsichten 20, 28, 35, 130
Erziehungsaufgaben 88, 109, 115
Erziehungsauftrag 20
Erziehungshandeln 21
Erziehungspraktiken 22
Erziehungssystem 24
Erziehungsverantwortung 87f.
Evaluation 44, 47, 90, 98, 114, 138f., 141
Exklusionsfaktoren 68

Fähigkeiten 19f., 28, 31, 36, 49, 77, 91, 100f., 121, 130, 138
Fall 13–17, 43–47
Familiensituation, belastende 88, 123
Familienzentren 88
Fertigkeiten 23, 28, 36, 41f., 77, 101, 121, 129, 138
Förderkonzept 41, 47, 56
Förderung 43–48, 82, 87–104, 115, 139–143
Freiwilligkeit 115f., 118, 138
Frühpädagogik 92

Ganztagsbildung 82, 105, 107f., 145
Gefährdungskonstellationen 90
Gender 66–80
Gesellschaftsbild 56
Gestaltung, strukturelle 105f.
Gestaltungsmaximen 137
Gestaltungsräume 79
Gesundheit 32, 40f., 48, 59, 62–64, 73f., 87, 89–94, 131
Gewalt 20, 48f., 52, 78, 88, 127, 140
Gruppenangebote 112, 118

Habitus 27, 34f., 55, 72
Haltung
–, professionelle 138

Handeln, pädagogisches 18–20, 24f., 28, 138
Handlung 19f., 44, 59, 74, 82–134
Handlungsfähigkeit 31, 73, 75–79, 100, 120, 135
Handlungskompetenz 31, 110, 120
Handlungslogiken 112
Handlungsoption 74, 99, 105
Handlungsfelder, pädagogisch 16, 82, 101, 132
Hausbesuch 92
Helfen 41–43
Herkunft 34, 43, 56, 62, 64–78, 100
Herrschaftsverhältnisse 64
Heterogenitätsdiskurs 62
Hilfe
–, individuelle 113
–, schulbezogene 58, 113
Hilfekonferenz 126
Hilfen
–, ambulante 122–125
–, familienorientierte 123
Hilfeplan 47, 82, 85, 116–118, 124f., 132
Hilfesystem 13f., 32, 79, 82f., 87, 89, 108, 122, 132, 145f.

Individualisierung 31, 67, 130
Individualität 24f., 138
Infrastruktur
–, kommunale 90
Inklusion 30, 54–56, 58f., 62, 87, 131f., 140
Integration 26, 29, 48, 54–56, 67, 94, 100f., 135
Interaktion 19, 21, 25f., 51, 62, 66f., 70, 78f.
Intersektionalität 62–64, 135
Intervention 34, 44, 47, 64, 90f., 125f., 139
Interventionskonzept 47f.
Interventionsstrategien 41, 46

Jugendamt 89, 96, 115, 118, 122–127
Jugendarbeit 16, 31, 51, 82, 107, 116, 118–120, 128, 132, 136f., 142
Jugendforschung 35
Jugendschutzstellen 127
Jugendsozialarbeit 16, 57, 73, 82, 86, 110, 114, 116, 120–122, 132
Jugendverbände 118

Kapital
–, kulturelles 34f., 98
–, soziales 54, 72
Kinderschutz 13, 44, 50, 90–92, 125f., 129, 132, 145
Kinderschutzgesetz 125f.
Kindheitsforschung 34
Kindertagesstätte 13, 55, 69, 85, 88, 97, 99, 144
Koedukation 67
Ko-Konstruktion 27
Kommunikation 28, 43, 47, 50, 117, 137, 139, 142

Kompetenz
–, fachliche 51
–, lösungsorientierte 52
Komplexität 14, 21, 43, 51, 64, 67, 71, 73, 75

Konstruktion
–, soziale 63, 72
Kontextualisierung 8, 10, 50, 70, 86
Konzept
–, bildungspolitisches 84
–, jugendpolitisches 84
Kooperation 10, 48f., 52, 56–60, 82, 84f., 89f., 94, 97, 106, 108–115, 118–128, 144f.
Kooperationsbeziehungen 57, 60, 94, 112, 126
Kooperationsgestaltung 108
Krisenintervention 125

Lebensbewältigung 48, 135
Lebensentwurf 21, 42f., 76
Lebensereignisse, kritische 24, 69
Lebensführung 21, 27, 47, 69–71, 79, 100f.
Lebenslagen 21, 43, 77, 88, 91f., 106, 119, 121, 131f.
Lebensqualität 35, 76
Lebensspanne 92, 130–132, 144
Lebenswelt 20, 26, 28, 31–38, 43–45, 63–65, 68, 79, 110–114
Lehre 41–43
Lernarrangement 28, 44, 74
Lernausgangslagen 72, 102, 141
Lernen
–, formelles 30
–, informelles 30
–, lebenslanges 129, 131
–, nicht-formelles 30
Lernklima 106
Lernkontexte 31, 34
Lernprobleme 109
Lernprozesse 22, 28f., 31, 33, 42, 97, 130, 136, 138
Lernräume 30
Lernsetting 29f., 35, 70, 72, 80, 112
Lernwiderstände 29

Machtbalancen 141
Machtdimension 45f.
Machtverhältnisse, ökonomische 19, 87, 141
Management 66, 86, 98, 114, 129, 139–141f.
Methoden 21, 33, 51, 90, 98, 120
Migrationsgesellschaft 10, 13, 66–82, 102, 131
Milieu 19, 22, 27, 34f., 68–74, 92, 127
Modell-
–, 3-Ebenen 63
Motivation 54, 73f., 121
Mündigkeit 24, 26, 35, 42, 50, 59
Mütter, minderjährige 75, 91

Netzwerk 26, 32, 56–60, 83, 86, 128f., 135
Netzwerkbeziehung 57
Niedrigschwelligkeit 51f., 87, 92, 127
Normativitätskritik 34
Norm, Normierung 36, 43, 46f., 62, 65f., 68f., 87, 102, 128, 130, 141

OECD-Studien 86, 102, 107
Online-Beratung 51f., 125
Optimierungsbedarf 57
Ordnung, soziale 25
Ordnungsauftrag 139–142
Organisationsentwicklung 34, 66, 86, 98, 114
Orientierung
–, individuelle 58, 113, 137
–, kollektive 137

Paradigmenwechsel 55
Partizipation 32, 52–54, 59, 77f., 112, 115f., 118–120, 125, 128, 145
Partizipationsmöglichkeiten 54
Peer 14, 26, 130, 137f.
Personensorgeberechtigte 116, 122–127
Perspektive 24, 62–81, 103, 144–146
Planungsprozesse 85, 116f.
Platzierung, soziale 25
Prävention 48–50
–, Armutsprävention 49, 105
–, Gewaltprävention 49
–, Primärprävention 50
–, Sekundärprävention 50
–, Verhaltensprävention 49
Primarstufe 54, 65, 101–104, 107, 132
Problemanalyse 44, 105
Problemlösungskompetenz 52
Professionalisierung 12, 85, 92, 94–96, 139
Professionalisierungsbedarf 94f.
Professionalität, pädagogische 12, 22, 139
Prozessanalyse 43

Qualitätssicherung 83, 85, 110, 117f.

Rahmung, institutionelle 46, 108
Rehabilitation 41, 43, 55, 59f.
Re-Integration 122
Rekonstruktion 18, 25, 32, 139
Resilienz 91
Ressourcen 30–32, 46, 57, 65, 73, 84, 86f.
Rhythmisierung 107, 109
Risiko
–, biografisches 40, 86f., 110, 112, 121
Risikofaktoren 49, 90

Schlüsselqualifikationen 121f.
Schnittstellen 82f., 101, 125

Schule
–, Funktion von   100f.
–, Halbtagsschule   107f., 110
–, lebensweltliche Öffnung von   109
Schuleingangsstufe   104
Schulentwicklung   34, 56, 66, 84–87, 94, 104, 106, 108f., 111, 114, 140
Schulerfolg   73
Schulprogramm   49, 58, 110, 113f.
Schulsozialarbeit   33, 46, 49–52, 58, 69, 73–75, 82–87, 101, 105f., 110–117, 121, 132–137
Schulwesen, staatliches   101
Schutz   38f., 56, 78, 115, 125, 127
Schutzauftrag   57, 89, 92, 125
Schutzfaktoren   40f., 49
Segregation   29f., 86, 103, 132
Segregationsabbau   85f.
Sekundarstufe   69f., 82, 84, 101–107, 132, 146
Selbstbestimmung   23, 31, 75, 104
Selbstorganisation   128f., 131
Selbstverantwortung   42, 119, 138
Selbstverwirklichung   39, 48
Selbstwirksamkeit   33, 43, 64, 73, 78
Selektion   23, 95, 103, 112, 140
Setzungen, bildungspolitische   56
Sinndimension   45
Sozialisation   18, 23, 25–28, 30f., 35f., 72, 93, 109, 136
Sozialisationsbedingungen   18, 25–28, 30f., 44
Sozialisationstheorien   25–27, 35
Sozialökologie   42
Sozialraum   33, 49, 85f., 108f, 111, 114, 118
Stadtteilorientierung   127
Status, sozialer   101
Steuerung
–, bildungspolitische   92–94
–, sozialpolitische   94
Steuerungsmacht   84
Steuerungsmaßnahmen   93f.
Struktur, förderalistische   104, 145
Strukturen, institutionelle   82, 93, 141
Subjektorientierung   33, 138
Subsidiaritätsprinzip   117, 119
System
–, Bildungssystem   63f., 66–70, 73, 79, 82–86, 95f., 110, 131–133, 145
–, Chronosystem   70
–, Erziehungssystem   24, 111f.

–, Hilfesystem   12–14, 32, 79, 82f., 87, 89, 108, 122, 132, 145

Tageseltern   93, 97, 99, 105
Teams, multiprofessionelle   30, 58f., 92, 94
Teilhabe   33, 51, 55f., 59, 64, 76, 79, 99–132
Teilhabechancen   11f., 55, 64, 99, 115, 127, 132f., 140
Transition   56f., 68–76, 79f., 85f., 92–95,
Transitionsberatung   75
Transitionsrisiken   73

Übergänge, selektierende   69f.
Übergangsgestaltung   35, 80, 104, 144
Umweltbedingungen   25f., 28, 98
Ungleichheit   34, 56, 62–67, 145
–, Reproduktion von   30
–, soziale   27, 35, 55, 65, 67, 78, 102, 135
Unterrichtskonzepte   98, 104
Unterstützungsbedarf   41f., 76, 78, 91f., 120

Verantwortung   19f., 42, 54f., 59, 75f., 83–88, 93f., 97, 106, 114, 116, 126, 132, 138
Verantwortung, öffentliche   55
Verfügungsgewalt   53
Verlässlichkeit   56, 114, 120
Verschränkung, hierarchische   63
Verselbstständigung   123
Versorgungsbedarfe   41
Verstehen   43–47, 54
Verunsicherung   43, 73
Verweisungswissen   46, 52, 111–113, 120

Wächteramt, staatliches   126
Wandel, demografischer   130
Weiterbildung   129–133, 144
Wertschätzung   39, 77–79, 104, 136
Wissen   23f., 28f., 31, 54, 131
Wissen, Handlungsfeld-spezifisches   51f.
Wissensaneignung   36, 130f.
Wohlbefinden   35, 69, 99

Ziele, pädagogische   22
Zukunftsaufgaben   117, 131
Zukunftsoption   76
Zusammenarbeit   82, 94–97, 104, 110, 112, 132
Zusammenarbeit, interdisziplinäre   56–59

Pflichtlektüre vor der Klausur

APP

Interaktives Training Pädagogische Psychologie

Mit 300 Lernfragen.

E-Learning-Software zum Buch „Pädagogische Psychologie".

Erhältlich über den iTunes-Store und über GooglePlay!

Annemarie Fritz / Walter Hussy / David Tobinski
Pädagogische Psychologie
2., durchgesehene Auflage 2014. 256 Seiten. 73 Abb. 9 Tab.
Innenteil zweifarbig.
utb-basics (978-3-8252-4241-1) kt

Mit dieser kompakten Einführung in die Pädagogische Psychologie können sich Studierende optimal auf die Prüfung vorbereiten. Das Buch gibt einen Überblick über menschliches Erleben, Verhalten und Handeln im pädagogischen Kontext und erklärt Prozesse der Erziehung, des Unterrichts und der Bildung. Anschaulich und kritisch werden psychologische Theorien, empirische Belege und ihre Relevanz für die Praxis in Unterricht und Erziehung vorgestellt.

reinhardt
www.reinhardt-verlag.de

Mit Hermeneutik und T-Test per Du

Klaus Zierer / Karsten Speck / Barbara Moschner
Methoden erziehungswissenschaftlicher Forschung
2013. 161 Seiten. 21 Abb. 9 Tab.
utb-M (978-3-8252-4026-4) kt

Methoden sind der Schlüssel zum systematischen und nachvollziehbaren Erkenntnisgewinn in der Wissenschaft.
Das Lehrbuch bietet einen kompakten Überblick über empirische und nicht-empirische Forschungsmethoden in den Erziehungwissenschaften: Befragung, Beobachtung, Test, Hermeneutik, Phänomenologie etc. Der Ablauf des Forschungsprozesses und die wichtigsten statistischen Auswertungen werden dargestellt.
Eine einheitliche Struktur mit Definitionen, Hinweisen zum Vorgehen und zu den Grenzen der jeweiligen Methoden, Zusammenfassungen und Übungsaufgaben erleichtert Studierenden den Einstieg.

www.reinhardt-verlag.de

Grundwissen ADHS für's Studium

Caterina Gawrilow
Lehrbuch ADHS
Modelle, Ursachen, Diagnose, Therapie
2012. 188 Seiten. 18 Abb. 10 Tab.
utb-M (978-3-8252-3684-7) kt

Fragen zum Thema ADHS betreffen viele Studiengänge: Welche Symptome sind typisch? Wie diagnostiziert man ADHS? Welche Ursachen wurden erforscht – genetisch, neuropsychologisch, umweltbedingt? Wie entwickelt sich ADHS über die Lebensspanne? Neben diesen Themen werden insbesondere psychologische und medizinische Therapiemaßnahmen kritisch beleuchtet. Dabei richtet sich der Fokus auf Interventionsmöglichkeiten in der Schule und auf die Unterstützung der Betroffenen im Alltag.

Die ideale Seminarlektüre, mit der sich Studierende in Psychologie, Pädagogik und Lehramt effizient auf ihre Prüfung vorbereiten können.

www.reinhardt-verlag.de

Sonderpädagogik und Didaktik

Clemens Hillenbrand
Didaktik bei Unterrichts- und Verhaltensstörungen
3., aktual. Auflage 2011. 287 Seiten. 14 Abb. 11 Tab.
utb-S (978-3-8252-2080-8) kt

Wie muss eine Didaktik aussehen, die bei "schwierigen" Kindern erfolgreich ist? Verhaltensauffällige Kinder sind in nahezu jedem Klassenzimmer ein Problem. Ob aggressiv/auto-aggressiv, hyperaktiv oder depressiv – für die Lehrer dieser Kinder reichen die bisherigen Didaktiken nicht aus.

Clemens Hillenbrand liefert eine wissenschaftlich fundierte Antwort auf diese Frage. Er schlägt eine Brücke zwischen der Allgemeinen Didaktik und den spezifischen sonderpädagogischen Modellen bei Verhaltensstörungen. Theorieansätze aus beiden Disziplinen werden anschaulich beschrieben, kritisch durchleuchtet und auf ihre Brauchbarkeit für den täglichen Unterrichtsbedarf abgeklopft.

www.reinhardt-verlag.de

Sinnvoll konfrontieren

Rainer Kilb / Jens Weidner
Einführung in die Konfrontative Pädagogik
Mit einem Beitrag von Manfred Oster
2013. 158 Seiten. 5 Abb. 4 Tab.
utb-S (978-3-8252-3868-1) kt

Die Konfrontative Pädagogik ist als sozialpädagogischer Handlungsansatz mittlerweile fest etabliert. Sie steht für eine Vorgehensweise, die gewalttätige Kinder und Jugendliche mit ihren Regelverletzungen konfrontiert und eine Beschäftigung mit den Tatfolgen sowie den Opfern einfordert.

Das Lehrbuch stellt die wichtigsten methodischen Ansätze dar und verortet sie im Spektrum aktueller Konflikt- und Gewalttheorien. Anwendungsfelder einer „konfrontativen Praxis" werden beschrieben und Evaluationsergebnisse skizziert. Auch eine kritische Positionierung des Konzepts im pädagogischen Diskurs fehlt nicht. Mit zahlreichen Übersichten, Übungsaufgaben und Literaturtipps!

www.reinhardt-verlag.de

Legasthenie: Das Standardlehrbuch

Christian Klicpera / Alfred Schabmann / Barbara Gasteiger-Klicpera
Legasthenie – LRS
4., aktual. Auflage 2013. 337 S. 22 Abb. Mit 100 Übungsfragen.
utb-M (978-3-8252-4063-9) kt

Legasthenie ist ein Dauerbrenner in der Lehrerausbildung. Mit dem Thema Lese- und Rechtschreibschwäche muss sich jeder angehende Lehrer auseinandersetzen.

- Wie entwickelt sich LRS?
- Wie kann man die Kinder fördern?

Das Lehrbuch antwortet anschaulich auf diese Fragen. Dabei werden Erklärungsansätze der Informationsverarbeitung, der akustischen Wahrnehmung, Neurologie, Biologie sowie soziale Ursachen diskutiert.

www.reinhardt-verlag.de

Standardwerk Didaktik

Friedrich W. Kron / Jutta Standop / Eiko Jürgens
Grundwissen Didaktik
6., überarb. Auflage 2014. 258 Seiten. 36 Abb. 17 Tab.
utb-L (978-3-8252-8575-3) kt

Dieses Lehrbuch bietet eine verständlich geschriebene, wissenschaftliche Grundlegung der Didaktik für Schule und außerschulische Bildungsbereiche. Zentral sind die Kapitel über didaktische Theorien, Modelle und Konzepte sowie über Lerntheorien. Die vorliegende Auflage wurde erweitert um Hinweise auf Curricula und Standards für das Studium der Erziehungswissenschaft.

Das Lehrbuch eignet sich hervorragend als Informationsquelle und Nachschlagewerk für Prüfungsvorbereitungen.

reinhardt
www.reinhardt-verlag.de

Prüfungsfragen jetzt auch als App!

Interaktives Training Allgemeine Pädagogik
Erziehung, Bildung, Lernen, Sozialisation
Mit 273 Lernfragen.
E-Learning-Software zum Lehrbuch „Allgemeine Pädagogik".
Erhältlich über den iTunes-Store und über GooglePlay!

Margit Stein
Allgemeine Pädagogik
2., überarb. Auflage 2013. 174 Seiten. 14 Abb. 25 Tab.
Innenteil zweifarbig.
utb-basics (978-3-8252-4057-8) kt

Grundbegriffe, Forschungsfelder und wissenschaftliche Methodik der Allgemeinen Pädagogik werden in diesem Buch verständlich dargestellt. Erziehung, Bildung und Lernen werden definiert und im Zusammenhang mit aktuellen gesellschaftlichen Entwicklungen und erziehungswissenschaftlicher Forschung vorgestellt.

Ein Blick auf die AdressatInnen von Bildung und Erziehung und ein Überblick über die Forschungsmethoden runden diese umfassende Einführung für Studierende ab.

www.reinhardt-verlag.de

Bereits in 3. Auflage erschienen!

Karsten Speck
Schulsozialarbeit
Eine Einführung
3., überarb. u. erw. Aufl. 2014. 215 Seiten. 11 Tab.
Mit Prüfungsfragen und -antworten.
utb-S (978-3-8252-4265-7) kt

Schulsozialarbeit ist aus dem Alltag vieler SchulleiterInnen, LehrerInnen und SchülerInnen nicht mehr wegzudenken – sie hat sich fachlich und fachpolitisch etabliert. Was aber macht Schulsozialarbeit aus? Welche Ansätze haben sich in der Praxis bewährt? Welche Kompetenzen sind für das Arbeitsfeld unerlässlich?

Karsten Speck klärt über zentrale Begriffe auf, skizziert den Rahmen für das Arbeitsfeld – von rechtlichen Fragen über Finanzierung, Handlungsprinzipien und Wirkung der Schulsozialarbeit bis hin zu notwendigen Standards und Fragen der Qualitätsentwicklung.

ℝ reinhardt
www.reinhardt-verlag.de

Familie im Fokus

Uwe Uhlendorff / Matthias Euteneuer / Kim-Patrick Sabla
Soziale Arbeit mit Familien
2013. 212 Seiten. 8 Abb. 3 Tab.
utb-M (978-3-8252-3913-8) kt

Familienzentren, Mehrgenerationenhäuser, Elterntrainings: Die Aufgabenfelder der Sozialen Arbeit mit Familien werden immer vielfältiger. Das Lehrbuch bietet Studierenden der Sozialen Arbeit eine solide Orientierung.

Anhand zahlreicher Fallbeispiele führen die Autoren in die wichtigsten sozialpädagogischen Einrichtungen und damit verbundenen Aufgabenfelder ein. Sie schildern grundlegende sozialpädagogische Methoden und Konzepte ebenso wie wichtige rechtliche Rahmenbedingungen. Mit hilfreichen Literaturtipps und vielen Übungsaufgaben!

www.reinhardt-verlag.de